DEIN COACH ZUM ERFOLG!

So geht's ins ActiveBook:

Du kannst auf alle digitalen Inhalte (interaktive Aufgaben, MindCards, Glossar) online zugreifen. Registriere dich dazu unter **www.stark-verlag.de/mystark** mit deinem **persönlichen Zugangscode:**

gültig bis 31. Juli 2023

Das ActiveBook bietet dir:

- Viele interaktive Übungsaufgaben zu prüfungsrelevanten Kompetenzen
- Tipps zur Bearbeitung der Aufgaben
- Sofortige Ergebnisauswertung und Feedback
- MindCards und digitales Glossar zum gezielten Üben und Wiederholen zentraler Inhalte

ActiveBook

DEIN COACH ZUM ERFOLG!

So kannst du interaktiv lernen:

 Interaktive Aufgaben

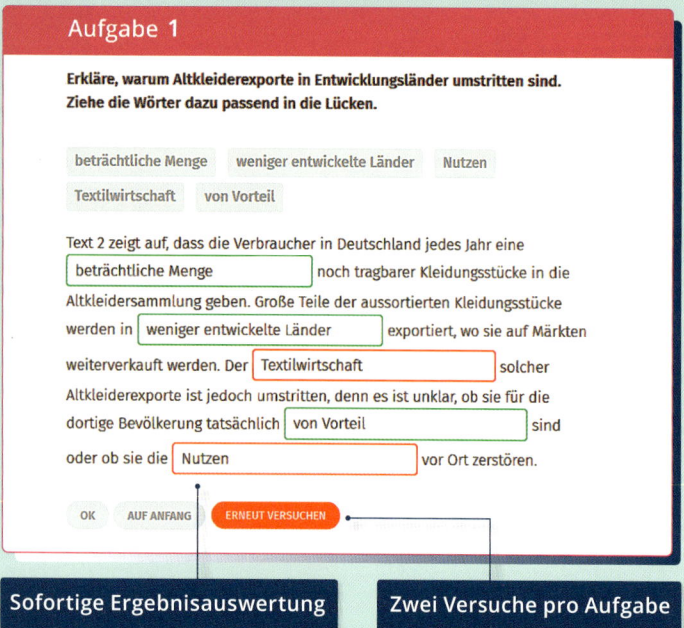
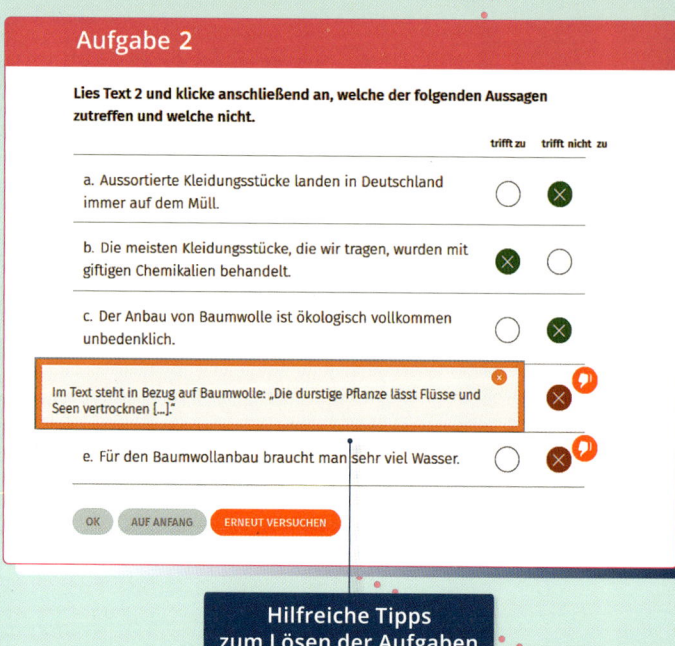

- Sofortige Ergebnisauswertung
- Zwei Versuche pro Aufgabe
- Hilfreiche Tipps zum Lösen der Aufgaben

 Digitales Glossar

 **Web-App „MindCards"**

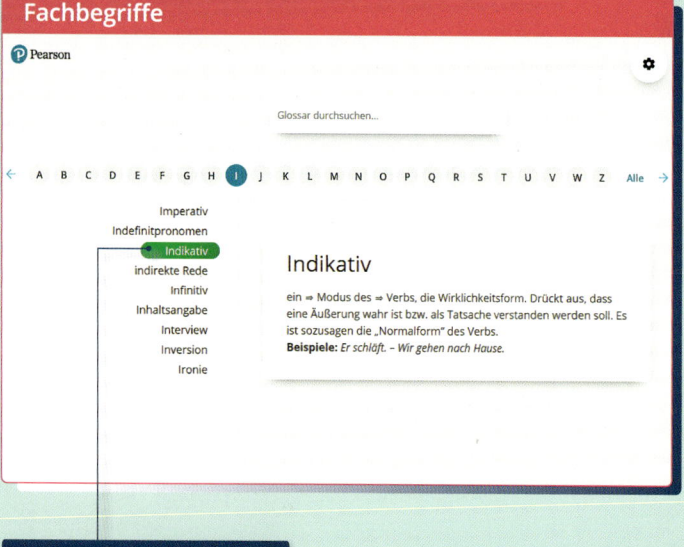

- Schnelles Nachschlagen von Fachbegriffen
- Merkwissen gezielt üben und wiederholen
- Individuelles Lernen nach dem Karteikartensystem

Systemvoraussetzungen:
- Windows 7/8/10 oder Mac OS X ab 10.9
- Mindestens 1024×768 Pixel Bildschirmauflösung
- Chrome, Firefox oder ähnlicher Webbrowser
- Internetzugang
- Adobe Reader oder anderer kompatibler PDF-Reader

Direkt zu den MindCards

2022

Training Quali
Original-Prüfungsaufgaben

Bayern

Deutsch

© 2021 Stark Verlag GmbH
18. neu bearbeitete Auflage
www.stark-verlag.de

Das Werk und alle seine Bestandteile sind urheberrechtlich geschützt. Jede vollständige oder teilweise Vervielfältigung, Verbreitung und Veröffentlichung bedarf der ausdrücklichen Genehmigung des Verlages. Dies gilt insbesondere für Vervielfältigungen, Mikroverfilmungen sowie die Speicherung und Verarbeitung in elektronischen Systemen.

Inhalt

Interaktives Training
Vorwort

Der Quali – Wichtige Fragen und Antworten 1

Training Grundwissen

Teil A: Zuhören 5
1   Aufgaben zum Hörverstehen bearbeiten 5

Teil B: Sprachgebrauch – Sprachbetrachtung 13
2   Wortarten 13
2.1   Nomen 15
2.2   Verben 17
2.3   Adjektive 23
2.4   Pronomen 25
3   Satzglieder und Satzbau 26
3.1   Satzglieder 26
3.2   Satzbau 29
3.3   Abwechslungsreicher Satzbau 30
4   Satzreihe und Satzgefüge 31
4.1   Satzreihe 31
4.2   Satzgefüge 33
4.3   Relativsätze 35
4.4   Die Wörter „das" und „dass" unterscheiden 37
4.5   Sätze verkürzen 38

Sprachgebrauch – Rechtschreiben 39
5   Richtig schreiben 39
5.1   Groß- und Kleinschreibung 39
5.2   Getrennt- und Zusammenschreibung 42
5.3   Auslautverhärtung (b/p, d/t, g/k) 45
5.4   Gleichklingende Laute (e/ä, eu/äu) 46
5.5   Doppelkonsonanten 47

Inhalt

5.6	s-Laute (s/ss/ß)	49
5.7	i-Laute (i/ie)	50
5.8	Silbentrennendes h und Dehnungs-h	51
5.9	Mit dem Wörterbuch arbeiten	53
5.10	Rechtschreibstrategien im Überblick	54
5.11	Grundregeln der Zeichensetzung: Kommas richtig setzen	56

Teil C: Lesen 59

6	**Texte lesen und verstehen**	59
6.1	Einen Text genau lesen	59
6.2	Das Thema erfassen	64
6.3	Wichtige Informationen erkennen	66
6.4	Inhalte mit eigenen Worten wiedergeben	68
6.5	Textstellen erläutern	70
6.6	Den Inhalt eines Textes in wenigen Sätzen zusammenfassen	73
6.7	Synonyme und Fremdwörter finden	75
6.8	Unbekannte Wörter erschließen	77
7	**Besonderheiten bei Sachtexten**	80
7.1	Die Absicht des Verfassers erkennen	80
7.2	Textsorten unterscheiden	81
8	**Besonderheiten bei literarischen Prosatexten**	85
8.1	Arten von Prosatexten unterscheiden	85
8.2	Den Inhalt eines Prosatextes erschließen	86
8.3	Die Darstellung berücksichtigen	90
8.4	Sprachliche Mittel und ihre Wirkung	92
9	**Diagramme und Bilder untersuchen**	96
9.1	Tabellen und Diagramme auswerten	96
9.2	Bilder analysieren	99

Teil D: Schreiben 103

10	**Den Schreibprozess steuern**	103
10.1	Planen	103
10.2	Schreiben	107
10.3	Überarbeiten	107

Inhalt

11	Schreibaufgaben lösen	109
11.1	Einen argumentativen Text schreiben	109
	Begründete Stellungnahme	109
	Aufruf	114
	Formaler Brief	115
	Erörterung	118
11.2	Einen informierenden Text verfassen	122
11.3	Einen kreativen Text schreiben	127
	Tagebucheintrag	127
	Innerer Monolog	128
	Persönlicher Brief / Persönliche E-Mail	130
	Fortsetzung eines Textes	131
	Eine Geschichte schreiben	133

Übungsaufgaben im Stil des neuen Quali

Übungsaufgabe 1 – Literarischer Text

Teil A:	Zuhören	135
Teil B:	Sprachgebrauch – Sprachbetrachtung	138
	Sprachgebrauch – Rechtschreiben	139
Teil C:	Lesen: *Vertrauensgerüst*	140
Teil D:	Schreiben:	144
	Aufgabengruppe I	144
	Aufgabengruppe II	145

Übungsaufgabe 2 – Sachtext

Teil A:	Zuhören	146
Teil B:	Sprachgebrauch – Sprachbetrachtung	149
	Sprachgebrauch – Rechtschreiben	151
Teil C:	Lesen: *Game of Drohnes*	153
Teil D:	Schreiben:	157
	Aufgabengruppe I	157
	Aufgabengruppe II	158

Inhalt

Offizielle Musterprüfungen für den neuen Quali

Musterprüfung 1 – Literarischer Text

Teil A: Zuhören	159
Teil B: Sprachgebrauch – Sprachbetrachtung	162
Sprachgebrauch – Rechtschreiben	164
Teil C: Lesen: *Das Märchen vom Glück*	166
Teil D: Schreiben	171
Aufgabengruppe I	171
Aufgabengruppe II	172

Musterprüfung 2 – Sachtext

Teil A: Zuhören	173
Teil B: Sprachgebrauch – Sprachbetrachtung	176
Sprachgebrauch – Rechtschreiben	178
Teil C: Lesen: *Müll – der achte Kontinent*	180
Teil D: Schreiben	183
Aufgabengruppe I	183
Aufgabengruppe II	184

Qualifizierender Abschluss der Mittelschule

Abschlussprüfung 2019

Teil A: Sprachbetrachtung	2019-1
Teil B: Rechtschreiben	2019-3
Teil C: Text 1: *Der Filmstar und die Eisprinzessin*	2019-5
Text 2: *Ein Leben im Minus*	2019-9

Abschlussprüfung 2020

Teil A: Sprachbetrachtung	2020-1
Teil B: Rechtschreiben	2020-3
Teil C: Text 1: *Ein Roboter mit Launen*	2020-5
Text 2: *Smart Clothing – Was kann „intelligente Kleidung"?*	2020-8

Bildnachweis, Nachweis Audiodateien

Inhalt

Audiodateien

Übung 3: Thema: „Ordnung"	Track 1
Übung 4: Thema: „Ernährung"	Track 2
Übungsaufgabe 1	Track 3
Übungsaufgabe 2	Track 4
Musterprüfung 1	Track 5
Musterprüfung 2	Track 6

Über die Plattform *MyStark* gelangst du zu allen **Audiodateien**. Nutze dafür den vorne im Buch abgedruckten Link und deinen persönlichen Zugangscode.

Lernvideos

Wenn du den QR-Code mit deinem Smartphone oder Tablet scannst, kannst du Lernvideos abrufen, die dir wichtige Rechtschreibregeln erläutern.

Im Hinblick auf eine eventuelle Begrenzung des Datenvolumens wird empfohlen, dass du dich beim Ansehen der Videos im WLAN befindest. Hast du keine Möglichkeit, den QR-Code zu scannen, findest du die Lernvideos auch unter:

http://qrcode.stark-verlag.de/rechtschreibung-deutsch

Themen der Videos:
- Großschreibung
- Nominalisierung
- Kommaregeln bei Haupt- und Nebensätzen
- Kommasetzung bei Infinitivgruppen
- Rechtschreibstrategien

Autorinnen:
Marion von der Kammer (Training Grundwissen)
Ariane Tronser, Kristina Biebl (Übungsaufgaben im Stil des neuen Quali)

Inhalt

Interaktives Training

Dieses Buch umfasst auch ein interaktives Prüfungstraining fürs Lernen am Computer oder Tablet. Zum ActiveBook gelangst du über die Online-Plattform *MyStark*. Nutze dafür den vorne im Buch eingedruckten **Link** und deinen persönlichen **Zugangscode**.

Im Folgenden siehst du das Inhaltsverzeichnis zum ActiveBook. Die abgebildeten **Symbole** findest du auch auf anderen Seiten im Buch wieder. Sie zeigen dir, zu welchen Kompetenzbereichen es im ActiveBook **zusätzliche interaktive Aufgaben** gibt.

Inhalt ActiveBook

Interaktive Aufgaben
Aufgaben mit Tipps, Feedback und sofortiger Auswertung zu allen Bereichen der Prüfung:

    Teil A: Zuhören
        1 Hörverstehen

    Teil B: Sprachgebrauch
        2 Sprachbetrachtung
        3 Rechtschreiben

    Teil C: Lesen
        4 Den Inhalt zusammenfassen
        5 Fremdwörter erkennen
        6 Sprachliche Mittel untersuchen
        7 Diagramme analysieren
        8 Karikaturen beschreiben und deuten

    Teil D: Schreiben
        9 Einen argumentativen Text schreiben
        10 Einen informierenden Text schreiben
        11 Einen kreativen Text schreiben

MindCards
Interaktive Lernkarten zu wichtigen Fragen und Fehlerschwerpunkten.

Digitales Glossar
Einfaches und schnelles Nachschlagen von Fachbegriffen, wie z. B. Textsorten, Stilmittel, Grammatikwissen

Lernvideos
Lernvideos mit verständlichen Erläuterungen wichtiger Rechtschreibregeln

Vorwort

Liebe Schülerin, lieber Schüler,

mit diesem Buch kannst du dich eigenständig und gründlich auf den **Qualifizierenden Abschluss der Mittelschule** im Fach Deutsch vorbereiten. Wenn du **frühzeitig** mit deinem Training beginnst und die einzelnen Kapitel gewissenhaft durcharbeitest, bist du für alle Anforderungen des **neuen Quali** gut gerüstet.

- Anhand der folgenden **Fragen und Antworten** kannst du dir zuerst einmal einen Überblick über den Ablauf und die Besonderheiten des neuen Quali verschaffen. Sollten nach Erscheinen dieses Buches noch wichtige Änderungen zum **Quali 2022** bekannt gegeben werden, findest du aktuelle Informationen dazu auf *MyStark* unter: www.stark-verlag.de/mystark.

- Im **Training Grundwissen** werden alle wichtigen **Kenntnisse** und **Fähigkeiten** ausführlich wiederholt und anhand zahlreicher **Übungen** gefestigt. Einprägsame **Tipps**, zahlreiche **Hinweise** sowie Übersichten, in denen alles **auf einen Blick** zusammengefasst ist, helfen dir, deine Fähigkeiten gezielt auf Prüfungsniveau zu trainieren. Du erfährst, wie die einzelnen Aufgaben aussehen können und wie du sie **Schritt für Schritt** bearbeitest.

- Mit den anschließenden **Übungsaufgaben im Stil des neuen Quali** sowie den **offiziellen Musterprüfungen für den neuen Quali** trainierst du selbstständig die zielsichere und erfolgreiche Bearbeitung der Aufgaben im Quali. Am besten führst du zu Hause schon einmal eine „eigene" Prüfung durch. So lernst du, dir die Prüfungszeit sinnvoll einzuteilen.

- Am Ende des Bandes findest du zusätzlich die **Original-Prüfungsaufgaben** 2019 und 2020. Auch mit diesen kannst du für die neue Prüfung trainieren, z. B. die Teile zur Sprachbetrachtung und zur Rechtschreibung.

- Auf *MyStark* stehen dir alle **digitalen Inhalte** zum Buch zur Verfügung. Den Link zur Online-Plattform und deinen Zugangscode siehst du ganz vorne im Buch. Du findest auf *MyStark* die **Audiodateien** zum Üben des Hörverstehens, das **ActiveBook** mit zusätzlichen **interaktiven Aufgaben** fürs Lernen am Computer oder Tablet sowie **Lernvideos**, die kurz und verständlich wichtige **Rechtschreibregeln** erklären.

- Zu diesem Buch ist ein separates **Lösungsbuch** (Titelnummer 93544) erhältlich. Dort findest du zu allen Trainings-, Übungs- und Prüfungsaufgaben **ausführliche Lösungsvorschläge** mit hilfreichen Hinweisen und Tipps zur selbstständigen Bearbeitung.

Viel Spaß beim Üben und vor allem viel Erfolg im Deutsch-Quali!

Der Quali – Wichtige Fragen und Antworten

Was wird eigentlich geprüft?

1 Die Quali-Prüfung im Fach Deutsch ist eine **schriftliche Prüfung**, die in Bayern einheitlich durch das Kultusministerium vorgegeben wird und die aus **vier Teilen** besteht:

- In **Teil A** geht es um das **Hörverstehen**. Dir werden Dialoge vorgespielt, zu denen du während des Zuhörens (bzw. kurz danach) einige Aufgaben bearbeiten musst. Damit sollst du zeigen, dass du verstehst, worüber die Gesprächsteilnehmer miteinander reden.

- In **Teil B** geht es um **Sprachgebrauch**. Im ersten Abschnitt erhältst du Fragen zur **Grammatik**, z. B. zur Bestimmung von Wortarten oder Satzgliedern. Im zweiten Abschnitt sollst du deine **Rechtschreibkenntnisse** unter Beweis stellen.

  Hinweis: Wer unter einer Rechtschreibschwäche (Legasthenie) leidet, braucht die Aufgaben zur Rechtschreibung nicht zu bearbeiten.

- In **Teil C** wird dein **Leseverständnis** geprüft. Dir wird ein Text vorgelegt – entweder ein **literarischer Text** oder ein **Sachtext** –, zu dem du einige Aufgaben bearbeiten sollst. Dem Text sind Tabellen oder Diagramme beigefügt, die vom Thema her dazu passen. Auch zu diesen diskontinuierlichen Texten bekommst du eine Aufgabe.

- In **Teil D** sollst du deine **Schreibkompetenz** nachweisen. Es gibt zwei Aufgabengruppen, von denen du eine auswählen sollst. Insgesamt musst du drei verschiedene Texte schreiben, die vom Charakter her unterschiedlich sind: Ein Text ist **argumentativ**, einer **informierend** und der dritte **kreativ**. Alle Schreibaufgaben beziehen sich inhaltlich auf den Text, zu dem du in Teil C schon Aufgaben bearbeitet hast.

Wie viel Zeit habe ich in der Prüfung?

2 Die **Gesamtarbeitszeit** der schriftlichen Prüfung beträgt **195 Minuten**. Sie beginnt mit dem Teil zum Hörverstehen, für dessen Bearbeitung **ca. 20 bis 30 Minuten** vorgesehen sind. Anschließend bearbeitest du alle anderen Prüfungsteile, dafür stehen dir noch einmal **ca. 165 bis 175 Minuten** zur Verfügung.

Wie läuft das Hörverstehen ab?

3 Beim Hörverstehen werden dir **drei verschiedene Hörtexte** nacheinander vorgespielt. Zu **jedem Text** bearbeitest du eine **mehrteilige Aufgabe**. Bevor ein Hörtext abgespielt wird, hast du Zeit, dir die jeweilige **Aufgabe durchzulesen**. Du solltest bereits **während des Hörens** damit beginnen, die Aufgaben zu lösen. Nach dem zweiten Hören hast du noch einmal **ein wenig Zeit**, um die Aufgabe fertig zu bearbeiten.

Der Quali – Wichtige Fragen und Antworten

Welche Aufgaben gibt es zu den Bereichen Sprachbetrachtung und Rechtschreiben?

4 Der Prüfungsteil zum **Sprachgebrauch** ist in die Bereiche **Sprachbetrachtung** und **Rechtschreiben** untergliedert. Hier sollst du zeigen, dass du alle wichtigen Regeln kennst und auch sicher anwenden kannst.
Es können verschiedene Aufgabentypen vorkommen, z. B.:

- **Satzglieder** bestimmen
- **Grammatikalisch korrekte** Sätze bilden
- Die Wörter „**dass**" und „**das**" korrekt in einen kurzen Lückentext einsetzen
- **Fehlerschwerpunkten** die passenden **Rechtschreibstrategien** zuordnen
- Fehlende **Satzzeichen** korrekt in einen kurzen Text einfügen
- **Rechtschreibfehler** in einem kurzen Text finden und verbessern
- Vorgegebene Wörter **korrekt trennen**

Nutze bei der Bearbeitung der Aufgaben die im Unterricht gelernten **Strategien** und nimm dein **Wörterbuch** zu Hilfe.

Welche Aufgaben gibt es im Bereich Lesen?

5 Im Bereich **Lesen** erhältst du einen Ausgangstext. Dabei kann es sich um einen Sachtext oder einen literarischen Text handeln. Bei den **Sachtexten** handelt es sich überwiegend um Artikel aus Zeitungen oder Zeitschriften. Die **literarischen Texte** sind in der Regel Kurzgeschichten oder Auszüge aus Erzählungen und Jugendromanen. Zu dem Text werden Arbeitsaufträge gestellt, die sich direkt auf den Text beziehen oder in Verbindung zum Inhalt des Textes stehen.
Unter anderem können hier folgende **Aufgabenstellungen** vorkommen:

- Den Text in wenigen Sätzen zusammenfassen
- Fremdwörter aus dem Text deutschen Begriffen zuordnen oder erklären
- Textaussagen analysieren und erläutern
- Tabellen, Karikaturen usw. analysieren und mit dem Text in Verbindung bringen
- Auffällige sprachliche Merkmale erkennen und ihre Wirkung erläutern

Welche Aufgaben gibt es im Bereich Schreiben?

6 Der Text, den du gelesen hast, bildet auch die Grundlage für die **Schreibaufgaben**. Es werden dir zwei **Aufgabengruppen** vorgelegt, von denen du eine auswählen sollst. Es wird von dir erwartet, dass du drei Texte schreibst – einen längeren und zwei kürzere. Dabei spielen verschiedene Arten von Texten eine Rolle: Du sollst einen **argumentativen**, einen **informierenden** und einen **kreativen Text** schreiben. Bei dem kreativen Text musst du dich häufig in eine bestimmte Figur hineinversetzen und ein persönliches Schreiben (einen persönlichen Brief, einen Tagebucheintrag usw.) aus deren Sicht verfassen. Es kann aber auch sein, dass du eine eigene Geschichte verfassen sollst, die in thematischem Zusammenhang mit dem Ausgangstext steht.

Der Quali – Wichtige Fragen und Antworten

7 Du darfst während der gesamten Prüfung ein **Rechtschreibwörterbuch** benutzen. Das Wörterbuch hilft dir, wenn du nicht genau weißt, wie ein Wort geschrieben wird. Darüber hinaus kannst du dort die Bedeutung eines (Fremd-)Wortes nachschlagen, das du im Text nicht genau verstanden hast.

Welche Hilfsmittel sind erlaubt?

8 Du kannst in der Prüfung insgesamt **60 Punkte** erreichen, die sich wie folgt zusammensetzen:

- Teil A: Zuhören — 12 Punkte
- Teil B: Sprachgebrauch – Sprachbetrachtung — 6 Punkte
  Sprachgebrauch – Rechtschreiben — 6 Punkte
- Teil C: Lesen — 12 Punkte
- Teil D: Schreiben — 24 Punkte

Für die **Bewertung** der Prüfungsarbeit im Fach Deutsch ist folgende Zuordnung von erreichter Punktzahl und Note landeseinheitlich festgesetzt.

Punkte	60–51	50,5–41	40,5–30,5	30–20,5	20–10	9,5–0
Note	1	2	3	4	5	6

Wie wird die Prüfung bewertet?

9 Wenn du dieses Buch aufmerksam gelesen und durchgearbeitet hast, bist du bestens vorbereitet! Allerdings kommt es auch darauf an, **wie** du dabei vorgehst. Es genügt nicht, dass du die einzelnen Kapitel nur möglichst rasch überfliegst. Du solltest **aktiv** mit diesem Buch arbeiten.

- Beginne **rechtzeitig** mit deiner Vorbereitung und übe lieber regelmäßig, dafür in maßvollen Einheiten.
- Im „Training Grundwissen" (Kapitel 1 bis 11) werden dir zwischendurch immer wieder **kleine Übungen** als Aufgaben gestellt. Diese solltest du unbedingt bearbeiten, denn mit ihnen trainierst du das Grundwissen für den Quali.
- Auf die Prüfungssituation selbst kannst du dich optimal vorbereiten, indem du die **Übungsaufgaben im Stil des neuen Quali** sowie die **offiziellen Musterprüfungen für den neuen Quali** eigenständig bearbeitest. Übe am besten unter **Prüfungsbedingungen** und löse die Aufgaben in der dafür vorgesehenen Zeit. Falls du einmal einen kleinen Denkanstoß brauchen solltest, kannst du dir im Lösungsband zunächst nur die **Hinweise** zur Aufgabenstellung durchlesen. Versuche dann, die Aufgabe noch einmal allein zu bearbeiten. Erst ganz am Schluss vergleichst du deine Ergebnisse mit denen im Lösungsband.

Wie bereite ich mich optimal auf die Prüfung vor?

▶ Training Grundwissen

Teil A: Zuhören

Interaktive Aufgaben: Hörverstehen

1 Aufgaben zum Hörverstehen bearbeiten

Beim Hörverstehen sollst du zeigen, dass du mündliche Äußerungen bzw. Gespräche verstehst und sie in eigenen Worten wiedergeben kannst. Du musst dir dazu den **Hörtext** zunächst **aufmerksam anhören**. Anschließend bearbeitest du **Aufgaben** dazu und zeigst so, dass du den Inhalt des Hörtextes verstanden hast. In der Prüfung wird dir oft ein **Dialog** vorgespielt, also ein Gespräch zwischen zwei oder mehr Personen. In diesem Fall kommt noch eine Schwierigkeit hinzu: Dann gehen die Äußerungen der einzelnen Sprecher*innen hin und her – wie bei einem Pingpong-Spiel – und es muss dir gelingen, die gesprochenen Worte jeweils der richtigen Person zuzuordnen. Bei Dialogen geht es auch darum, die **Situation zu verstehen**, in der sich die Sprecher*innen befinden. Frage dich, wo sie sind, und bestimme das **übergeordnete Thema**, über das sie sich unterhalten.

So läuft das **Hörverstehen in der Abschlussprüfung** ab:

▶ Insgesamt bekommst du in der Prüfung drei verschiedene Hörtexte nacheinander vorgespielt. Zu **jedem Text** bearbeitest du eine **mehrteilige Aufgabe**.

▶ Jeden Hörtext hörst du **zweimal** direkt hintereinander.

▶ Das **Aufgabenblatt** erhältst du bereits zu Beginn der Prüfung. In der Regel steht vor den Aufgaben zu den einzelnen Hörtexten ein **Infokasten**, in dem dir mit wenigen Worten erklärt wird, wer im Hörtext spricht und worüber gesprochen wird.

▶ Bevor der Hörtext abgespielt wird, hast du Zeit, um den Infokasten und die **mehrteilige Aufgabe durchzulesen**. So weißt du bereits, worauf du beim Zuhören besonders achten musst.

▶ Schon **während des Hörens** solltest du damit beginnen, die **Aufgaben** zu **lösen**. Nach dem zweiten Hören hast du dann noch einmal **etwas Zeit**, um die Aufgaben fertig zu bearbeiten.

Es ist klar, dass du beim Zuhören keine ausführlichen Antworten formulieren kannst; dazu hast du gar keine Zeit. Oft ist es nicht erforderlich, vollständige Sätze zu schreiben, sondern es genügt, wenn du deine Antworten in **Stichworten** notierst. Manchmal sollst du auch einen **Namen** eintragen, z. B. den einer Person oder eines Ortes, oder einfach nur eine **Zahl**. Bei einigen Aufgaben musst du gar nichts schreiben, weil du auf andere Weise zeigen sollst, dass du eine Äußerung verstanden hast. Das gilt z. B. für Ankreuzaufgaben, bei denen du von mehreren Aussagen die richtige ankreuzen musst.

Teil A: Zuhören

Tipp

Bei einer Antwort in Stichworten notierst du nur **das, wonach ganz konkret gefragt wird**. Lass alle Wörter weg, die für das Verständnis deiner Lösung nicht unbedingt nötig sind.

Beispiel

Frau Schmidt ärgert sich regelmäßig über das Verhalten ihrer Nachbarin.
Frage: Worüber ärgert sich Frau Schmidt?
Mögliche Lösung: Verhalten ihrer Nachbarin

Schritt für Schritt

Vor dem Zuhören

Arbeitsschritt **1** Lege einen **Stift und ein Lineal** bereit; alles andere kommt in deinen Rucksack, damit dein Tisch frei ist. Unterhalte dich nicht mit deinen Sitznachbarn und schaue dich nicht im Klassenraum um, sondern konzentriere dich ganz auf dich.

Arbeitsschritt **2** Informiere dich über den **Inhalt**, um den es in dem Hörbeitrag geht. In der Regel findest du über jeder Aufgabe einen Infokasten. Lies die Informationen, die dort stehen, sorgfältig durch. Oft kannst du dich so schon über das **Thema des Hörbeitrags** informieren und musst beim Zuhören nicht lange rätseln, worum es geht.

Arbeitsschritt **3** **Überfliege die Aufgaben**, die du bearbeiten sollst. So gewinnst du gleich einen Überblick über das, was von dir erwartet wird. Dann kannst du während des Zuhörens gezielt auf die Worte achten, die du für deine Lösung brauchst.

Übung 1

a) Bereite dich auf den Hörtext A vor, indem du den vorangestellten Informationstext (Übung 3, S. 8) liest. Notiere nun stichpunktartig die wichtigsten Informationen zum Hörtext.

Sprecher*innen:

_____

_____

Thema des Hörtextes:

_____

b) Überfliege die einzelnen Aufgabenteile und kreuze die Inhalte an, auf die du beim Hören achten musst.

Ich muss achten auf …

☐ den Namen der Anruferin.

☐ das Alter des Sohnes.

☐ die Wünsche der Mutter.

☐ den Grund für die Unordnung des Sohnes.

☐ einen Fehler der Mutter.

☐ eine Warnung von Fachleuten.

☐ einen Rat des Pädagogen.

☐ das Ende des Gesprächs.

Während des Zuhörens — Schritt für Schritt

Arbeitsschritt **1** **Höre konzentriert zu**, während der Hörbeitrag das erste Mal abgespielt wird. Behalte dabei die Aufgaben im Blick, damit du weißt, worauf du achten musst. Du kannst davon ausgehen, dass die Reihenfolge der Aufgaben dem Ablauf des Dialogs entspricht.

Arbeitsschritt **2** Notiere die **Lösungen** bereits **während des ersten Zuhörens**. Schreibe nicht mehr als **vier bis fünf Stichworte** oder einen **kurzen Satz**.

Arbeitsschritt **3** Beim **zweiten Zuhören überprüfst** du noch einmal alle **deine Antworten**. Sollte es bei einer Aufgabe noch eine Lücke geben, ergänzt du die fehlende Lösung. Falls du an einer Stelle etwas Falsches eingetragen hast, korrigierst du es. Streiche dann die falsche Lösung sauber mit dem Lineal durch und notiere die richtige Antwort darüber.

> **Tipp**
> Auch wenn es beim Notieren der richtigen Lösungen schnell gehen muss: Schreibe so, dass man deine **Schrift gut lesen** kann. Achte auch auf die Rechtschreibung und Zeichensetzung.

Den Inhalt eines Dialogs mit Stichworten festhalten

Um Stichworte zu einem Dialog zu notieren, solltest du zu den einzelnen Äußerungen nur die Wörter aufschreiben, die für den Sinn von Bedeutung sind. Gehe so vor:

▶ Schreibe **nicht** die „kleinen" Wörter auf. **Artikel** kannst du also weglassen; Gleiches gilt auch oft für **Pronomen**.

▶ Notiere stattdessen Wörter, die dir helfen, den **Kern einer Aussage** zu rekonstruieren, z. B. **Nomen, Verben, Adjektive und Adverbien**.

▶ Wörter, die eine **Verneinung** ausdrücken, darfst du **nicht weglassen**. Sie sind immer wichtig für den Sinn.

▶ Bei **Fragen** solltest du das entsprechende **Fragepronomen** (z. B. *wie, wo, wann*) beibehalten. Stelle außerdem klar, wer eine Frage stellt.

▶ **Personalpronomen** kannst du weglassen, wenn sie im Satz **Subjekt** sind. Dann sind sie nämlich in der Verbform versteckt.

▶ Vergiss nicht, dass du **Ich-Aussagen** in **Er- oder Sie-Aussagen** umwandeln musst. Dabei kannst du die Namen abkürzen.

▶ Du musst nicht die Wörter übernehmen, die jemand sagt. Du kannst auch **sinngemäß** ausdrücken, was er oder sie gesprochen hat.

Beispiele

MARCO: *Ich freue mich auf das Abschlussfest nach der Prüfung.*
LUIS: *Meinst du, dass wir alle bestehen?*
MARCO: *Ich kann mir nicht vorstellen, dass jemand das nicht schafft.*

In Stichworten:
M. freut sich auf Abschlussfest nach Prüfung
L. fragt, ob alle bestehen.
M. glaubt nicht, dass jemand es nicht schafft.

Teil A: Zuhören

Übung 2 Notiere Stichworte zu den einzelnen Äußerungen des folgenden Dialogs.

LEA: *Ich finde es richtig schade, dass wir im letzten Schuljahr keine Klassenreise gemacht haben.*

NICOLE: *Hoffentlich wird es im nächsten Schuljahr wieder besser.*

LEA: *Ehrlich gesagt, habe ich da so meine Zweifel.*

NICOLE: *Meinst du etwa, Herr Strom wird es wieder ablehnen, mit uns eine Reise zu unternehmen?*

LEA: *Ich glaube schon, dass ihm das zuzutrauen ist.*

_____

_____

_____

_____

Übung 3 Höre dir die beiden Hörtexte zum Thema „Ordnung" (Hörtext A und Hörtext B) jeweils zweimal an und bearbeite die Aufgaben dazu.

Hörtext A

> Eltern, die Probleme mit ihren Kindern haben, fühlen sich manchmal hilflos. In einigen Städten gibt es für sie das Angebot einer „Elternsprechstunde", in der sie sich telefonisch Rat holen können. Frau Redlich nimmt dieses Angebot in Anspruch, da sie die Unordnung ihres Sohnes zunehmend stört. Sie telefoniert mit einem Sozialpädagogen der Elternsprechstunde, um das Problem zu lösen.

Aufgaben

1. Wie alt ist der Sohn der Anruferin?

   _____

2. Wie kommt es dazu, dass der Sohn der Anruferin so unordentlich ist? Kreuze die zutreffende Aussage an.
   - ☐ Es ist ihm egal, wie es in seinem Zimmer aussieht.
   - ☐ Er hat keinen Platz für seine vielen Sachen.
   - ☐ Sein Computerspiel lenkt ihn zu sehr ab.
   - ☐ Er hat keine Zeit zum Aufräumen.

3. Welchen Fehler macht seine Mutter nach Ansicht des Sozialpädagogen?

   _____

4. Was sollte die Mutter als Erstes tun, um das Problem mit ihrem Sohn zu lösen? Notiere den Ratschlag, den der Pädagoge ihr gibt.

   _____

Teil A: Zuhören | 9

5. Was möchte die Mutter vermeiden?

   _____

6. Der Pädagoge sagt der Anruferin, sie solle ihrem Sohn „auf Augenhöhe" begegnen. Erkläre, was er damit meint.

   _____

7. Am Schluss sagt der Pädagoge zu der Anruferin, sie solle ab und zu ruhig mal „ein Auge zudrücken". Wie begründet er das? Kreuze die passende Aussage an.

   Es kann sein, ...

   ☐ dass der Sohn mal keine Zeit zum Aufräumen hat.

   ☐ dass er eine andere Vorstellung von Ordnung hat als seine Mutter.

   ☐ dass sie mit ihren Vorstellungen von Ordnung zu altmodisch ist.

   ☐ dass sie sich lieber um andere Dinge kümmern soll.

Hörtext B

Es gibt Menschen, die Schwierigkeiten damit haben, in ihrer Wohnung Ordnung zu halten. In einem Radiointerview mit einer Ordnungsberaterin erklärt diese, wie sie Betroffene unterstützt und welche konkreten Maßnahmen helfen können, wenn eine Wohnung im Chaos versinkt.

Aufgaben

1. Wie viele verschiedene Personen sprechen in dem Beitrag?

   _____

2. Warum sieht es in einigen Wohnungen unordentlich aus?
   Nenne zwei Gründe.

   _____

   _____

3. Was kommt in den großen Karton? Kreuze alle Aussagen an, die zutreffen.

   In den großen Karton kommen alle Dinge, die ...

   ☐ nicht mehr gebraucht werden.

   ☐ sowieso billig waren.

   ☐ aus der Mode gekommen sind.

   ☐ lange nicht mehr angerührt wurden.

   ☐ Geschenke von Verwandten sind.

4. Wie werden Sachen aus dem großen Karton danach sortiert? Notiere, welche Gegenstände jeweils in den ersten, zweiten bzw. dritten kleinen Karton gelegt werden.

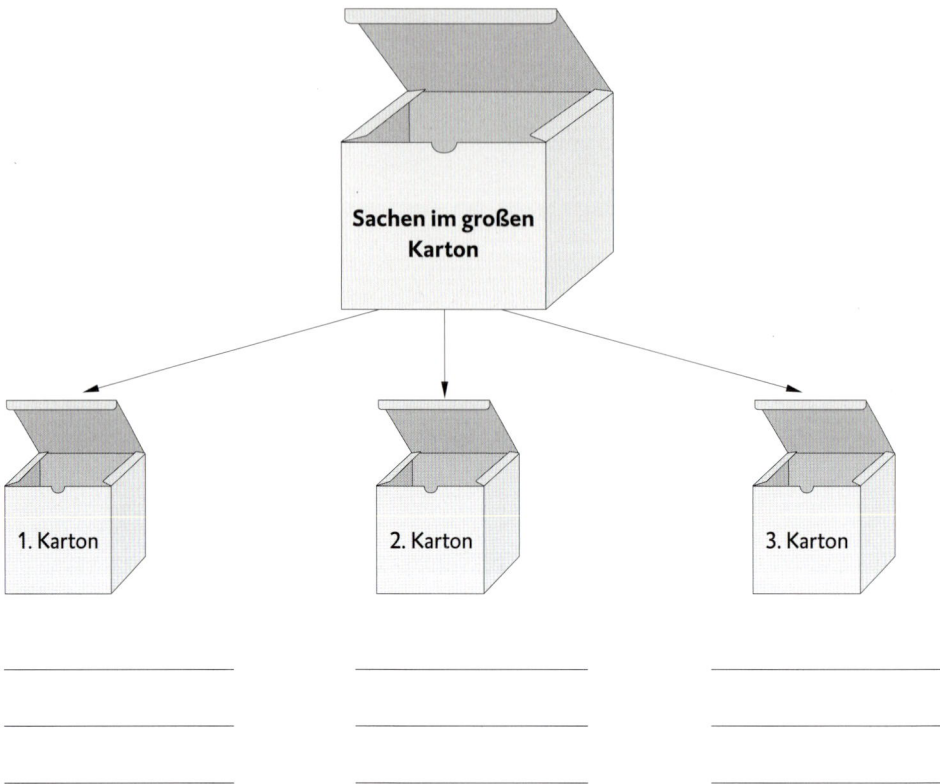

_____   _____   _____
_____   _____   _____
_____   _____   _____

5. Was geschieht mit den Dingen, die in den Schränken geblieben sind?
   _____
   _____

6. Wie lange dauert eine solche Aufräumaktion? Nenne den ungefähren Zeitraum.
   _____

7. Wie fühlen sich die Kunden der Ordnungsberaterin am Ende meistens?
   _____

Teil A: Zuhören | 11

Höre dir die beiden Hörtexte zum Thema „Ernährung" (Hörtext C und Hörtext D) jeweils zweimal an und bearbeite die Aufgaben dazu.

Übung 4

Hörtext C

> Can und sein Freund Konrad unterhalten sich nach der Schule über das Thema Ernährung. Dazu kommt es, weil Konrad seit Kurzem Vegetarier ist. Die beiden Jungen tauschen sich über verschiedene Ernährungsweisen aus.

Aufgaben

1. Seit wann ist Konrad schon Vegetarier? Nenne den Zeitraum.
   _____

2. Was hält Can davon, dass sein Freund Vegetarier geworden ist?
   _____

3. Warum will Konrad kein Fleisch mehr essen? Nenne zwei Gründe.
   _____
   _____

4. Konrads Schwester ist Veganerin.
   Kreuze alle Nahrungsmittel an, die sie deshalb nicht mehr isst.
   - [ ] Brot
   - [ ] Eier
   - [ ] Butter
   - [ ] Nüsse
   - [ ] Äpfel
   - [ ] Käse

5. Konrad meint, vegane Ernährung sei schon ein Trend geworden. Woran hat er das gemerkt?
   _____

6. Es kann sein, dass man von einem bestimmten Vitamin nicht genug bekommt, wenn man sich rein vegan ernährt. Nenne dieses Vitamin.
   _____

Hörtext D

> In einer Radiosendung unterhält sich ein Moderator mit einer Ernährungswissenschaftlerin über gesunde Ernährung. Was sollte man essen – und was besser nicht? Diese Fragen werden in dem Gespräch thematisiert.

Aufgaben

Du bereitest dich auf einen Vortrag zum Thema „Gesunde Ernährung" vor. Aus dem Hörbeitrag willst du bereits stichwortartig erste wichtige Informationen herausfiltern. Den Gliederungsbogen hast du schon erstellt. Ergänze ihn stichpunktartig.

1. Argumente gegen den Konsum von Fast-Food-Produkten:
   – *Enthalten viele Zusatzstoffe*
   – _____
   – _____

2. Gründe für die Beliebtheit von Fertigprodukten:
   – _____
   – _____

3. Einige Tiefkühlprodukte sind empfehlenswert:

   Beispiele: _____

   Grund: _____
   _____

4. Ernährungstipps:

Das sollte man regelmäßig essen:	Das sollte man eher weniger essen:

Teil B: Sprachgebrauch – Sprachbetrachtung

Interaktive Aufgaben: Sprachberachtung

Was muss man können? Was wird geprüft?

In der Prüfung sollst du zeigen, dass du diese Teilkompetenzen beherrschst:

▶ **Bausteine der Sprache kennen:** Du sollst die wesentlichen Sprachbausteine kennen. Du musst also wissen, was **Wortarten**, **Satzglieder** und **Sätze** sind.

▶ **Fachbegriffe beherrschen:** Du sollst die Fachbegriffe für die **Bausteine der Sprache** richtig zuordnen und verwenden können.

▶ **Grammatische Regeln anwenden:** Du sollst wichtige grammatische Regeln kennen und anwenden können. In der Prüfung gibt es nämlich Aufgaben, in denen du Lücken so füllen musst, dass grammatisch richtige Sätze entstehen, und Aufgaben, bei denen du Aussagen passend umformulieren musst.

2 Wortarten

Wörter sind das „Rohmaterial" der Sprache. Aufgrund von Gemeinsamkeiten kann man sie verschiedenen Gruppen zuordnen, die man als **Wortarten** bezeichnet.
Dabei unterscheidet man zwischen veränderbaren und unveränderbaren Wortarten.

Veränderbare Wortarten

Fünf Wortarten können ihre Form verändern, je nachdem, wie sie verwendet werden. Das heißt, ihnen wird z. B. eine Personalendung angehängt, sie können in die vier Fälle gesetzt werden oder sie stehen in der Einzahl oder Mehrzahl. Man nennt diese Wortarten die **veränderbaren Wortarten**.

Auf einen Blick

Wortarten, die sich verändern können	
Nomen	Nomen bezeichnen **Lebewesen** und **Dinge**. Einige Dinge kann man sich nur denken, da man sie weder sehen noch anfassen kann. *Ball, Mann, Frau, Hund, Blume, Liebe, Freude, Trost*
Verb	Verben beschreiben **Handlungen** oder **Zustände**. *laufen, greifen, sein, liegen*
Adjektiv	Adjektive geben Auskunft über **Eigenschaften**. *groß, rot, müde, dünn*
Artikel	Artikel sind **Begleiter** von Nomen. Man unterscheidet zwischen • **bestimmten Artikeln:** <u>der</u> Mann, <u>die</u> Katze, <u>das</u> Haus • **unbestimmten Artikeln:** <u>ein</u> Mann, <u>eine</u> Katze, <u>ein</u> Haus
Pronomen	Es gibt viele verschiedene Pronomen. Sie können Nomen **ersetzen** oder **begleiten**. *der Mann – **er** (als Ersatz), **diese** Frau (als Begleiter), **mein** Zimmer (als Begleiter), der Junge wünscht **sich** … (als Ersatz)*

Teil B: Sprachgebrauch – Sprachbetrachtung

Unveränderbare Wortarten

Die übrigen Wortarten bleiben immer unverändert. Die wichtigsten sind:

Auf einen Blick

Wortarten, die sich nicht verändern	
Adverb	Adverbien geben Zusatzinformationen über die **genaueren Umstände** einer Handlung, z. B. über den **Ort** (Wo? Wohin? Woher?), die **Zeit** (Wann? Seit wann? Bis wann? Wie lange?), die **Art und Weise** (Wie?) oder den **Grund** (Warum?). *hier, oben, jetzt, bald, gern, vergebens, ausnahmsweise, deinetwegen*
Konjunktion	Konjunktionen **verbinden** Wörter, Wortgruppen oder Sätze miteinander. *und, oder, aber, weil, als, wenn, falls, statt*
Präposition	Präpositionen zeigen die **Beziehungen** zwischen Dingen oder Lebewesen an. Manchmal ist eine Präposition mit einem Artikel verschmolzen. *in, an, auf, bei, mit, für, ohne, wegen, unter, über; ins (in + das), ans (an + das), aufs (auf + das), beim (bei + dem)*

Tipp

> Merke dir zu jeder **Wortart** zwei **typische Beispiele**. Dann kannst du andere Wörter, die derselben Wortart angehören, leicht zuordnen.

Übung 5

Trage die Wortarten der einzelnen Wörter auf der Linie ein. Nutze dazu die Abkürzungen aus der linken Spalte.

Neulich vergaß ein Reptilienhändler in einem Hotelzimmer sein grünes Chamäleon.
_____

Abkürzungen:
N = Nomen
V = Verb
Adj = Adjektiv
Art = Artikel
Pron = Pronomen
Adv = Adverb
Konj = Konjunktion
Präp = Präposition

Der Gast übersah das Tier am Morgen, als er seinen Koffer packte.
_____

Das lag an der grünen Farbe der Tapete im Hotelzimmer.
_____

Abends entdeckte der nächste Besucher das Tier, weil es sich bewegte.
_____

Er überlegte einen Augenblick, dann alarmierte der Mann sofort die Polizei.
_____

Die Polizisten fingen das kleine Reptil mit einem Kescher.
_____

Bald ermittelten die Beamten den Besitzer und benachrichtigten ihn.
_____

Der glückliche Reptilienhändler begab sich sofort wieder in das Hotel.
_____

2.1 Nomen

Nomen sind Wörter, die Lebewesen oder Dinge bezeichnen. Sie geben ihnen Namen. Die Form eines Nomens hängt davon ab, ob die **Einzahl** (Fachbegriff: **Singular**) oder die **Mehrzahl** (Fachbegriff: **Plural**) verwendet wurde und in welchem **Fall** (Fachbegriff: Kasus) es steht.

Numerus

Der Numerus gibt an, ob ein Wort in der **Einzahl** oder in der **Mehrzahl** steht. Die Mehrzahl eines Nomens kannst du an folgenden Merkmalen erkennen:

- **Endung:** *Tor → Tore, Auto → Autos, Karte → Karten* *Beispiele*
- **Umlaut:** *Apfel → Äpfel, Vogel → Vögel, Mutter → Mütter* *Beispiele*
- **Endung und Umlaut:** *Fach → Fächer, Zopf → Zöpfe, Kuss → Küsse* *Beispiele*
- **keine Kennzeichnung:** Bei manchen Nomen sind die Formen von Singular und Plural gleich. Um den Numerus zu bestimmen, orientiert man sich dann am zugehörigen **Begleiter**. Wenn es kein Begleitwort gibt, hilft der **Satzzusammenhang**.
  *Du hast **deinen** Teller gar nicht leer gegessen.*
  → Einzahl (Orientierung am Begleiter)
  Stell bitte schon mal Teller auf den Tisch.
  → Mehrzahl (Orientierung am Satzzusammenhang) *Beispiel*

Kasus

Es gibt im Deutschen vier **Kasus** (Fälle), die du folgendermaßen **erfragen** kannst:

- **Nominativ:** *Wer oder was?*
- **Genitiv:** *Wessen?*
- **Dativ:** *Wem?*
- **Akkusativ:** *Wen oder was?*

Der Junge spielt mit dem Hund des Nachbarn und stört dabei die schlafende Katze. *Beispiel*
   ↑   ↑   ↑   ↑
Nominativ   Dativ   Genitiv   Akkusativ

> **Tipp**
> Die Frage *Was?* passt zu Nominativ und Akkusativ und ist daher keine Hilfe bei der Bestimmung des Kasus. Wenn du also den **Kasus** einer **Sache** erfragen willst, musst du das mit **beiden Fragepronomen** tun.

Er legt das Buch hin → *Er legt was hin?*   → Kasus nicht erkennbar *Beispiel*
                                → *Er legt wen oder was hin?* → Kasus: Akkusativ

Teil B: Sprachgebrauch – Sprachbetrachtung

In manchen Kasus müssen bestimmte **Endungen** an das Nomen angehängt werden. Es gibt verschiedene Endungen für **männliche**, **weibliche** und **sächliche Nomen**.

Auf einen Blick

Kasusendungen in der Einzahl (Singular)			
	männlich	weiblich	sächlich
Nominativ	der große Hund	die schwarze Katze	das stolze Pferd
Genitiv	des großen Hundes	der schwarzen Katze	des stolzen Pferdes
Dativ	dem großen Hund	der schwarzen Katze	dem stolzen Pferd
Akkusativ	den großen Hund	die schwarze Katze	das stolze Pferd
Kasusendungen in der Mehrzahl (Plural)			
Nominativ	die großen Hunde	die schwarzen Katzen	die stolzen Pferde
Genitiv	der großen Hunde	der schwarzen Katzen	der stolzen Pferde
Dativ	den großen Hunden	den schwarzen Katzen	den stolzen Pferden
Akkusativ	die großen Hunde	die schwarzen Katzen	die stolzen Pferde

Hinweis: Wird das Nomen von einem **Artikel**, **Pronomen** oder **Attribut** (= Adjektiv, das sich auf ein Nomen bezieht) begleitet, musst du bei diesem Begleitwort ebenfalls den **Kasus anpassen** (vgl.: _den großen Hund_).

Übung 6 Fülle die Tabellen aus. Orientiere dich an der Übersicht zu den Kasusendungen.

Einzahl	männlich	weiblich	sächlich
Nominativ	der alte Tisch	_____	_____
Genitiv	_____	_____	des dunklen Sofas
Dativ	_____	_____	_____
Akkusativ	_____	die helle Lampe	_____

Mehrzahl	männlich	weiblich	sächlich
Nominativ	_____	die hellen Lampen	_____
Genitiv	_____	_____	_____
Dativ	den alten Tischen	_____	_____
Akkusativ	_____	_____	die dunklen Sofas

2.2 Verben

Verben bezeichnen Tätigkeiten oder Zustände. Im Satzzusammenhang verändern sie meist ihre Form, weil man sie in der Regel **beugen** muss. Folgende Möglichkeiten zur Beugung werden hier näher betrachtet:

- **Zeitform** (Tempus): Die Zeitform eines Verbs gibt an, ob sich eine Aussage auf die Zukunft, die Gegenwart oder die Vergangenheit bezieht.
- **Aussageweise** (Modus): Die Aussageweise eines Verbs zeigt an, ob eine Aussage als Tatsache, Möglichkeit oder Befehl verstanden werden soll.
- **Aktiv und Passiv:** Mit dem Aktiv drückt man aus, was eine Person (oder Sache) tut, mit dem Passiv sagt man, was mit einer Person (oder Sache) getan wird.

Zeitformen

Es gibt **sechs Zeitformen** (Fachbegriff: **Tempora**).

Auf einen Blick

Zeitformen und ihre Verwendung	
Präsens	Das Präsens verwendest du für alle Vorgänge in der **Gegenwart**. *Jonas backt für Anna.* (Das tut er gerade.) Außerdem kannst du mit dem Präsens **Aussagen** treffen, die **immer gültig** sind. *Wasser kocht bei 100°C.* (Das ist immer so.)
Perfekt	Das Perfekt nennt man auch **vollendete Gegenwart**. Damit wird ausgedrückt, dass eine Handlung in der Vergangenheit abgeschlossen wurde, deren Ergebnis oder Folge aber noch einen Bezug zur Gegenwart hat. *Sie hat den Brief eingeworfen.* (Der Brief liegt jetzt im Briefkasten.)
Präteritum	Um eine Handlung in der **Vergangenheit** auszudrücken, benutzt du das Präteritum. *Es regnete den ganzen Tag.* (Das war in der Vergangenheit.)
Plusquamperfekt	Das Plusquamperfekt nennt man auch die **vollendete Vergangenheit**. Mit dieser Zeitform drückst du aus, dass etwas in der **Vergangenheit abgeschlossen** war. *Sie hatte den Brief fertig geschrieben.* (Das tat sie vorher. Erst danach warf sie ihn ein.)
Futur I	Das Futur I drückt aus, dass etwas in der **Zukunft** geschehen wird. *Das Flugzeug wird um 15 Uhr landen.* (Das wird laut Flugplan passieren.)
Futur II	Das Futur II wird auch **vollendete Zukunft** genannt. Man drückt damit die **Erwartung** aus, dass etwas in der **Zukunft abgeschlossen** sein wird. *Bis 16 Uhr werden alle Fluggäste ausgestiegen sein.* (Dann sind sie wohl alle draußen.)

Hinweis: Bei den Zeitformen musst du zwischen einfachen und zusammengesetzten Zeiten unterscheiden. Zu den **einfachen Zeitformen**, also denen, die aus einer einzigen Verbform gebildet werden, gehören **Präsens** und **Präteritum**.
Alle anderen Zeitformen werden aus mehr als einer Verbform zusammengesetzt. Man nennt sie daher auch **zusammengesetzte Zeitformen**.

Tipp

> Du kannst **Perfekt** und **Plusquamperfekt** nur an der Form von *sein* und *haben* unterscheiden:
> Steht *sein/haben* im Präsens (z. B. *bin, ist, haben, hat, sind*), handelt es sich um das Perfekt.
> Steht *sein/haben* im Präteritum (z. B. *war, hatte*), handelt es sich um das Plusquamperfekt.

Teil B: Sprachgebrauch – Sprachbetrachtung

Übung 7 Unterstreiche im folgenden Text alle Verbformen und bestimme dann das Tempus. Trage die Fachbegriffe in die rechte Spalte ein.

Knut bleibt unvergessen!

Text	Tempus
Im Berliner Zoo gab es einmal einen berühmten Eisbären namens Knut, der sehr beliebt war.	
Weil ihn seine Mutter nach der Geburt verstoßen hatte, kümmerte sich ein Tierpfleger liebevoll um ihn. Tausende Gäste, die aus allen Teilen der Welt angereist waren, beobachteten die beiden dabei neugierig.	
Im Alter von nur vier Jahren starb der süße Knut, da er infolge einer Gehirnentzündung ins Wasser gefallen war.	
Dort war er ertrunken.	
Die Knut-Fans werden sich noch lange an ihn erinnern.	
Irgendwann wird man ihm ein Denkmal errichtet haben.	
Dieses wird dann im Berliner Zoo stehen.	
Mit Knut haben einige Händler gute Geschäfte gemacht, indem sie Plüschbären an die Zoogäste verkauft haben.	
Tierschützer kritisieren noch heute den Rummel um Knut.	

Vorzeitigkeit und Nachzeitigkeit

Wenn du etwas schriftlich darstellst, verwendest du entweder das **Präsens** oder das **Präteritum**. Die Zeitform, für die du dich entscheidest, behältst du den ganzen Text über bei. Wenn du trotzdem einmal einen **Blick** in die **Vergangenheit** oder **Zukunft** werfen willst, musst du dazu eine andere Zeitform verwenden.

Beispiel

Blick zurück in die Vergangenheit	Gegenwart	**Blick voraus** in die Zukunft
Perfekt	**Präsens**	**Futur I**
Ich habe versprochen, dir beim Lernen zu helfen.	Ich laufe zu deiner Wohnung.	Ich werde dir bis halb drei beim Lernen helfen.
Plusquamperfekt	**Präteritum**	–
Ich hatte versprochen, dir beim Lernen zu helfen.	Ich lief zu deiner Wohnung.	–

Teil B: Sprachgebrauch – Sprachbetrachtung   19

Übung 8

Trage im folgenden Bericht die richtigen Zeitformen der Verben ein. Steht hinter einer Lücke kein Wort in Klammern, gehört sie mit zur nächsten Lücke.
Hinweis: **Berichte** werden grundsätzlich im **Präteritum** verfasst. Wenn von etwas aus der Vorvergangenheit die Rede ist, verwendet man das **Plusquamperfekt**.

Betrunkener Einbrecher _____ (scheitern) zweimal

Am Freitag _____ (verhaften) die Polizei einen Einbrecher mit zwei Promille. Die beiden Beamten _____ (stecken) den 25-Jährigen in eine Zelle, damit er dort seinen Rausch _____ (ausschlafen).
In der Nacht zuvor _____ der junge Mann _____ (versuchen), in ein Einfamilienhaus einzudringen. Das _____ (berichten) später die Polizei. Nachdem er unabsichtlich ein Regal mit Büchern _____ (umwerfen), _____ (erwachen) die Bewohnerin und _____ (schlagen) den Mann in die Flucht. Anschließend _____ (rufen) sie die Polizei. Bevor diese den Täter jedoch _____ (festnehmen), _____ er noch schnell _____ (probieren), ein Auto zu knacken.

Übung 9

Der folgende Bericht wurde im Perfekt verfasst. Das **Perfekt** gehört aber in erster Linie zur **gesprochenen Sprache**. Im Schriftdeutschen solltest du das **Perfekt vermeiden**, weil das in der Regel **unbeholfen** klingt. Formuliere stattdessen im **Präteritum**, wenn du von vergangenen Ereignissen sprechen willst.
Schreibe den Bericht so um, dass er im Präteritum steht (→ Heft).

Mit dem Geländewagen in den U-Bahn-Schacht

Vor einiger Zeit ist ein Autofahrer in San Francisco mit seinem Geländewagen in einen U-Bahn-Tunnel gestürzt. Dort ist er steckengeblieben. Warum der Mann in den Tunnel gerast ist, ist nicht geklärt worden. Menschen sind bei dem Unglück nicht zu Schaden gekommen. Auch Sachschaden ist nicht entstanden. Allerdings ist der Betrieb aller fünf U-Bahnlinien für mehr als zwei Stunden unterbrochen gewesen. Die Polizei hat den Unglücksfahrer festgenommen.

Übung 10

Inhaltsangaben werden immer im **Präsens** verfasst. Man zeigt damit, dass der Inhalt des Textes immer so lautet: jetzt und auch in Zukunft. Weil der Ausgangstext aber meist im Präteritum steht, ist es gar nicht so einfach, sich an diese Regel zu halten. In der folgenden Inhaltsangabe ist Evan ins Präteritum verfallen. Überarbeite den Text so, dass er durchgängig im Präsens verfasst ist (→ Heft).

Tipp

Schreibe über den Text, den du zusammenfassen sollst, groß und mit Filzstift „**Präsens!**".
Das erinnert dich daran, dass du nicht in der Vergangenheit schreiben darfst.

Inhaltsangabe zu Günter Kunerts Kurzgeschichte „Die Taucher"

In der Kurzgeschichte „Die Taucher" von Günter Kunert geht es um ein Schiff, das im Jahr 1906 während eines Taifuns gesunken ist. Viele Jahre später machten sich zwei Bergungsteams getrennt voneinander auf die Suche nach dem Wrack. Sie wollten den Tresor finden, in dem unermessliche Schätze sein sollen. Beide Teams scheitern.

Jedes der beiden Bergungsunternehmen wollte durch den Schatz reich werden und setzte sogar Spitzel ein, um an Informationen über die Gegenseite zu kommen. Sie beobachteten einander ständig bei der Suche nach dem Wrack. Als zwei Taucher das gesunkene Schiff schließlich fanden, kämpften sie gegeneinander. Bei diesem Kampf wurde einer von ihnen getötet und der andere schwer verletzt. Der Verletzte fand schließlich auch den Tresor, aber er musste feststellen, dass es gar keinen Schatz gab. Kurz danach erlag auch er seinen Verletzungen.

Die Mannschaften erfuhren nicht, dass ihre beiden Taucher tot waren und dass es keinen Schatz gab. Sie hörten daher mit der Suche nicht auf.

Aussageweisen

Verben können **drei** verschiedene **Aussageweisen** (Fachbegriff: **Modi**) haben.

Auf einen Blick

Aussageweisen und ihre Verwendung	
Indikativ	Mit dem Indikativ drückt man aus, dass etwas als **Tatsache** verstanden werden soll – nach dem Motto: **So ist es!** Diese Aussageweise verwenden wir am häufigsten. Es regnet schon seit Tagen. → Damit will man sagen, dass das tatsächlich so ist.
Konjunktiv	Mit dem Konjunktiv kann man ausdrücken, dass man nicht von Tatsachen, sondern von **Möglichkeiten** oder **Wünschen** spricht. Uli sagt, er habe einen neuen Laptop. → Man weiß nicht, ob Uli die Wahrheit sagt. Ich wünschte, ich hätte mehr Zeit. → Das ist nur ein Wunsch.
Imperativ	Mit ihm drückt man **Aufforderungen** oder **Befehle** aus. Gib mir bitte ein bisschen Geld. Komm zu mir! Lass das!

Der Konjunktiv in der indirekte Rede

Wenn du den Inhalt eines Sachtextes zusammenfassen sollst, musst du bedenken, dass du die **Aussagen einer anderen Person**, nämlich des Verfassers oder der Verfasserin, wiedergibst. Deshalb verwendest du die **indirekte Rede** und benutzt dabei den **Konjunktiv I**. Du weißt ja nicht, ob die Aussagen des Verfassers/der Verfasserin den Tatsachen entsprechen. Den Konjunktiv I kannst du in der Regel so bilden: **Stamm des Verbs + e**. Wenn du Aussagen über mehrere Personen in indirekter Rede wiedergeben willst, benutzt du die Umschreibung mit *würde*.

Beispiel

Der Rocksänger hält sich für einen großen Musiker. Einige Musikfachleute lehnen seine Musik aber ab.
→ Aussagen der Verfasserin
Die Verfasserin meint, der Rocksänger halte sich für einen großen Musiker. Einige Musikfachleute würden seine Musik aber ablehnen.
→ indirekte Rede

Teil B: Sprachgebrauch – Sprachbetrachtung | 21

Tipp

Meist genügt es, wenn du einmal am **Anfang** deiner Inhaltsangabe einen **Begleitsatz** einfügst (*Der Verfasser sagt/meint/behauptet* …). Durch die Darstellung im Konjunktiv I ist es den Leser*innen auch bei den nachfolgenden Sätzen klar, dass du keine Tatsachen darstellst, sondern die Aussagen des Verfassers in Form von indirekter Rede wiedergibst. Du kannst den Begleitsatz **vor** oder **nach** der ersten Aussage einfügen.

Beispiel

Der Verfasser meint, Tim habe keine Ahnung von Musik.
Tim habe keine Ahnung von Musik, *meint der Verfasser*.

Bemühe dich darum, in den Begleitsätzen treffende **Verben des Sagens** zu verwenden. So vermeidest du auch unschöne Wiederholungen.

Auf einen Blick

Verben des Sagens
antworten, ausrufen, begründen, behaupten, beklagen, belegen, beschreiben, beurteilen, bewerten, bezeichnen (als), darstellen, erklären, erwähnen, fragen, hinweisen (auf), hinzufügen, meinen, nennen, rechtfertigen, sagen, schildern, umschreiben, versprechen, vorwerfen, wiedergeben, zusammenfassen

In der indirekten Rede musst du zudem einige **Pronomen** und **Adverbien** ändern:

▶ **Personal- und Possessivpronomen:**
Marcus: „<u>Ich</u> gehe zu <u>meiner</u> Tante." → Marcus sagt, <u>er</u> gehe zu <u>seiner</u> Tante.

Beispiel

▶ **Temporal- und Lokaladverbien:**
Tina: „<u>Gestern</u> parkte ich <u>hier</u>." → Tina sagt, sie habe <u>am Tag zuvor</u> <u>dort</u> geparkt.

Beispiel

Formuliere den folgenden Abschnitt aus einer E-Mail um, sodass er in indirekter Rede steht (→ Heft). Beginne deine Darstellung mit einem Begleitsatz. Verwende den Konjunktiv I oder die Umschreibung mit „würde".

Übung 11

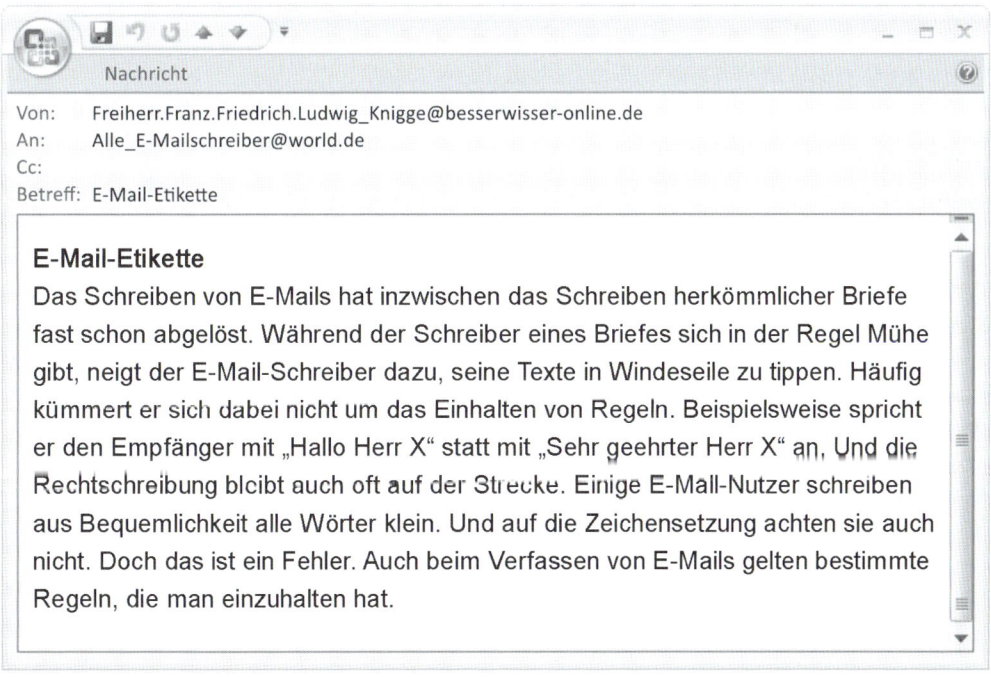

Aktiv und Passiv

Im Passiv **vertauschen Subjekt** und **Objekt** ihre Rollen. Das bedeutet: Die handelnde Person (oder Sache) wird zum Objekt, und die Person (oder Sache), der eine Handlung gilt, wird zum Subjekt.

Hinweis: Im Passivsatz ist dem Objekt immer die Präposition *von* vorangestellt

Beispiel

```
           Subjekt         Prädikat       Objekt
              ↓               ↓             ↓
Aktiv:  Unser Hund         jagt       den Postboten .

Passiv: Der Postbote       wird    von unserem Hund    gejagt.
           ↑                 ↑            ↑               ↑
         Subjekt          Prädikat      Objekt     2. Teil des Prädikats
```

Üblicherweise verwendet man das **Aktiv**. Zum einen tut man das, weil es einfacher und klarer klingt, zum anderen deshalb, weil so die handelnde Person (oder Sache) als Subjekt ins Blickfeld rückt.

In Passivsätzen ist es möglich, die handelnde Person (oder Sache) zu verschweigen. Deshalb kann man das Passiv gezielt verwenden, wenn diese …

▸ **unbekannt** ist.

Beispiel
Gestern Abend wurde einer Rentnerin die Handtasche gestohlen.
→ Man weiß nicht, wer die Handtasche gestohlen hat.

▸ **unwichtig** oder **uninteressant** ist.

Beispiel
Am Dienstag wird Marco geimpft.
→ Wer Marco impft, ist unwichtig/uninteressant.

Übung 12 Überarbeite den folgenden Text (→ Heft). Wandle alle Passivsätze in Aktivsätze um, in denen ausdrücklich gesagt wird, wer die handelnde Person ist. Sätze, in denen sie nicht genannt wird, sollen im Passiv bleiben.

Tote Maus als Beilage in Gemüsepfanne entdeckt
Vor einigen Tagen wurde in einem Fertigessen ein ekliger Fund gemacht.

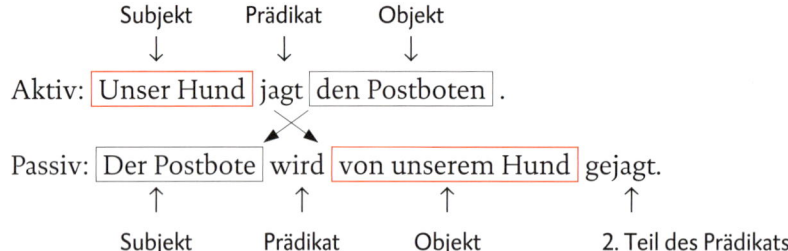

■ In einer Gemüsepfanne wurde von einem Pärchen eine tote Maus gefunden. Das Tiefkühlgericht war von den beiden einen Tag zuvor in einem Supermarkt gekauft worden. Das tiefgefrorene Gericht musste von ihnen erhitzt werden. Deshalb wurde es von ihnen in eine Pfanne geschüttet. Während des Aufwärmens wurde das steife Nagetier von ihnen entdeckt.
In letzter Zeit werden immer wieder unappetitliche Funde in Fertiggerichten gemacht: Einmal wurde von einem Rentnerpaar die Klinge eines Teppichmessers in einem Rindergulasch gefunden. Vor einem Jahr wurde von einem Mann beim Verspeisen eines Hacksteaks auf einen menschlichen Zahn gebissen. Und vor nicht allzu langer Zeit wurde von einer jungen Frau ein Frosch in ihrer Salatmischung entdeckt. ■

2.3 Adjektive

Adjektive bezeichnen Eigenschaften. Das heißt, sie sagen, **wie** etwas ist. Sie können in einem Satz unterschiedliche Aufgaben erfüllen.

Auf einen Blick

Adjektive und ihre Aufgaben im Satz

Attribut	Das Adjektiv wird als **Begleiter eines Nomens** gebraucht. Dann wird es dem Nomen vorangestellt und nimmt dabei dessen **Kasus** an. *der* **freundliche** *Mann* 　　　　Attribut
Teil des Prädikats	Das Adjektiv bildet **zusammen mit** einem der folgenden **Verben** das **Prädikat** des Satzes: **sein**, **bleiben** oder **werden**. *Der Mann* ist **freundlich**. 　　　　Prädikat
Adverb	Das Adjektiv bezieht sich auf ein **Verb**. Dann sagt es aus, **wie** etwas getan wird oder geschieht. *Er grüßt* **freundlich**. 　　　Adverb

Adjektive steigern

Von fast allen Adjektiven gibt es diese drei Formen:

▶ **Positiv** (Grundform):
　reich, leise, schnell

Beispiele

▶ **Komparativ** (erste Steigerungsform):
　reicher, leiser, schneller

Beispiele

▶ **Superlativ** (zweite Steigerungsform):
　(am) reichsten, (am) leisesten, (am) schnellsten

Beispiele

Hinweis: Einige Adjektive werden **unregelmäßig** gesteigert, bei anderen werden die Vokale *a*, *o* und *u* zu **Umlauten**.
gut – besser – (am) besten, viel – mehr – (am) meisten
*st**a**rk – st**ä**rker – (am) st**ä**rksten, gr**o**ß – gr**ö**ßer – (am) gr**ö**ßten*

Beispiele

Ergänze die jeweils fehlenden Formen für den Positiv, Komparativ oder Superlativ. Achte auf unregelmäßig gesteigerte Adjektive.

Übung 13

a) _____ → das stillere Wasser → _____
b) _____ → _____ → die netteste Dame
c) der kluge Hund → _____ → _____
d) _____ → das höhere Haus → _____
e) _____ → _____ → der berühmteste Star
f) die nahe Stadt → _____ → _____

Teil B: Sprachgebrauch – Sprachbetrachtung

Übung 14 Unterstreiche im folgenden Text alle Adjektive und die Wörter, auf die sie sich beziehen oder zu denen sie gehören. Bestimme danach ihre Verwendungsweise: Attribut, Adverb oder Teil des Prädikats?

Putzkraft zerstört wertvolles Kunstwerk

Viel zu gründlich ging eine übereifrige Putzkraft bei Reinigungsarbeiten in einem Museum vor. Beim Saubermachen wollte sie einen hartnäckigen Fleck beseitigen, mit dem Ergebnis, dass das Kunstwerk anschließend ruiniert war.

Das Werk trägt den interessanten Titel „Wenn's anfängt durch die Decke zu tropfen". Nun ist die ganze Angelegenheit ein brisanter Fall für die Versicherung geworden.

Die Arbeit war eine Dauerleihgabe für das Museum. Sie bestand aus einem massiven Holzplattenturm, der baumhoch war. Unten in der Mitte befand sich ein Gummitrog mit einem weißlichen Kalkfleck.

Diesen rieb die Putzkraft so gründlich weg, dass sie damit unwissentlich ein teures Kunstwerk zerstörte. Nach den Aussagen des Museums ist das Werk nicht wiederherstellbar.

Übung 15 Füge die Adjektive passend in die Lücken ein. Sie werden hier als Adverbien verwendet. Unterstreiche die Verben, auf die sie sich beziehen.

aktiv, bedenkenlos, bequem, deutlich, fertig, jährlich, richtig, schnell, sinnlos, sorgfältig, sparsam

Schluss mit der unnötigen Lebensmittelverschwendung!

In Europa werden _____ viele Tonnen Lebensmittel weggeworfen, die man noch _____ essen könnte. Sie werden _____ verschwendet. Dagegen können Verbraucher*innen aber _____ vorgehen, indem sie _____ einkaufen und ihre Einkäufe _____ planen oder Übriggebliebenes einfrieren. Wenn es dann einmal _____ gehen muss, hat man innerhalb kurzer Zeit sein Mittagessen _____ gekocht. Auf diese Weise kann man die Verschwendung von Lebensmitteln im eigenen Haushalt _____ verringern. Nebenbei kann man so auch _____ Geld sparen. Dafür kann man sich dann hin und wieder ganz _____ in einem Restaurant bekochen lassen.

2.4 Pronomen

Pronomen sind **Fürwörter**. Sie können Begleiter oder Stellvertreter von Nomen sein. Als **Begleiter** sind sie einem Nomen vorangestellt. Als **Stellvertreter** ersetzen sie ein Nomen.

Auf einen Blick

Pronomen und ihre Funktionen	
Stellvertreter	Zu den Pronomen, die immer als Stellvertreter auftreten, gehören: • **Personalpronomen:** _Tim humpelte. Er hatte ein Bein gebrochen._ • **Relativpronomen** _Der Junge, der dort drüben steht, ist mein Freund._ • **Reflexivpronomen** _Julika hat sich über das Geschenk gefreut._
Stellvertreter oder Begleiter	Stellvertreter oder Begleiter können die folgenden Pronomen sein: • **Demonstrativpronomen** Begleiter: _Diese Frau ist ziemlich unhöflich._ Stellvertreter: _Im Laden stand eine Verkäuferin. Diese war sehr unfreundlich._ • **Possessivpronomen** Begleiter: _Meine Schultasche ist schon ziemlich alt._ Stellvertreter: _Deine ist noch ganz neu._ • **Indefinitpronomen** Begleiter: _Kann ich noch etwas Kuchen bekommen?_ Stellvertreter: _Es ist leider keiner mehr da._

Tipp

> Pronomen können dir helfen, ungeschickte **Wortwiederholungen** in einem Text zu **vermeiden**. Du musst aber darauf achten, dass du vorher das Nomen nennst und es erst im weiteren Text durch ein Pronomen ersetzt. Sonst wissen die Leser*innen nämlich nicht, worauf sich das stellvertretende Pronomen bezieht.

Übung 16

Überarbeite den folgenden Text (→ Heft). Vermeide ungeschickte Wortwiederholungen, indem du ersatzweise passende Pronomen verwendest. Unterstreiche zunächst die Wörter, deren Wiederholung durch den Einsatz eines Pronomens vermieden werden soll.

Hinweis: Manchmal musst du beim Umformulieren einen Artikel durch ein Pronomen ersetzen (z. B.: _die Hoffnung der Jugendlichen → ihre Hoffnung_).

a) Viele Schüler*innen sorgen sich um die Zeit nach dem Schulabschluss. Die Schüler*innen fragen sich, ob sie wohl eine Lehrstelle finden werden.

b) Aber die Situation der Schulabgänger*innen hat sich in den letzten Jahren deutlich gebessert. Die Zahl der Schulabgänger*innen ist nämlich gesunken. Deshalb gibt es für die Schulabgänger*innen immer mehr freie Lehrstellen.

c) Einige Ausbildungsbetriebe suchen schon händeringend nach Bewerber*innen. Aber nicht alle Bewerber*innen werden für geeignet gehalten. Einige Bewerber*innen werden also trotzdem nicht eingestellt.

3 Satzglieder und Satzbau

Nun weißt du, welche Wortarten es gibt und welche Merkmale sie haben. In den folgenden Kapiteln erfährst du, welche Satzglieder aus den Wörtern gebildet werden können und wie du aus diesen Satzgliedern Sätze bildest.

3.1 Satzglieder

Ein Satzglied kann aus nur einem **Wort** oder aus einer **Wortgruppe** bestehen. Satzglieder, die zusammengehören, bilden einen **Satz**.

Beispiel:

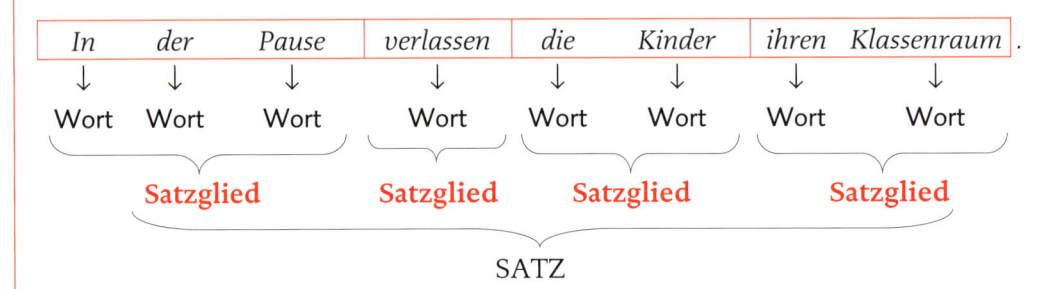

In	der	Pause	verlassen	die	Kinder	ihren	Klassenraum
↓	↓	↓	↓	↓	↓	↓	↓
Wort	Wort	Wort	Wort	Wort	Wort	Wort	Wort

Satzglied — Satzglied — Satzglied — Satzglied

SATZ

Satzglieder gibt es im Unterschied zu Wörtern nur im **Satzzusammenhang**. Sie übernehmen in einem **Satz** unterschiedliche **Aufgaben**.
Man unterscheidet **vier Satzglieder**:

- **Subjekt:** Das Subjekt nennt die Person oder Sache, die handelt.
- **Prädikat:** Das Prädikat bezeichnet die Handlung.
- **Objekt:** Das Objekt nennt die Person/Sache, auf die sich die Handlung bezieht.
- **Adverbial:** Ein Adverbial beschreibt die näheren Umstände der Handlung.

Subjekt

Das Subjekt gibt an, wer eine Handlung ausführt. Dabei kann es sich um ein Lebewesen oder eine Sache handeln. Subjekte stehen immer im **Nominativ**.
→ Du kannst sie mit *Wer oder was ...?* erfragen.

Beispiele:
Marius kann sehr schnell laufen. → Wer oder was kann sehr schnell laufen?
Die Rennbahn ist rot. → Wer oder was ist rot?

Prädikat

Das Prädikat nennt die **Handlung**, also das, was getan wird. Deshalb kommen für dieses Satzglied auch nur **Verben** oder **Verbgruppen** infrage.
→ Prädikate kannst du mit *Was tut ...?* erfragen.

Beispiel: *Corinna schreibt einen Aufsatz.* → Was tut Corinna?

Tipp
Manchmal beschreibt das Prädikat auch einen **Zustand**.
Markus ist ein Junge. Die Antwort auf die Frage *Was tut Markus?* wäre dann: *Er ist ein Junge.*

Objekt

Das Objekt gibt an, **wem eine Handlung gilt**. Objekte stehen meist im Dativ oder Akkusativ. Sie können aber auch im Genitiv stehen.

Auf einen Blick

Objektarten	
Dativ-objekt	Dativobjekte kannst du mit *Wem ...?* erfragen. *Martin leiht einem Freund sein Handy.* → *Wem* leiht Martin sein Handy?
Akkusativ-objekt	Akkusativobjekte kannst du mit *Wen oder was ...?* erfragen. *Tim hat seinen Schlüssel verloren.* → *Wen oder was* hat Tim verloren?
Genitiv-objekt	Genitivobjekte kannst du mit *Wessen ...?* erfragen. *Ich erinnere mich des Mitschülers.* → *Wessen* erinnere ich mich?

Hinweis: Manche Objekte beginnen mit einer Präposition (z. B. *mit*, *für*, *ohne*). Solche Objekte heißen **Präpositionalobjekte**.

Tina geht mit ihren Freundinnen ins Kino. → *Mit wem* geht Tina ins Kino?

Beispiel

Adverbial

Ein Adverbial informiert über die näheren Umstände, unter denen eine Handlung erfolgt. Oftmals werden Adverbialien durch **Präpositionen eingeleitet**. Es gibt verschiedene Sorten von Adverbialien. Dies sind die häufigsten:

Auf einen Blick

Arten von Adverbialien	
Temporal-adverbial	Temporaladverbialien sind **Zeitangaben**. Du kannst sie so erfragen: *Wann? Seit wann? Bis wann? Wie lange?* *Deniz fliegt um drei Uhr in den Urlaub.* → *Wann* fliegt Deniz in den Urlaub?
Lokal-adverbial	Lokaladverbialien sind **Ortsangaben**. Du kannst sie so erfragen: *Wo? Woher? Wohin?* *Deniz wohnt in Deutschland.* → *Wo* wohnt Deniz?
Modal-adverbial	Modaladverbialien geben Auskunft über die **Art und Weise**, wie etwas geschieht. Du kannst sie mit *Wie? Wie sehr?* erfragen. *Er fliegt gerne in den Urlaub.* → *Wie* fliegt er in den Urlaub?
Kausal-adverbial	Kausaladverbialien nennen den **Grund** für etwas. Du kannst sie mit *Warum?* erfragen. *Wegen des Regens kommt er zu spät.* → *Warum* kommt er zu spät?

Hinweis: Konjunktionen sind keine Satzglieder. Sie dienen nur dazu, Wortgruppen oder Sätze miteinander zu verbinden.

Christian und Lukas gehen ins Kino. (*Christian und Lukas* = Subjekt)
→ Hier verknüpft die Konjunktion „und" die Teile eines Subjekts.

Maria isst gerne Kuchen und sie mag Eis. (*Maria isst gerne Kuchen.* = Satz 1; *Sie mag Eis.* = Satz 2) → Hier verknüpft die Konjunktion „und" zwei Sätze.

Beispiele

Teil B: Sprachgebrauch – Sprachbetrachtung

Tipp

Satzglieder, die mit einer Präposition eingeleitet werden, sind oft schwer zu bestimmen. Um **Adverbialien** von **Präpositionalobjekten** zu **unterscheiden**, prüfst du am besten zuerst, ob sich das Satzglied (zusammen mit der Präposition) durch *Wem?* beziehungsweise *Wen oder was?* erfragen lässt. Ist das der Fall, dann handelt es sich um ein Präpositionalobjekt.
Sarah ist in Timo verliebt. → *In wen oder was ist Sarah verliebt? In Timo.*

Übung 17

1. Umrande jedes Satzglied mit einem Rahmen. Die Anzahl der Satzglieder, die du umranden musst, ist jeweils in Klammern angegeben.

   a) In den Pausen stehen die Schüler*innen auf dem Hof. (4)

   b) Sie diskutieren die neuesten Modetrends. (3)

   c) Montags vergehen die Pausen viel zu schnell. (4)

   d) Nach jeder Pause beginnt sofort die nächste Unterrichtsstunde. (4)

   e) Fast alle Schultage enden am frühen Nachmittag. (3)

2. Bestimme die Satzglieder. Im ersten Satz sind die Satzglieder schon bestimmt. Verwende die Abkürzungen, die du links siehst.

   Hinweis: Manchmal ist ein Prädikat zweigeteilt. Dann musst du es so kennzeichnen: *Angelo schlief* (= P 1) *nach dem Klingeln des Weckers erneut ein* (= P 2).

Abkürzungen:
S = Subjekt
P = Prädikat
P 1 = Prädikat Teil 1
P 2 = Prädikat Teil 2
O = Objekt
AB = Adverbial

   a) | Mexikaner | essen | traditionell | Maisfladen | .
           S   P   AB   O

   b) | Mehrere Maisfladen | verputzt | eine fünfköpfige Familie | pro Tag | .

   c) | Letztes Jahr | stiegen | die Maispreise | aufgrund von Missernten | an | .

   d) | Tausende Menschen | gingen | aus Protest | wütend | auf die Straße | .

   e) | Daraufhin | spendierte | man | allen Mexikanern | einen Sack Mais | .

3. Zerlege die folgenden vier Sätze in ihre Bestandteile und bestimme sie.

   a) Früher kannten nur wenige Deutsche Döner oder Pizza.

   b) Heute kaufen wir diese Speisen ganz selbstverständlich ein.

   c) Amerikanische Hamburger essen die Leute überall gerne.

3.2 Satzbau

Jeder **Satz** enthält mindestens zwei Satzglieder: ein **Subjekt** und ein **Prädikat**.

Beispiel

| Die Schiedsrichterin | pfeift |.
    Subjekt   Prädikat

Ob noch ein **Objekt** oder ein **Adverbial** ergänzt werden muss (oder sogar beides), hängt vom Prädikat ab. Das gebeugte Verb bestimmt nämlich darüber, ob neben Subjekt und Prädikat noch weitere Satzglieder erforderlich sind, damit der **Satz vollständig** und **verständlich** wirkt.

Beispiele

Du besuchst. → *Wen?* Hier fehlt ein Akkusativobjekt.
Der Wanderer steigt. → *Wohin?* Hier fehlt ein Lokaladverbial.
Meine Mutter erklärt. → *Wen oder was? (Wem?)* Hier fehlt mindestens ein
                                  Akkusativobjekt.

Tipp

> Den Beginn eines neuen Satzes kannst du daran erkennen, dass ein **neues Prädikat** und ein **zugehöriges Subjekt** genannt werden. Dann musst du ein passendes Satzzeichen setzen, um die Grenze zwischen den beiden Sätzen zu kennzeichnen.

Wenn zwei Hauptsätze mit dem **gleichen Subjekt** aufeinanderfolgen, kann man das Subjekt im zweiten Satz weglassen.

Beispiel

| Peter | *stieg auf sein Fahrrad und (* | Peter |*) fuhr los.*
→ zwei Hauptsätze mit gleichem Subjekt

| Peter | *stieg auf sein Fahrrad und fuhr los.*
→ Wiederholung des Subjekts vermieden

Übung 18

Markiere das Ende der einzelnen Sätze jeweils mit einem Punkt. Schreibe den Text dann richtig ab (→ Heft). Vergiss nicht, die Satzanfänge großzuschreiben.

Ein ganz besonderer Liebesbeweis

Die letzten Monate waren für Familie Müller sehr anstrengend gewesen deshalb freute sie sich diesmal ganz besonders auf den Sommerurlaub in Italien die Koffer waren schon gepackt und ins Auto geladen jetzt mussten sie nur noch ihre Katze wegbringen eine befreundete Familie würde Fritzi während ihrer Abwesenheit versorgen drei lange Wochen verbrachten die Müllers an der Adria und genossen dort Meer und Strand danach traten sie die Heimreise an wenige Minuten nach ihrer Ankunft hörten sie draußen ein vertrautes Miauen voller Neugier öffnete Herr Müller die Tür zu seinem Erstaunen erblickte er vor dem Haus ihre Katze Fritzi hatte ganz allein den weiten Weg nach Hause gefunden das bewerteten alle Familienmitglieder als ganz besonderen Liebesbeweis.

3.3 Abwechslungsreicher Satzbau

Wenn du einen Text schreibst, solltest du dich darum bemühen, deinen Satzbau möglichst abwechslungsreich zu gestalten. Jede Satzreihe oder jedes Satzgefüge **gleich aufzubauen** klingt nämlich ziemlich **langweilig**, egal wie interessant der Inhalt deines Textes ist.

Wenn du ab und zu einen Hauptsatz mit einer **Adverbialangabe einleitest**, ändert sich dadurch die **Reihenfolge der Satzglieder** im Satz. Dann steht nämlich an erster Stelle das Adverbial, an zweiter Stelle das gebeugte Verb des Prädikats und an dritter Stelle das Subjekt. So kommt etwas mehr Abwechslung in deinen Text.

Beispiel

Ich komme nicht mit ins Kino, weil ich noch nichts über den Film gehört habe. Ich habe außerdem keine Zeit.

→ Ich komme nicht mit ins Kino, weil ich noch nichts über den Film gehört habe. Außerdem habe ich keine Zeit.

Tipp

Weiche beim Schreiben eines Textes hin und wieder von der **Standardreihenfolge** der **Satzglieder** (Subjekt – Prädikat – Objekt – Adverbial) ab. Dann klingt deine Darstellung abwechslungsreicher.

Übung 19

Überarbeite den folgenden Text. Gestalte ihn abwechslungsreicher, indem du die Reihenfolge der Satzglieder hin und wieder veränderst (→ Heft).

Leiche unter Schnee und Eis

Ein Bergsteigerpaar fand am 19. September 1991 bei einer Bergtour in den Ötztaler Alpen eine Leiche aus der Jungsteinzeit. Sie lag in einem Gletscher unter Eis und Schnee. Sie war deshalb ungewöhnlich gut erhalten. Die Mumie wurde wegen ihres Fundorts später liebevoll „Ötzi" genannt.

Wissenschaftler*innen beschäftigen sich seitdem mit dem Steinzeitmenschen. Die Forscher*innen wollen seit 20 Jahren die Umstände seines Todes aufklären. Sie haben durch Untersuchungen schon einiges herausgefunden: Der Mann kam vor rund 5 300 Jahren ums Leben. Ein Keulenschlag tötete ihn von hinten. Er war damals etwa 46 Jahre alt. Der Tod ereilte ihn während einer Rast. Der Angreifer ließ ihn einfach liegen.

Die Forscher*innen kennen den Grund für den tödlichen Angriff nicht. Der Mann muss sich aber kurz vor seinem Tod sicher gefühlt haben. Er hatte nämlich eine lange Rast gemacht und ausgiebig gegessen. Die Forscher*innen können das mit einiger Sicherheit sagen. Sie haben Ötzis Mageninhalt gründlich untersucht. Sie haben inzwischen auch das Erbgut der Steinzeitmumie entschlüsselt.

4 Satzreihe und Satzgefüge

Jeder Text besteht aus einer **Abfolge von Sätzen**. Sinnvoll wirkt ein Text aber nur dann, wenn jeweils der nachfolgende Satz Bezug **auf den vorangehenden** nimmt. Wenn du in deinem Text Sätze zueinander in Bezug setzen willst, musst du zunächst zwischen zwei Satzarten unterscheiden:

Auf einen Blick

Satzarten	
Hauptsatz	Ein Hauptsatz ist ein Satz, der für sich **alleine stehen kann**. Das kann eine Aussage, eine Frage oder eine Aufforderung sein. **Daran erkennst du einen Hauptsatz:** In Hauptsätzen steht das **gebeugte Verb** am **Satzanfang** (nämlich als erstes oder zweites Satzglied). **Hinweis:** Beachte, dass Konjunktionen keine Satzglieder sind und daher auch nicht mitgezählt werden dürfen! Max <u>überreicht</u> Anne ein Geschenk.
Nebensatz	Ein Nebensatz ist ein Satz, der nicht alleine stehen kann. Er ist immer von einem Hauptsatz abhängig. **Daran erkennst du einen Nebensatz:** • Das **gebeugte Verb** steht in Nebensätzen in der Regel am **Satzende**. • Nebensätze werden oft, aber nicht immer, durch eine **Konjunktion** oder ein **Relativpronomen** eingeleitet. …, <u>weil</u> sie heute Geburtstag <u>hat</u>.

4.1 Satzreihe

In einer Satzreihe werden **zwei** oder **mehrere Hauptsätze** aneinandergereiht.

Max gratuliert Anne zu ihrem Geburtstag und er überreicht ihr ein Geschenk.

    Hauptsatz 1   Konjunktion   Hauptsatz 2

                  Satzreihe

Beispiel

Um Hauptsätze zu einer Satzreihe zu verbinden, brauchst du in der Regel nebenordnende **Konjunktionen** oder **Adverbien**. Nur durch sie werden die Zusammenhänge zwischen den einzelnen Sätzen klar und dein Text klingt verständlich.

Einzelne Hauptsätze	Satzreihen
Der laute Autoverkehr toste durch die Straßen. Die Tram ratterte über die Geleise. Viele Menschen wohnten in dem Stadtviertel. Sie schätzten die guten Verkehrsverbindungen.	*Der laute Autoverkehr toste durch die Straßen <u>und</u> <u>ständig</u> ratterte eine Tram über die Geleise. <u>Trotzdem</u> wohnten viele Menschen in dem Stadtviertel, <u>denn</u> sie schätzten die guten Verkehrsverbindungen.*

Beispiel

Nebenordnende Konjunktionen und Adverbien

In der folgenden Übersicht siehst du, wie du deine Hauptsätze sinnvoll zu einer Satzreihe verbinden kannst:

Hauptsätze verknüpfen

Zusammenhang	Konjunktionen	Adverbien
Aufzählung	und, sowie, sowohl – als auch	auch, außerdem, ebenfalls, zudem, darüber hinaus, ferner, weiter, zusätzlich
weitere Möglichkeit	oder, entweder – oder	
Gegensatz	aber, doch, jedoch, nicht – sondern	trotzdem, dennoch, allerdings, dagegen, jedoch, hingegen, stattdessen, einerseits – andererseits
Grund	denn	infolgedessen, folglich, deswegen, deshalb, somit, meinetwegen, anstandshalber
Ort		hier, da, dort, hierher, dahin, draußen, drinnen, hinten, vorne
Zeit		jetzt, sofort, lange, häufig, oft, manchmal, inzwischen, dann, bislang, zuerst, danach, mittlerweile
Art und Weise		so, anders, nebenbei, gern, beispielsweise, vermutlich, immerhin, vielleicht, sicherlich, leider
Bedingung		sonst, ansonsten, andernfalls

Tipp

> Versuche, die **Konjunktion „und"** nicht ständig zu wiederholen, sonst klingt dein Text wie eine Aufzählung. Stelle stattdessen hin und wieder **Adverbien** an den Satzanfang. So zeigst du Zusammenhänge auf, und deine Darstellung klingt abwechslungsreicher.

Übung 20

Überarbeite den folgenden Text.
- Kennzeichne inhaltlich zusammengehörige Sätze durch Klammern.
- Trage passende Konjunktionen oder Adverbien am rechten Rand ein.
- Schreibe den Text mit den von dir vermerkten Konjunktionen oder Adverbien auf (→ Heft). Du kannst auch Sätze umstellen, wenn sich das anbietet.

Hinweis: Entscheide selbst, ob du hin und wieder statt eines Punktes ein Komma setzt, um die Grenze zwischen zwei Sätzen zu markieren.

Keine Wirkung ohne Nebenwirkung

Der Herbst ist da. Viele Menschen sind erkältet. Sie müssen zur Arbeit oder zur Schule gehen. Sie nehmen Medikamente ein. Sie können den Tag so überstehen. Sie hoffen das. Jedes Medikament enthält auch unangenehme Wirkstoffe. Es gibt kein Medikament ohne Nebenwirkungen. Viele wissen das nicht. Mittel gegen Husten können schläfrig machen. Sie beeinträchtigen das Reaktionsvermögen. Andere Mittel wirken anregend. Verwirrtheit und Halluzinationen sind die möglichen Folgen. Selbst harmlose Mittel können die Fahrtüchtigkeit beeinträchtigen. Autofahrer*innen sollten sich über die möglichen Nebenwirkungen informieren. Im Falle eines Unfalls drohen Bußgelder. Fahrverbote können ausgesprochen werden. Auskünfte zu den Nebenwirkungen von Medikamenten erteilt medizinisches Fachpersonal. Informationen dazu finden sich auf dem Beipackzettel.

4.2 Satzgefüge

Ein Satzgefüge besteht aus mindestens **einem Hauptsatz** und **einem Nebensatz**. Da ein Nebensatz stets vom zugehörigen Hauptsatz abhängig ist, musst du ihn durch eine passende **unterordnende Konjunktion** an den Hauptsatz anschließen. Ein Relativsatz wird durch ein **Relativpronomen** angeschlossen.
In der folgenden Übersicht siehst du, mit welchen Konjunktionen du Haupt- und Nebensätze zu einem Satzgefüge verbinden kannst:

Zusammenhang	Fachbegriff	Konjunktionen
ohne besondere Bedeutung	neutral	dass, ob
Zeit	temporal	während, als, seit(dem), solange, sobald, sowie, sooft, nachdem, bis, bevor, ehe
Bedingung	konditional	(nur) wenn, falls, sofern
Gegensatz	adversativ	während (hingegen), wohingegen, (an)statt dass
Art und Weise	modal	indem, ohne dass
Grund	kausal	weil, zumal, da
Folge	konsekutiv	sodass, (so) – dass
Zweck	final	damit, um – zu, auf dass
Einräumung	konzessiv	obwohl, obgleich

Haupt- und Nebensätze verknüpfen

Tipp

> Wenn du Haupt- und Nebensätze miteinander verbindest, wirkt dein Text nicht nur **verständlicher**, sondern auch vom Klang her **lebendiger**. Denn da das gebeugte Verb im Hauptsatz immer vorn steht, im Nebensatz aber ganz am Ende, wird ein interessanter Rhythmus erzeugt.

Nebensätze können in einem Satzgefüge **drei verschiedene Positionen** einnehmen:
- Sie **folgen** dem Hauptsatz, von dem sie durch ein Komma abgetrennt sind.
  Ich weiß nicht, ob ich morgen Zeit für dich habe.
- Sie stehen **vor** dem Hauptsatz, von dem sie durch ein Komma abgetrennt sind.
  Wenn nichts dazwischenkommt, werde ich mit dir Mathe üben.
- Sie sind in den Hauptsatz **eingefügt**. Dann musst du den Nebensatz vorne und hinten durch ein Komma vom Hauptsatz abtrennen.
  Die Aufgaben, die wir lösen müssen, werden nicht schwierig sein.

Übung 21 Sind die Nebensätze in den folgenden Satzgefügen durch eine Konjunktion (K) oder ein (Relativ-)Pronomen (P) eingeleitet? Kreuze entsprechend an.

Labrador als Lebensretter

	K	P
Ein 81-jähriger Mann und seine 3-jährige Enkelin, die während einer Autofahrt einen Unfall erlitten, verdanken ihrem Hund das Leben.	☐	☐
Der 7-jährige Labrador bewahrte die beiden vor dem Erfrieren, indem er sie abwechselnd wärmte.	☐	☐
So überstanden sie die Nacht im Unfallwagen ohne Erfrierungen, obwohl die Temperaturen deutlich unter dem Gefrierpunkt lagen.	☐	☐
Die Polizei entdeckte das Trio am nächsten Morgen in dem Fahrzeug, das umgestürzt in einem Flussbett lag.	☐	☐
Für seine Heldentat, die sich in der Region schnell herumsprach, erhielt der Hund einen Orden und eine Extraportion Hundefutter.	☐	☐
Man kann annehmen, dass sich das Tier mehr über das Hundefutter als über den Orden gefreut hat.	☐	☐

Übung 22 Verbinde die folgenden Satzpaare durch passende unterordnende Konjunktionen zu Satzgefügen (→ Heft).

Hinweis: Ein Satzgefüge kann auch mit einem Nebensatz beginnen. Du kannst also die Reihenfolge der Sätze ändern.

a) Hundebesitzer*innen in Nordrhein-Westfalen können sich freuen. Sie dürfen künftig ihre Vierbeiner auf Waldwegen frei laufen lassen.

b) Das Oberverwaltungsgericht in Münster hat entschieden: Hunde müssen dort nicht angeleint werden.

c) Die geliebten Vierbeiner verlassen den Weg. Nur dann müssen sie eine Leine tragen.

d) Eine Hundebesitzerin hatte wegen des Leinenzwangs im Wald gegen die Stadt Hilden geklagt. Sie bekam in zweiter Instanz recht.

4.3 Relativsätze

Wenn man in zwei aufeinanderfolgenden Sätzen über ein und dieselbe Person oder Sache sprechen will, bietet es sich manchmal an, den zweiten Satz als Relativsatz zu gestalten. Man vermeidet damit **unschöne Wiederholungen**.

Ein Taschendieb öffnete unbemerkt die Handtasche einer jungen Frau. Er hatte sich der jungen Frau unauffällig von hinten genähert.
→ unschöne Wiederholung von *einer/der jungen Frau*

Ein Taschendieb öffnete unbemerkt die Handtasche einer jungen Frau, der er sich unauffällig von hinten genähert hatte.
→ Wiederholung durch Relativpronomen vermieden

Beispiel

Relativsätze erkennen

Relativsätze sind Nebensätze, die du an zwei Merkmalen erkennen kannst:

Auf einen Blick

Merkmale von Relativsätzen	
Relativ-pronomen	Jeder Relativsatz wird durch ein **Relativpronomen** (*der, die, das, welcher, welche, welches, wer, was*) eingeleitet. Dieses Einleitewort steht **stellvertretend** für ein Wort/eine Wortgruppe, von dem/der im **Satz zuvor** die Rede ist. Das Pronomen „was" kann sich auch auf einen ganzen Satz beziehen. *Das ist der Junge, der immer Fußball spielt.* *Es hat viel geregnet, was in einigen Gebieten zu Überschwemmungen geführt hat.* Dem Einleitewort ist gelegentlich eine **Präposition** wie *mit, in* oder *für* **vorangestellt**. *Der Bach, in dem sich viele Fische tummeln, hat ganz klares Wasser.*
Position des Verbs	Da Relativsätze Nebensätze sind, steht das **gebeugte Verb** dort immer am **Satzende**.

Tipp

Die Pronomen „der", „die" und „das" müssen **nicht immer Relativpronomen** sein. Sie können auch als Demonstrativpronomen verwendet werden. Im Zweifel erkennst du einen Relativsatz daran, dass das **gebeugte Verb** immer am **Schluss** steht.

Gestern traf ich einen alten Freund, den ich jahrelang nicht gesehen hatte.
→ Relativsatz, da gebeugtes Verb am **Satzende**.

Gestern traf ich einen alten Freund, den hatte ich jahrelang nicht gesehen.
→ kein Relativsatz, sondern Hauptsatz, da gebeugtes Verb an **zweiter Stelle**.

Beispiel

Relativsätze richtig platzieren

Der **Abstand** zwischen dem Relativsatz und den Wörtern, auf die er sich bezieht, sollte **nicht zu groß** sein. Sonst hat der Leser Mühe zu verstehen, wer oder was gemeint ist.

Es gibt zwei Möglichkeiten, einen Relativsatz an den Hauptsatz anzuschließen:

▶ Der Relativsatz **folgt direkt** auf den Hauptsatz.
Wenn die Wörter, auf die sich ein Relativsatz bezieht, ziemlich weit am **Schluss des** voranstehenden **Hauptsatzes** stehen, kann man den Relativsatz direkt nach dem Hauptsatz folgen lassen.

Beispiel

In der Stadt trafen wir einen Jungen. Der Junge tanzte Breakdance.
→ *In der Stadt trafen wir einen Jungen, der Breakdance tanzte.*

▶ Der Relativsatz wird in den Hauptsatz **eingeschoben**.
Stehen die entsprechenden Wörter aber weiter vorn im Hauptsatz, dann sollte man den Relativsatz in den Hauptsatz einschieben, und zwar unmittelbar nach dem entscheidenden Wort, auf das er sich bezieht.

Beispiel

Die Frau stand an der Bushaltestelle. Sie wurde bestohlen.
→ *Die Frau, die bestohlen wurde, stand an der Bushaltestelle.*
(Nicht: *Die Frau stand an der Bushaltestelle, die bestohlen wurde.*)

Übung 23

Verbinde jeweils den Satz, der in Klammern steht, als Relativsatz mit dem voranstehenden Hauptsatz. Zeige die Grenzen zwischen Hauptsatz und Relativsatz durch Komma an (→ Heft).

a) Eine Frau (Man hatte der Frau einmal die Handtasche gestohlen.) verzichtete seither auf dieses modische Beiwerk.

b) Aus Vorsicht wollte sie die Geldbörse (Sie trug die Geldbörse bei sich.) nur noch eng am Körper tragen.

c) Sie kaufte sich fortan ausschließlich Jacken und Mäntel. (Die Jacken und Mäntel waren auf der Innenseite mit einer Tasche versehen.)

d) Allerdings lösten sich die Nähte der Innentaschen (In die Innentaschen hatte sie ihre Geldbörse gesteckt.) nach und nach auf.

e) So rutschte ihr die Geldbörse (Sie hatte auf die Geldbörse so sorgsam aufgepasst.) aus der Tasche und fiel zu Boden.

f) Ein freundlicher Mann (Er hatte im Bus hinter der Frau gestanden.) hob sie auf und gab sie ihr zurück.

4.4 Die Wörter „das" und „dass" unterscheiden

Fällt es dir schwer, zwischen *das* und *dass* zu unterscheiden? Zum Glück gibt es klare Merkmale, an denen du den Unterschied erkennen kannst:

Auf einen Blick

Zwischen „das" und „dass" unterscheiden	
dass	„Dass" ist immer eine **Konjunktion**, die einen **Nebensatz** einleitet. *Er weiß, dass es schon spät ist.*
das	„Das" kann dreierlei sein: • **Artikel** *das Geld, das Essen, das Spiel* • **Relativpronomen** Relativpronomen beziehen sich immer auf etwas zurück, das im zugehörigen Hauptsatz gerade erwähnt worden ist. *Kennst du das Mädchen, das dort drüben geht?* • **Demonstrativpronomen** Demonstrativpronomen (von *demonstrieren = zeigen*) zeigen auf Wörter, Wortgruppen oder auf einen ganzen Satz. Das Zeigen ist meist rückwärtsgewandt: Das, worauf sich ein Demonstrativpronomen bezieht, wurde in der Regel kurz vorher genannt. *Du bist ja tatsächlich pünktlich. Das hätte ich nicht erwartet.*

Tipp

So kannst du ganz leicht herausfinden, ob du **das** oder **dass** schreiben musst:
- Kannst du es durch das Relativpronomen **welches** ersetzen, schreibst du **das**.
- Kannst du es durch das Demonstrativpronomen **dieses/dies** ersetzen, schreibst du auch **das**.
- Nur wenn **kein Austausch möglich** ist, musst du **dass** (=Konjunktion) schreiben.

Übung 24

Entscheide: **das** oder **dass**? Trage anschließend die Wortart (Artikel, Relativpronomen, Demonstrativpronomen oder Konjunktion) in die rechte Spalte ein.

Steckt _____ Gähnen auch Wellensittiche an?

Gähnt jemand, gähnen bald alle – _____ kennt man vom Menschen und von einigen Affenarten. US-Wissenschaftler wollen _____ Phänomen nun auch bei Wellensittichen beobachtet haben. _____ Gähnen ansteckend ist, gilt außer für Menschen nur für wenige Tierarten wie Schimpansen, Makaken und Paviane. Nun behaupten Forscher, _____ sich auch Wellensittiche von gähnenden Artgenossen anstecken lassen. Sie filmten 21 der kleinen Papageien in einer Voliere. Zwar gähnten die Tiere insgesamt recht selten, doch war die Wahrscheinlichkeit größer, _____ ein Sittich den Schnabel aufriss und Flügel und Beine streckte, wenn unmittelbar zuvor andere Käfiggenossen gegähnt hatten. Nur selten passierte es, _____ ein einzelner Vogel gähnte. Laut den Forschern dient ein Gähnen, _____ ansteckend ist, dem Zusammenleben in der Gruppe. Allerdings ist unklar, ob _____ Gähnen verschiedener Vögel, _____ direkt aufeinanderfolgt, nicht bloß auf Zufall beruht. Möglicherweise ist es auch so, _____ die Vögel in der Voliere den gleichen Tagesrhythmus haben. Es kann also sein, _____ sie alle zur gleichen Zeit müde werden.

Quelle: Katrin Blawat: Steckt Gähnen auch Wellensittiche an? 18.01.2012. Im Internet unter: http://www.sueddeutsche.de/wissen/verhaltensbiologie-steckt-gaehnen-auch-wellensittiche-an-1.1260679, aus didaktischen Gründen leicht geändert und gekürzt.

4.5 Sätze verkürzen

Wenn du einen Text schreibst, solltest du es vermeiden, Nebensätze zu oft mit der Konjunktion *dass* einzuleiten. Das kannst du tun, indem du den **zu-Infinitiv** benutzt. Dieser besteht aus dem **Infinitiv des Verbs** und dem Wörtchen **zu**.
So kannst du *dass*-Sätze in verkürzte Nebensätze mit zu-Infinitiv umwandeln:

▶ Entferne im Nebensatz die **Konjunktion** *dass*. Streiche dann das **Subjekt** oder **Objekt**, das schon im Hauptsatz genannt worden ist.

▶ Setze das **Verb** in seine Grundform und stelle das Wörtchen „**zu**" **voran**.

Beispiel: *Ich hoffe, dass ich heute meine Freundin treffe.* → *zu treffen.*

Hinweis: Bei manchen zusammengesetzten Verben schiebt sich das Wörtchen *zu* zwischen den ersten Wortbaustein und das eigentliche Verb: *absagen* → *ab*zu*sagen*

Wenn der Nebensatz mit *als dass*, *ohne dass* oder *statt dass* beginnt, bleiben die Wörter *als*, *ohne* und *statt* erhalten.

Beispiel: *Sie ging fort, ohne dass sie sich verabschiedete.* → *zu verabschieden.*

Übung 25 Wandle die folgenden *dass*-Sätze in Infinitivkonstruktionen mit *zu* um (→ Heft).

a) Roboter dienen inzwischen dazu, dass sie den Alltag erleichtern.
b) Sie erledigen alles, ohne dass sie sich darüber beklagen.
c) Man kann sie z. B. dazu einsetzen, dass sie den Hund füttern.
d) Neue Roboter lernen sogar schon, dass sie den Hund ausführen.
e) Allerdings ist es nicht leicht, dass man ihnen das beibringt.
f) Der Roboter läuft nämlich lieber um den Hund herum, als dass er ihm folgt.
g) Er weicht einem Hindernis eher aus, statt dass er direkt darauf zusteuert.

Teil B: Sprachgebrauch – Rechtschreiben

5 Richtig schreiben

In diesem Teil des Quali musst du mehrere Aufgaben lösen, bei denen deine Rechtschreibung geprüft wird. Deshalb solltest du nicht nur **Rechtschreibregeln**, sondern auch **Rechtschreibstrategien** kennen.

▶ Eine **Rechtschreibregel** besagt, wie ein Wort grundsätzlich – entsprechend einer Regel – geschrieben wird.

▶ Eine **Rechtschreibstrategie** ist eine gezielte Probe, die du im Zweifelsfall durchführen kannst, um herauszufinden, welche Schreibweise eines Wortes richtig ist.

5.1 Groß- und Kleinschreibung

Grundsätzlich schreibt man die **meisten Wörter klein**.
In diesen Fällen schreibt man sie jedoch **groß**:

▶ **Satzanfänge**

   Plötzlich musste er grinsen. — Beispiel

▶ **Eigennamen**

   Sandra, Köln, England — Beispiele

▶ **Höfliche Anredepronomen**

   Wir freuen uns, Ihnen mitteilen zu können … — Beispiel

▶ **Das erste Wort einer Überschrift**
   Das gilt auch dann, wenn du die Überschrift eines Textes zitierst.

   In dem Artikel „Grüne Marsmännchen endlich gelandet" geht es um … — Beispiel

▶ **Nomen**

   Schuh, Tierhandlung, Handy — Beispiele

▶ **Nominalisierte Wörter**
   Das sind „unechte" Nomen. Verben und Adjektive können beispielsweise zu Nomen werden, wenn sie **in einem Satz** als Nomen verwendet werden. Nominalisierungen erkennst du daran, dass sie von einem typischen **Signalwort** für Nomen begleitet werden oder begleitet werden können.

   Ohne dein Lachen hätte der Lehrer uns gar nicht bemerkt.
   Im Märchen siegt immer das Gute über das Böse — Beispiele

Es gibt bestimmte Merkmale, an denen du Nomen und nominalisierte Wörter erkennen kannst:

▶ **Typische Endungen für Nomen**
Ein Wort, das z. B. eine der folgenden Endungen hat, ist immer ein Nomen:
-heit, -keit, -nis, -ung, -schaft, -tum, -ion, -ling

Beispiele
Schönheit, Übelkeit, Wagnis, Haltung, Gesellschaft, Brauchtum, Stadion, Lehrling

Übung 26
Kreise in der folgenden Liste alle Wörter ein, bei denen aufgrund der Endung sofort klar ist, dass es sich um ein Nomen handelt.

FEIGLING, NOTWENDIG, BEDENKLICH, EIGENSCHAFT, KENNTNIS, MÖGLICH, VERWANDLUNG, BEKANNTSCHAFT, VERHÄLTNIS, SELTSAM, HALTUNG, NEUHEIT, STÜRMISCH, HARTNÄCKIG, FEIGHEIT, EREIGNIS, HALTBAR, AKTION, KLARHEIT, SORGLOS, HEITERKEIT, RECHTHABERISCH, EIGENTUM, UNGENAU, REINHEIT, ALTERTUM, SPANNEND

▶ **Signalwörter für Nomen und nominalisierte Wörter**
Nicht jedes Nomen hat eine typische Nomenendung. Solche Nomen kannst du, genauso wie nominalisierte Wörter, an vorangestellten Signalwörtern erkennen:

Auf einen Blick

Signalwörter für Nomen und nominalisierte Wörter	
Artikel	der, die, das, ein, eine
Pronomen	dieser, diese, dieses, jener, jene, jenes, mein, dein, sein, ihr, euer ...
Mengenangaben	viel, wenig, etwas, alles, kein ...
beschreibende Adjektive	Diese Adjektive beschreiben ein Nomen genauer. Sie sind gebeugt. Er hörte laut<u>es</u> <u>W</u>einen. (Aber: Er hörte sie laut <u>w</u>einen.)
Präpositionen	bei, ohne, mit, auf, in, an, über ...

Hinweis: Manchmal sind zwischen einem Artikel und einem nominalisierten Wort mehrere Wörter, meist Adjektive, eingeschoben. Streiche in Gedanken alle Wörter durch, auf die man verzichten könnte. So findest du heraus, welches das nominalisierte Wort ist, auf das sich der Artikel bezieht.

Beispiel
Sie hatte <u>ein</u> ~~auffallend helles, fröhliches und vor allem herzliches~~ <u>Lachen</u>.

▶ **Artikelprobe**
Nicht immer ist einem Nomen/nominalisierten Wort ein typisches Signalwort vorangestellt. Dann kannst du die Artikelprobe machen: Stelle probeweise einen **passenden Artikel** vor das Wort, das ein Nomen/nominalisiertes Wort sein könnte. Klingt der Satz dann noch sinnvoll, liegst du mit deiner Vermutung richtig und du musst das Wort großschreiben.

Beispiele
Cem liebt Schwimmen.
Artikelprobe: *Cem liebt <u>das</u> <u>Schwimmen</u>.*
→ *Schwimmen* wird hier als Nomen verwendet.

Hinweis: Die Probe funktioniert auch mit anderen Signalwörtern:

Ada hat Angst. Probe: *Ada hat (<u>große</u> / <u>keine</u>) <u>Angst</u>.*

Teil B: Sprachgebrauch – Rechtschreiben

Um zu überprüfen, ob du ein Wort groß- oder kleinschreiben musst, kannst du folgende Rechtschreibstrategien anwenden:

Auf einen Blick

Groß- und Kleinschreibung – Rechtschreibstrategien

Prüfe die Wortart	**Nomen** und **Eigennamen** schreibst du groß.
Achte auf Signalwörter	Signalwörter wie **das, zum, dein, dieses, viel, etwas** weisen auf Nomen und nominalisierte Wörter hin, die du großschreiben musst.
Führe die Artikelprobe durch	Lässt sich ein **Artikel vor das Wort** setzen, handelt es sich um ein Nomen oder ein nominalisiertes Wort. Dann musst du es großschreiben.
Achte auf typische Wortendungen	Endungen wie **-heit, -keit, -nis, -ung, -schaft, -tum, -ion, -ling** weisen auf Nomen hin. Wörter mit diesen Endungen werden deshalb großgeschrieben.

Aufgaben

Übung 27

1. Unterstreiche in den folgenden Sätzen die „unechten" Nomen und die Begleiter, die sie zu Nomen gemacht haben. Wenn es zwei Begleitwörter gibt, unterstreichst du beide.

    a) Nächsten Mittwoch muss ich das Turnen ausfallen lassen.

    b) Das Kleid steht dir wirklich gut! Vor allem das Grün passt zu dir.

    c) Beim Rechnen stellt sie sich sehr geschickt an.

    d) Nach langem Hin und Her ging sie endlich mit.

2. Schreibe folgenden Text in der richtigen Groß- und Kleinschreibung ab (→ Heft).

Berliner Zeitung — WIE MAN DATEIEN RICHTIG LÖSCHT

wenn anwender ihren rechner oder eine festplatte verkaufen oder entsorgen wollen, befinden sich in vielen fällen noch sensible daten auf dem gerät. viele nutzer denken, mit dem löschen der daten oder dem formatieren des datenträgers lassen sich alle persönlichen daten beseitigen – ein trugschluss. zwar können anwender mit der tastenkombination „umschalt + entf" daten ohne den umweg über den papierkorb löschen. es ist allerdings kein problem, diese daten mit spezialprogrammen wiederherzustellen. das liegt vor allem daran, dass windows beim normalen löschen nur das inhaltsverzeichnis entfernt, die daten aber erhalten bleiben. oder das betriebssystem löscht die einzelnen bereiche auf der festplatte, überschreibt diese aber nicht.
falls es kein zurück für die dateien geben soll, müssen anwender schwerere geschütze auffahren – entweder etwas umständlichere windows-bordmittel oder löschtools, die meist einfacher zu handhaben und kostenlos sind.

Quelle: dpa: Wie man Dateien richtig löscht, 10.01.2012. Im Internet unter: http://www.berliner-zeitung.de/digital/auf-nimmerwiedersehen-wie-man-dateien-richtig-loescht,10808718,11415320.html, aus didaktischen Gründen stellenweise gekürzt und geändert.

5.2 Getrennt- und Zusammenschreibung

Werden zwei Wörter, die in einem Satz nebeneinanderstehen, getrennt oder zusammengeschrieben? Das zu entscheiden, ist nicht immer leicht.

Zusammenschreibung

Am besten merkst du dir diese Grundregel: **ein Ding = ein Wort**.
Wenn zwei Wörter zusammen ein und dieselbe Sache bezeichnen, müssen sie zusammengeschrieben werden. Sie bilden dann gemeinsam ein **Kompositum**, also **ein zusammengesetztes Wort**.

Beispiele
Er besorgte sich vor der Reise Geld.
→ Hier bezeichnen die Wörter *Reise* und *Geld* zwei verschiedene Dinge.

Vor der Abfahrt besorgte er sich noch Reisegeld.
→ Hier bezeichnen die Wörter *Reise* und *Geld* zusammen nur ein Ding.

Treffen diese Wortarten aufeinander, musst du sie meist **zusammenschreiben:**

Beispiele
- **Nomen + Nomen** — *Geldbörse, Haustür, Sackgasse*
- **Nomen + Adjektiv** — *gewaltbereit, mausetot, herzensgut*
- **Nomen + Adverb** — *bergab, flussaufwärts, landeinwärts*
- **Verb + Nomen** — *Wanderstiefel, Hörspiel, Gefriertruhe*
- **Adverb + Verb** — *weglaufen, entlanggehen, weitermachen*
- **Präposition + Verb** — *aufessen, vorlesen, nachmachen*

Tipp
> Das Wörtchen **zu**, das manchmal vor der Grundform von Verben steht, wird **in der Regel getrennt** vom Verb geschrieben. Manchmal **schiebt** sich das **zu** aber auch in die Grundform eines Verbs **hinein**; dann verschmilzt es mit dem Verb zu einem Wort.

Beispiele
Ich bitte dich zu gehen.   Aber: *Ich bitte dich einzutreten.*

Getrenntschreibung

Für die Getrenntschreibung kannst du dir folgende Regeln merken:

- **Verb + Verb**

Beispiel
Lass uns später spazieren gehen.

Ausnahme: Wenn die beiden Verben zusammen **als Nomen verwendet** werden, musst du sie zusammenschreiben.

Beispiel
Beim (bei + dem) Spazierengehen traf er Nadine.

- **Nomen + Verb**

Beispiel
Wir könnten heute Nachmittag Fußball spielen.

Ausnahme: Wenn die beiden Wörter zusammen **als Nomen verwendet** werden, musst du sie zusammenschreiben.

Beispiel
Das Fußballspielen macht ihm großen Spaß.
→ *Fußball* und *spielen* werden zusammen als Nomen verwendet.

▶ **Adjektiv + Verb**
Steht nach einem Adjektiv ein Verb und **lässt sich** das **Adjektiv erweitern**, musst du die beiden Wörter in der Regel getrennt schreiben.
laut singen → lauter singen, schnell sprechen → schneller sprechen

Beispiele

Ausnahme: Wenn Adjektiv und Verb zusammen eine **besondere (übertragene) Bedeutung** haben, musst du sie zusammenschreiben.
schwarzarbeiten, krankschreiben

Beispiele

> Wenn du die **Adjektive erweitern** kannst, haben sie in der Regel ihre **wörtliche Bedeutung**. Dann schreibt man sie meist **getrennt**.
> Lassen sie sich dagegen **nicht** mehr **erweitern**, ohne dass der Satz merkwürdig klingt, haben die Adjektive oft eine **übertragene Bedeutung**. Dann musst du sie mit dem nachfolgenden Wort **zusammenschreiben**.

Tipp

Der Arzt möchte den Patienten krankschreiben.
→ *Der Arzt kann den Patienten nicht „kränker schreiben".*

Beispiel

Mit folgenden Proben kannst du feststellen, ob du etwas getrennt oder zusammenschreiben musst:

Auf einen Blick

Getrennt- und Zusammenschreibung – Rechtschreibstrategien	
Betonungsprobe	Achte auf die **Aussprache**: Gibt es bei zwei benachbarten Wörtern nur **eine Hauptbetonung**, handelt es sich um ein **Kompositum**, das du **zusammenschreiben** musst. Sind dagegen **zwei Betonungen** erkennbar – eine in jedem Wort –, musst du die Wörter **getrennt** schreiben.
Bedeutungsprobe	Durch die Zusammenschreibung kann auch ein **Bedeutungsunterschied** entstehen. Dann verlieren die Wörter ihre ursprüngliche Bedeutung und erhalten eine **neue, übertragene Bedeutung**.

Hinweis: Im Zweifelsfall orientierst du dich an der **Betonung**. Achte darauf, dass du die Wörter in ihrem **Satzzusammenhang** aussprichst.

Beispiele

Barbara hat bei ihrem Referat fréi gespróchen.
→ **zwei** Hauptbetonungen
Der Richter hat den Angeklagten fréigesprochen.
→ **eine** Hauptbetonung
Meine Oma ist auf der Treppe schwer gefallen.
→ **wörtliche** Bedeutung
Mathe ist mir schon immer schwergefallen.
→ **übertragene** Bedeutung

Teil B: Sprachgebrauch – Rechtschreiben

Übung 28

Aufgaben

1. Begründe die Schreibweise der kursiv gedruckten Wörter, indem du jeweils die Hauptbetonungen unterstreichst.

   a) Wenn du gut lernst, wird dir der Test *leichtfallen*.

   b) Ich denke, wir werden miteinander *zurechtkommen*.

   c) Wo ist hier der *Notausgang*?

   d) Er war von der Sonne *braun gebrannt*.

   e) Auf der Bühne musst du *deutlich sprechen*.

2. Prüfe, ob die folgenden Aussagen eine wörtliche oder eine übertragene Bedeutung haben. Streiche jeweils die falsche Schreibweise durch.

   a) Thomas will immer alles *schön reden / schönreden*.

   b) Maria kann *schnell laufen / schnelllaufen*.

   c) Costa lässt sich für morgen *krank schreiben / krankschreiben*.

   d) Ich möchte nicht *schwarz fahren / schwarzfahren*.

3. Streiche im folgenden Text jeweils die falsche Schreibweise durch.

   Falscher Alarm

   1 Ein starkbetrunkener / stark betrunkener Mann legte sich vergangenes Wochenende / Wochen Ende mit der Feuerwehr / Feuer Wehr an. Er hatte die Einsatzlei-
   5 tung / Einsatz Leitung wegen eines Brandes in seiner Wohnung alarmiert. Als sich die Beamten dem Haus näherten, konnten sie schon von Weitem Rauch aus der Wohnung quellensehen / quel-
   10 len sehen. Doch der Mann hatte es mit den Löscharbeiten / Lösch Arbeiten nicht eilig. Amüsiert beobachtete er die Mieter, die in Panik aus dem Haus rannten, um sich über sie lustigzumachen /
   15 lustig zu machen. Den Beamten verweigerte er den Zutritt zu seiner Wohnung. Weil diese der Ansicht waren, dass sie ein Feuer löschenmüssten / löschen müssten, versuchten sie ihn zur Seite
   20 zuschieben / zu schieben. Erst mithilfe mehrerer Polizisten, die gerufenwurden / gerufen wurden, konnte der Betrunkene überwältigtwerden / überwältigt werden.

   25 Am Ende stellte sich heraus, dass es sich bei dem Mann um einen Diskothekenbesitzer / Diskotheken Besitzer handelte. Dieser hatte es den Mietern heimzahlen / Heim zahlen wollen, indem er
   30 ihnen einen Schreck einjagte. Zu diesem Zweck hatte er die neue Nebelmaschine / Nebel Maschine seines Klubs in der Wohnung aufgebaut und sie auf höchster Stufe laufen lassen.

   Als Motiv gab der Mann an, sich über
   35 die zahllosen / Zahl losen Beschwerden der Mieter über laute Musik aus seiner Diskothek geärgertzuhaben / geärgert zu haben.

5.3 Auslautverhärtung (b/p, d/t, g/k)

Wenn du unsicher bist, ob du ein Wort am Ende mit **b** oder **p**, **d** oder **t**, **g** oder **k** schreiben musst, **verlängerst** du es zur Probe. Dann steht der betreffende Konsonant nicht mehr am Wortende, und du kannst hören, wie er geschrieben wird.
Je nach Wortart gibt es unterschiedliche Möglichkeiten zur Wortverlängerung:

▸ Bei **Adjektiven** bildest du die **Steigerungsform**.
   lieb – lieber, plump – plumper   Beispiele

▸ Bei **Nomen** bildest du die **Mehrzahl**.
   Wald – Wälder, Welt – Welten   Beispiele

▸ Bei **Verben** bildest du die **Grundform**.
   er mag – mögen, sie trank – trinken   Beispiele

Manchmal ist es **nicht möglich** ein Wort zu **verlängern**. Dann leitest du die Schreibung von anderen Wörtern der gleichen **Wortfamilie** ab, in denen der Konsonant in der Wortmitte steht.

Lob – loben, Gold – golden, Gestank – stinken   Beispiele

Auf einen Blick

b/p, g/k, d/t – Rechtschreibstrategien	
Verlängere das Wort	Bilde bei Adjektiven die **Steigerungsform**, bei Nomen die **Mehrzahl** und bei Verben die **Grundform**.
Suche verwandte Wörter	Bei Wörtern, die sich **nicht verlängern** lassen, leitest du die Schreibung von verwandten Wörtern ab, bei denen dieser Konsonant nicht am Ende einer Silbe steht.

Aufgaben   Übung 29

1. Wende die Verlängerungsprobe an und trage dann den richtigen Buchstaben ein: **b** oder **p**, **d** oder **t**, **g** oder **k**.

   a) kran___ _____   b) Ber___ _____

   c) Her___ _____   d) run___ _____

   e) Wir___ _____   f) Kor___ _____

   g) Ty___ _____   h) er berä___ _____

2. Werden folgende Wörter am Ende mit **d** oder **t** geschrieben? Trage den richtigen Buchstaben ein und begründe deine Wahl, indem du ein verwandtes Wort notierst, bei dem das **d/t** nicht am Ende einer Silbe steht.

   a) Schul___ _____

   b) Blu___ _____

   c) Mu___ _____

   d) San___ _____

5.4 Gleichklingende Laute (e/ä, eu/äu)

Wenn du unsicher bist, ob du in einem Wort **e** oder **ä** beziehungsweise **eu** oder **äu** schreiben musst, bildest du zur Probe die Grundform:

▶ Bei **Adjektiven** bildest du die nicht **gesteigerte Form**.

Beispiele: *älter – alt, fester – fest, feuchter – feucht*

▶ Bei **Nomen** bildest du die **Einzahl**.

Beispiele: *Äste – Ast, Reste – Rest, Mäuse – Maus, Helme – Helm*

▶ Bei **Verben** bildest du die **Grundform**.

Beispiele: *fährt – fahren, kehrt – kehren, lässt – lassen*

Wenn dir die Grundform nicht weiterhilft (Nomen steht schon im Plural / Verb steht schon in der Grundform / Adjektiv ist nicht gesteigert), suchst du nach einem **verwandten Wort**. So kannst du trotzdem die richtige Schreibung ermitteln.

Beispiele: *Räuber – rauben, jährlich – Jahr*

Willst du also die richtige Schreibung mit **e/ä** bzw. **eu/äu** ermitteln, kannst du folgende Rechtschreibstrategien anwenden:

Auf einen Blick

e/ä, eu/äu – Rechtschreibstrategien	
Bilde die Grundform	Bei gesteigerten Adjektiven bildest du die **Grundform**, bei Nomen in der Mehrzahl bildest du die **Einzahl** und bei gebeugten Verben die **Grundform**.
Suche verwandte Wörter	Wenn dir die **Grundform nicht weiterhilft**, suchst du nach einem **verwandten Wort**, dessen Schreibung du sicher kennst.

Übung 30

Aufgaben

1. e oder ä? eu oder äu? Wende die Grundformprobe an.

   a) die H____ser _____   b) k____lter _____

   c) die D____cken _____ d) die B____len _____

   e) er schl____ft _____ f) die Br____che _____

   g) die R____nder _____ h) schl____chter _____

2. Leite die Schreibung der folgenden Wörter anhand von verwandten Wörtern ab. Schreibe die verwandten Wörter jeweils in Klammern hinter das Wort.

   a) Er ist m____chtig (_____) und sehr bed____tsam (_____).

   b) T____res (_____) muss nicht b____sser (_____) sein.

   c) Er lag b____chlings (_____) auf dem Sofa.

   d) Der pr____chtige (_____) Wolf h____lte (_____) laut.

5.5 Doppelkonsonanten

Ob du einen **einfachen** oder einen **doppelten Konsonanten** setzen musst, kannst du daraus ableiten, ob du einen **langen** oder **kurzen Vokal** hörst.

▶ **Langer Vokal → einzelner Konsonant**
Wenn ein betonter Vokal lang gesprochen wird, folgt in der Regel nur ein einzelner Konsonant. Auch Diphthonge (Zweilaute) werden lang gesprochen.

Hase, Feder, beladen, kraulen, Säule — Beispiele

▶ **Kurzer Vokal → zwei oder mehr Konsonanten**
Wenn ein betonter Vokal kurz gesprochen wird, folgen unmittelbar danach zwei oder mehr Konsonanten.

Kerze, finster, spalten, dunkel, Wolke — Beispiele

▶ **Kurzer Vokal + nur ein Konsonant hörbar → Doppelkonsonant**
Hörst du nach einem betonten, kurz gesprochenen Vokal nur einen einzelnen Konsonanten, verdoppelst du ihn beim Schreiben.

schwimmen, Wasser, Welle, Sonne, Mutter — Beispiele

> Wenn es dir schwerfällt, zu hören, ob ein Vokal lang oder kurz ist, dann kann es dir helfen, das **Wort nach Silben zu trennen**. Gehört der Konsonant **zum Ende** der vorangehenden Silbe und **zum Anfang** der nächsten Silbe, schreibt man einen **Doppelkonsonanten**.

— Tipp

Don-ner, Wet-ter, wis-sen — Beispiele

▶ **Einsilbige Wörter verlängern**
Einsilbige Wörter, die auf einen Konsonanten enden, verlängerst du, um festzustellen, ob du einen Doppelkonsonanten schreiben musst.

das Schiff – Plural: *die Schif-fe,   knapp* – Steigerung: *knap-per,*
er will – Grundform: *wol-len* — Beispiele

▶ **Nach verwandten Wörtern suchen**
Manchmal hilft dir die **Wortfamilie**, den **Doppelkonsonanten** zu erkennen.

ihr wisst – wis-sen,   Kennzeichen – ken-nen,   gefüllt – fül-len — Beispiele

Rechtschreibregeln zu tz und ck

Die Konsonanten **k** und **z** werden **nicht verdoppelt**. Hörst du nach einem kurzen, betonten Vokal die Konsonanten **k** oder **z**, schreibst du stattdessen **ck** oder **tz** (Ausnahme: Wörter, die ursprünglich aus einer anderen Sprache stammen, z. B. **Pizza** oder **Sakko**).

Satz, schützen, Ticket, zucken — Beispiele

Zu **ck** gibt es eine weitere Besonderheit: Anders als „normale" Doppelkonsonanten wird **ck** nicht getrennt. Es rückt bei der Silbentrennung als Buchstabenpaar vereint an den Anfang der nächsten Silbe.

Ti-cket, zu-cken — Beispiele

Teil B: Sprachgebrauch – Rechtschreiben

Hinweis: Für diese Konsonantenpaare gibt es noch eine Spezialregel. Sie lautet:
Nach l, n, r – das merke ja – steht **nie tz** und **nie ck!**

Beispiele

Wolke, Enkel, Arznei, Arzt

Auf einen Blick

Doppelkonsonanten, *tz*, *ck* – Rechtschreibstrategien	
Untersuche die Vokallänge	Einen **Doppelkonsonanten** schreibst du, wenn du nach einem kurzen, betonten Vokal nur einen **einzelnen Konsonanten hörst**.
Trenne nach Silben	Gehört der Konsonant sowohl zur ersten als auch zur zweiten Silbe, musst du ihn **verdoppeln**.
Suche verwandte Wörter	Die Schreibung mit doppeltem oder einfachem Konsonant lässt sich auch von **verwandten Wörtern** ableiten, deren Schreibung du sicher kennst.

Übung 31

Aufgaben

1. Trage einen Einzel- oder einen Doppelkonsonanten in die Lücken ein.

    a) An Ostern kommt der Osterha____e.

    b) Das Gegenteil von „lieben" ist „ha____en".

    c) Zum Schlafen legt man sich in ein Be____.

    d) Religiöse Menschen be____en, wenn sie Sorgen haben.

    e) Wenn es regnet, werden die Menschen na____.

    f) Die Na____e ist das Sinnesorgan, mit dem wir Gerüche wahrnehmen.

2. Begründe die Schreibung der fett gedruckten Wörter mit Doppelkonsonant. Suche zur Begründung nach einem zweisilbigen Wort, in dem der Konsonant genau zwischen zwei Silben steht, und schreibe es in die rechte Spalte.

    a) Der Hund **bellt** laut. _____

    b) Er ist nicht **dumm**. _____

    c) Du **musst** mir helfen. _____

    d) Wir brauchen ein **Brett**. _____

    e) So ein **Unsinn**. _____

3. Trage ein: **k** oder **ck**?

    Win____el, Ban____, Schre____, La____, pa____en, par____en, le____er, Le____, we____en, Ste____er, dun____el, De____e, Schrän____e, Bal____en, wa____eln

4. Trage ein: **z** oder **tz**?

    Her____, tan____en, win____ig, wi____ig, Ker____e, ran____ig, Pel____, spi____, Mü____e, Kra____er, pe____en, wür____ig, Schmu____, Verle____ung, Pil____

5.6 s-Laute (s/ss/ß)

Die Schreibweise von s-Lauten hängt von zweierlei ab: von der **Länge des vorangehenden Vokals** und von der **Aussprache des s-Lauts**.

Ein s-Laut kann **stimmhaft** oder **stimmlos** ausgesprochen werden. Wenn du einen s-Laut **stimmhaft** aussprichst, hört er sich **weich** an, so ähnlich wie das Summen einer **Biene**.

Sprichst du ihn dagegen **stimmlos** aus, dann klingt er **scharf** wie das Zischen einer **Schlange**.

> **Tipp**
>
> Wenn du nicht sicher bist, ob ein s-Laut stimmhaft oder stimmlos gesprochen wird, kannst du die **Handprobe** machen: Lege die Hand vorn um deinen Hals und sprich das Wort **laut** aus. Ist der s-Laut **stimmhaft**, vibrieren deine Stimmbänder – und das kannst du **fühlen**! Solltest du mit der Hand **nichts fühlen**, ist der s-Laut **stimmlos**.

Hinweis: In Süddeutschland machen einige Menschen keinen Unterschied zwischen stimmhaften und stimmlosen s-Lauten, weil sie so gut wie **alle s-Laute stimmlos** aussprechen. Solltest du dazugehören, hilft nur eines: Du musst die Schreibweise der Wörter auswendig lernen.

Für die Schreibweise der s-Laute gelten folgende Regeln:

- **s:** Einfaches **s** schreibst du, wenn das **s stimmhaft** ist.

    Hase, leise, lesen   — Beispiele

- **ß:** Scharfes **ß** schreibst du, wenn der s-Laut **stimmlos** ist **und nach** einem **langen Vokal** steht.

    Füße, fleißig, beißen   — Beispiele

- **ss:** Doppel-s schreibst du, wenn der s-Laut **stimmlos** ist **und nach** einem **kurzen Vokal** steht.

    Masse, besser, wissen   — Beispiele

Hinweis: Eine Ausnahme bilden kleine Wörter wie **es**, **des**, **was** und Wörter mit den Endungen **-nis** (Hindernis), **-mus** (Mechanismus) und **-os** (Kosmos). Aber Achtung: Die Pluralform von Nomen, die mit **-nis** enden, bekommt doch ein Doppel-s (Hindernisse).

> **Tipp**
>
> Am **Wortende** klingt **jeder s-Laut scharf**. Deshalb musst du in diesem Fall das Wort zuerst **verlängern**, bevor du den Klang prüfen kannst. Lässt sich das Wort nicht verlängern, suchst du nach einem **verwandten Wort**.

Bei *Maus* hört man nach einem langen Vokal ein stimmloses **s** und müsste eigentlich **ß** schreiben. Die Verlängerungsprobe zeigt aber, dass das **s** in Wahrheit **stimmhaft** ist: *Maus → Mäuse*.   — Beispiel

Teil B: Sprachgebrauch – Rechtschreiben

Übung 32

Aufgaben

1. Prüfe in den folgenden Wörtern zuerst die Stimmhaftigkeit. Danach bestimmst du die Vokallänge und trägst anschließend die richtige Schreibung ein.

Wie schreibt man ...	s-Laut		Vokallänge		So schreibt man ...
	weich	scharf	lang	kurz	
le ? en	X	☐	X	☐	lesen
fre ? en	☐	☐	☐	☐	
wi ? en	☐	☐	☐	☐	
drau ? en	☐	☐	☐	☐	
brau ? en	☐	☐	☐	☐	
Bu ? e	☐	☐	☐	☐	

2. Überprüfe zuerst die Stimmhaftigkeit, indem du die Wörter verlängerst, und entscheide dich dann für die richtige Schreibung.

   a) Fu_ß_   _Füße → s-Laut bleibt scharf + Vokal ist lang_

   b) hei____

   c) Hau____

   d) na____

5.7 i-Laute (i/ie)

Achte beim Schreiben eines i-Lauts auf dessen **Länge**. Grundsätzlich schreibt man den **langen** i-Laut mit **ie**, den **kurzen** mit **i**.

Beispiele   *R<u>ie</u>se, M<u>ie</u>te, l<u>ie</u>ben, t<u>ie</u>f, R<u>i</u>ss, B<u>i</u>tte, w<u>i</u>ndig, s<u>i</u>tzen*

Hinweis: Bei einigen Wörtern schreibt man den langen i-Laut nur mit **i**. Das gilt vor allem für **Wörter**, die ursprünglich aus einer **anderen Sprache** stammen, trifft aber auch für einzelne deutsche Wörter zu.

Beispiele   *Masch<u>i</u>ne, Mandar<u>i</u>ne, Law<u>i</u>ne, B<u>i</u>ber, <u>I</u>gel, Br<u>i</u>se*

Übung 33

Setze passend **i** und **ie** ein.

a) Tanja b____tet ihren Gästen selbst gebackenen Kuchen an.

b) Würdest du b____tte das Fenster schl____ßen?

c) Marcel kaut nervös auf seiner L____ppe.

d) Das prächtige Sch____ff fuhr mit geblähten Segeln auf das Meer hinaus.

e) Hätte ich keine Zahnspange gehabt, hätte ich z____mlich sch____fe Zähne.

f) Fulda l____gt m____tten in Deutschland.

g) Wenn die M____tpreise weiter steigen, müssen wir umz____hen.

5.8 Silbentrennendes h und Dehnungs-h

In manchen Wörtern wird ein **h** eingefügt. Dieses kann entweder ein **silbentrennendes h** oder ein **Dehnungs-h** sein.

Dehnungs-h

In einigen Wörtern setzt man ein Dehnungs-h, um einen **lang gesprochenen Vokal** zu kennzeichnen. Das ist allerdings nur der Fall, wenn unmittelbar danach einer dieser Konsonanten folgt: **l**, **m**, **n**, **r**. Das Dehnungs-h bleibt in allen Wörtern aus der gleichen **Wortfamilie** erhalten.

F<u>eh</u>ler, l<u>ahm</u>, d<u>eh</u>nen, <u>eh</u>rlich — Beispiele

Es gibt aber sehr **viele Ausnahmen**. Ein nachfolgendes **l**, **m**, **n** oder **r** ist keine Garantie dafür, dass ein Dehnungs-h folgt.

m<u>a</u>l, Gn<u>o</u>m, T<u>o</u>n, B<u>ä</u>r — Beispiele

Deshalb musst du die Wörter mit Dehnungs-h als **Merkwörter** lernen.

> **Tipp**
> Wegen der vielen Ausnahmen ist die **Regel zum Dehnungs-h mit Vorsicht zu genießen**. Trotzdem ist es hilfreich zu wissen, dass das Dehnungs-h nur vor **l, m, n, r** stehen kann. So weiß man nämlich, dass es vor allen anderen Konsonanten **auf gar keinen Fall** stehen kann.

R<u>a</u>be, N<u>u</u>del, H<u>o</u>f, R<u>e</u>gen, b<u>e</u>ten, <u>e</u>wig, l<u>e</u>sen — Beispiele

Mit oder ohne Dehnungs-h? Finde je ein verwandtes Wort zu folgenden Wörtern und streiche dann die jeweils falsche Schreibweise durch. — Übung 34

a) Lehrling / Lerling _____

b) Prohbe / Probe _____

c) Belohnung / Belonung _____

d) Zahltag / Zaltag _____

e) abfehdern / abfedern _____

f) Mahnung / Manung _____

Silbentrennendes h

Das silbentrennende h markiert den **Anfang einer neuen Silbe**, wenn direkt auf einen langen Vokal ein kurzer Vokal zu hören ist. Um zu erkennen, ob du ein silbentrennendes h einfügen musst, solltest du das Wort **nach Silben trennen**.

ge-h<u>e</u>n, Mü-h<u>e</u>, Tru-h<u>e</u>, na-h<u>e</u> — Beispiele

Das silbentrennende h bleibt bei Wörtern aus derselben **Wortfamilie** erhalten. Bei einsilbigen Wörtern kannst du das Wort **verlängern** oder nach einem **verwandten zweisilbigen Wort** suchen, um das silbentrennende h zu erkennen.

Teil B: Sprachgebrauch – Rechtschreiben

Beispiele

Kuh – Plural: *Kü-he*
roh – Steigerung: *ro-her*
geht – Grundform: *ge-hen*
mühsam – verwandtes Wort: *Mü-he*

Auf einen **Zweilaut** (au, äu, eu, ei, ai) folgt **kein silbentrennendes h**.

Beispiele

Bau-er, ver-täu-en, freu-en, Fei-er

Um festzustellen, ob du in einem Wort ein **h** einfügen musst, helfen dir folgende Rechtschreibstrategien:

Auf einen Blick

Silbentrennendes h und Dehnungs-h: Rechtschreibstrategien	
Merkwörter	Wörter mit **Dehnungs-h** musst du **auswendig** lernen.
Suche verwandte Wörter	**Dehnungs-h** und **silbentrennendes h** bleiben in Wörtern der gleichen Wortfamilie erhalten. Wenn du also die Schreibung eines **verwandten Wortes** sicher weißt, kannst du die richtige Schreibweise ableiten.
Trenne nach Silben	Wenn auf einen **langen Vokal** ein **kurzer** folgt, musst du meist ein **silbentrennendes h** einfügen, um den Beginn der neuen Silbe zu kennzeichnen.
Verlängere das Wort	Wenn sich das Wort verlängern lässt, wird es **zweisilbig** und du kannst erkennen, ob es ein **silbentrennendes h** enthält.

Übung 35

Aufgaben

1. Begründe die Schreibung der folgenden Verben mit silbentrennendem h, indem du die Silbengrenze mit | markierst.

   sehen, krähen, fliehen, blühen, nähen, leihen, glühen, stehen, ruhen

2. Verlängere die folgenden Wörter, um zu zeigen, dass es sich bei dem **h** um ein silbentrennendes h handelt. Markiere in der verlängerten Form die Grenze zwischen den Silben mit |.

   a) Floh _____ b) Zeh _____
   c) er droht _____ d) nah _____
   e) Schuh _____ f) froh _____

3. Begründe die Schreibung der folgenden Wörter mit silbentrennendem h, indem du ein verwandtes Wort suchst und dieses dann nach Silben trennst.

   a) Dre**h**scheibe _____
   b) Glü**h**birne _____
   c) mü**h**sam _____
   d) Wei**h**nachten _____
   e) Se**h**fehler _____

5.9 Mit dem Wörterbuch arbeiten

Bist du dir nicht sicher, wie ein Wort richtig geschrieben wird, kannst du dein **Wörterbuch** zu Hilfe nehmen. Im Deutsch-Quali darfst du es sowohl bei der Bearbeitung der Rechtschreibprüfung als auch bei der Textarbeit verwenden.

Tipp

> Dein Wörterbuch ist alphabetisch von **A bis Z** geordnet. Sieh dir zuerst den **Anfangsbuchstaben** des gesuchten Wortes an. Suche dann im Wörterbuch den Bereich mit dem entsprechenden Anfangsbuchstaben. Danach hilft dir das **fett gedruckte Leitwort** in der linken bzw. rechten oberen Ecke dabei, das gesuchte Wort zu finden. Gehe auch hier **alphabetisch** vor.

Hast du das gesuchte Wort im Wörterbuch gefunden, solltest du den Wörterbucheintrag auch **auswerten** können. Was die einzelnen Formulierungen und Abkürzungen bedeuten, kannst du hier sehen:

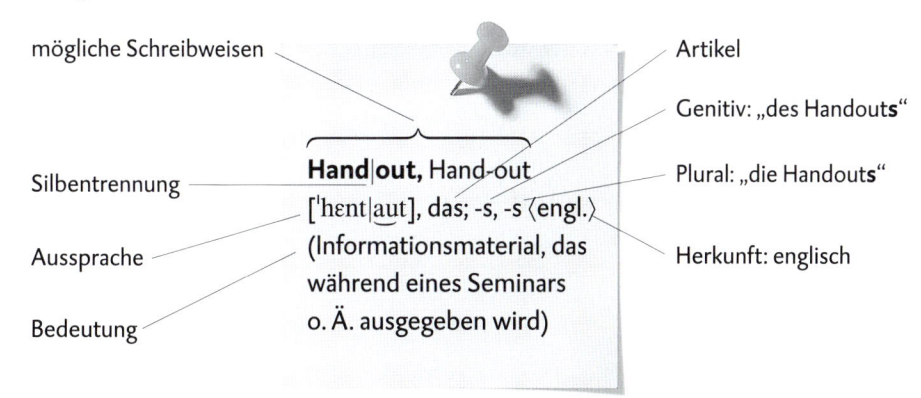

Beispiel

- mögliche Schreibweisen
- Silbentrennung
- Aussprache
- Bedeutung

Hand|out, Hand-out [ˈhɛnt|aʊt], das; -s, -s ⟨engl.⟩ (Informationsmaterial, das während eines Seminars o. Ä. ausgegeben wird)

- Artikel
- Genitiv: „des Handout**s**"
- Plural: „die Handout**s**"
- Herkunft: englisch

Werte folgenden Wörterbucheintrag aus, indem du die dazugehörenden Aufgaben bearbeitest.

Übung 36

Re|gis|seur, [reʒiˈsøːr], der; -s, -e ⟨franz.⟩ (Spielleiter [bei Theater, Film, Fernsehen usw.]);

Aufgaben

1. Wie lautet der Plural von *Regisseur*?

   _____

2. Aus welcher Sprache stammt das Wort *Regisseur*?

   _____

3. Wie lautet der Genitiv von *Regisseur*?

   _____

4. Wie wird *Regisseur* getrennt?

   _____

5.10 Rechtschreibstrategien im Überblick

Strategie	Schwierigkeit	Schreibe ...
Wortart überprüfen	Groß- und Kleinschreibung	**groß**, wenn ein Nomen, ein Eigenname oder ein höfliches Anredepronomen vorliegt.
Signalwörter beachten	Groß- und Kleinschreibung	**groß**, wenn ein Nomen von einem Signalwort begleitet wird. Signalwörter sind Artikel, Artikel mit Präposition, Pronomen, Mengenangaben, beschreibende Adjektive und Präpositionen.
Artikelprobe machen	Groß- und Kleinschreibung	**groß**, wenn du einen Artikel (der, die, das) vor das Wort setzen kannst.
Wortendung beachten	Groß- und Kleinschreibung	**groß**, wenn das Wort eine Nomenendung hat (z. B.: -heit, -keit, -nis, -ung, -schaft, -tum, -ion, -ling).
Betonungsprobe machen	Getrennt- und Zusammenschreibung	**zusammen**, wenn es nur eine Hauptbetonung gibt.
Bedeutungsprobe machen	Getrennt- und Zusammenschreibung	**zusammen**, wenn sich eine neue, übertragene Gesamtbedeutung ergibt.
Wort verlängern	Auslautverhärtung (b/p, g/k, d/t)	**b/g/d**, wenn der Laut nach dem Verlängern weich klingt. **p/k/t**, wenn der Laut nach dem Verlängern immer noch hart klingt.
	s/ß am Silbenende	**s**, wenn der s-Laut nach dem Verlängern weich klingt. **ß**, wenn der s-Laut nach dem Verlängern immer noch scharf klingt.
Grundform bilden	gleichklingende Laute (e/ä, eu/äu)	**ä, äu**, wenn man das Wort in der Grundform mit **a** bzw. **au** schreibt.
Vokallänge untersuchen	Doppelkonsonanten/ **tz/ck**	**Doppelkonsonant/tz/ck**, wenn der betonte Vokal kurz klingt und du nach ihm nur einen Konsonanten hörst.
	i-Laute (i/ie)	**ie**, wenn ein i-Laut lang gesprochen wird.
Stimmhaftigkeit untersuchen	s-Laute (s/ss/ß)	**s**, wenn der s-Laut stimmhaft (weich) ist. **ss**, wenn der s-Laut stimmlos (scharf) und der vorangehende betonte Vokal kurz ist. **ß**, wenn der s-Laut stimmlos (scharf) und der vorangehende betonte Vokal lang ist.
nach Silben trennen	silbentrennendes h	meist **mit h**, wenn auf einen langen Vokal ein kurzer folgt.
	Doppelkonsonanten/ **tz/ck**	**Doppelkonsonant/tz/ck**, wenn du den Konsonanten am Ende der vorangehenden Silbe und am Anfang der darauffolgenden Silbe hörst.
verwandte Wörter suchen	alle Schwierigkeiten	Diese Strategie hilft dir in der Regel, wenn du mit einer anderen Strategie nicht weiterkommst.
Merkwörter / Nachschlagewörter	alle Schwierigkeiten	Vor allem Fremdwörter, Wörter mit Dehnungs-h usw. musst du dir merken oder nachschlagen.

Teil B: Sprachgebrauch – Rechtschreiben

Wie gut kennst du dich beim Thema Rechtschreibstrategien aus? Bearbeite die folgenden Aufgaben.

Aufgaben

Übung 37

1. Welche Rechtschreibstrategie eignet sich jeweils, um die Schreibung der Wörter an den markierten Stellen zu überprüfen? Schreibe sie in die rechte Spalte.

Begründe die Schreibung von ...	Rechtschreibstrategie
Kolumbien, **F**rühstück	
H**äu**ser, st**ä**rker	
Betreuung, **G**esellschaft	
kru**mm**, Ta**ss**e	
Mü**h**e, blü**h**en	
Gefä**h**rnis, Na**h**erholungsgebiet	
zum **E**ssen, nichts **S**chönes	
Blu**s**e, Bu**ß**e	

2. Schreibe folgenden Text richtig ab (→ Heft).

SURFEN ODER WELLENREITEN BEZEICHNET DAS GLEITEN AUF EINER WELLE MITTELS EINES DAFÜR VORGESEHENEN SURFBRETTS. BESONDERS SCHWIERIG IST ES, DURCH EINE TUBE, ALSO EINE RÖHRE AUS WASSER, ZU SURFEN. GERADE BEIM HINEIN- UND WIEDER HERAUSFAHREN MACHEN ANFÄNGER OFT VIELE FEHLER. DIE WELLE BRICHT DANN ÜBER IHNEN, WOBEI ES IN DER FOLGE ZU SCHWEREN VERLETZUNGEN KOMMEN KANN.

3. **s**, **ss** oder **ß**? Setze richtig ein.

Da___ Wellenreiten gibt es vermutlich bereits seit 4000 Jahren. Man geht davon aus, da___ da___ Surfen von den Polynesiern erfunden wurde. Die___e lie___en sich zunächst im Liegen auf kleinen Hilfsmitteln wie Bündeln aus Bin___en vom Wa___er tragen. Auf Tahiti wurde schlie___lich das Surfen im Stehen entwickelt. Das Wellenreiten hat seit den 1950er-Jahren immer grö___ere Ma___en begeistert. Mittlerweile genie___t man es nicht mehr nur am Meer: Auch Flü___e eignen sich für diesen na___en Freizeitspa___.

5.11 Grundregeln der Zeichensetzung: Kommas setzen

Interaktive Aufgaben: Rechtschreiben

Viele Leute geben zu, dass sie Kommas meist nicht nach bestimmten Regeln setzen, sondern eher „**nach Gefühl**" – und das führt dann oft dazu, dass sie die Kommas falsch setzen. Deshalb erhältst du hier eine Übersicht über die wichtigsten Kommaregeln.

Komma bei Aufzählungen

Das Komma trennt die einzelnen **Glieder von Aufzählungen**. Die Wörter **und**, **oder** bzw. **sowie ersetzen** das **Komma**.
Aufzählungen können bestehen aus:

▸ **Einzelwörtern**

Beispiel

Vor ihrer Abreise packte Elisa Zahnpasta, Seife, Creme und Mascara ein.

▸ **Wortgruppen**

Beispiel

Schon am Abend vorher hatte sie ihre Jeans, den neuen Minirock, drei T-Shirts sowie eine warme Strickjacke in den Koffer gepackt.

▸ **Ganzen Sätzen**

Beispiel

Elisa stieg in ein Taxi, der Fahrer gab Gas und sie erreichte pünktlich den Zug.

Hinweis: Wenn nach **und** ein vollständiger neuer Satz folgt, kannst du vor das **und** noch ein Komma setzen. Notwendig ist es aber nicht.

Beispiel

Elisa stieg in ein Taxi, der Fahrer gab Gas[,] und sie erreichte pünktlich den Zug.

Komma als Markierung von Gegensätzen

Das Komma trennt Einzelwörter, Wortgruppen oder Sätze, mit denen ein **Gegensatz** zum Ausdruck gebracht wird. Gegensätze erkennst du an **Konjunktionen** wie **aber**, **doch** und **sondern**.

Beispiele

Der Zug war alt, aber gemütlich.
Elisa ging nicht in den Speisewagen, sondern in ihr Abteil.
Es roch zwar köstlich, doch sie hatte keinen Hunger.

Hinweis: **Aber** und **doch** können auch **Füllwörter** sein, die keinen Gegensatz, sondern eher eine Art Erstaunen ausdrücken. Prüfe daher, ob du **aber/doch** weglassen kannst, bevor du ein Komma setzt. Wenn das möglich ist, setzt du kein Komma.

Beispiele

Du bist (aber) groß geworden.
Das kannst du (doch) nicht machen!

Komma als Kennzeichen von Satzgrenzen

▶ **Hauptsatz + Hauptsatz**
Hauptsätze, die wie bei einer Aufzählung aufeinanderfolgen, werden durch **Punkt** getrennt. Wenn man die **Satzgrenze nicht** so stark **hervorheben** will, kann man auch ein Komma setzen.

Sie zog ihre Regenjacke an, dann griff sie nach ihrem Schirm.
Die Vorstellung war vorbei, der Zuschauerraum leerte sich.

Beispiele

▶ **Hauptsatz + Nebensatz**
Haupt- und Nebensätze, die zusammen ein Satzgefüge bilden, werden **grundsätzlich** durch Komma voneinander getrennt. Dabei spielt es keine Rolle, ob der Nebensatz dem Hauptsatz folgt oder umgekehrt. Ist der Nebensatz in den Hauptsatz **eingeschoben**, musst du ein Komma vor und nach dem Nebensatz setzen.

Niklas staunte nicht schlecht, als er von der Schule nach Hause kam.
Obwohl er nichts bestellt hatte, lag ein Päckchen vor der Haustür.
Er öffnete das Päckchen, auf dem sein Name stand, mit einer Schere.

Beispiele

Füge im folgenden Text die fehlenden Kommas ein und notiere am Rand die passende Begründung:
Aufzählung / Gegensatz / Hauptsatz + Hauptsatz / Hauptsatz + Nebensatz
Hinweis: Berücksichtige die Reihenfolge von Hauptsatz und Nebensatz.

Übung 38

Was Hotelgäste auf dem Zimmer vergessen

Dass ein Hotelgast etwas im Hotelzimmer liegen lässt ist nichts Neues. Eine britische Hotelkette hat jetzt eine Liste mit den verrücktesten Fundstücken veröffentlicht.

Gäste ihrer Hotels vergaßen unter anderem eine Urne mit sterblichen Überresten einen Hamster namens Frederick die Schlüssel zu einem Ferrari 458 und einen Koffer voller pinkfarbener Büstenhalter. Den Vogel abgeschossen hat aber ein Paar das sein 18 Monate altes Baby zurückließ. Als die beiden sich auf den Weg zu einer Hochzeit machten dachte jeder von ihnen der andere hätte das Kind schon ins Auto gepackt obwohl es noch im Hotelzimmer in seinem Bettchen lag.

Die häufigsten Fundstücke in Hotelzimmern sind allerdings nicht so spannend sondern eher langweilig. Auf Platz eins stehen Ladegeräte für Handys oder Laptops Platz zwei wird von Schlafanzügen belegt die oft im Hotelbett liegen bleiben. Auf Platz drei kommen Teddybären sie werden oft von Kindern vergessen. Sehr häufig bleiben außerdem Kulturbeutel Kämme Bücher Duschgel Shampoo sowie elektrische Zahnbürsten auf den Hotelzimmern liegen.

Übung 39

Im folgenden Text hat sich der Schreiber beim Setzen von Kommas an Sprechpausen orientiert. Deshalb sind ihm sieben Kommafehler unterlaufen.
Kreise im Text alle richtig gesetzten Kommas grün ein und alle falsch gesetzten rot.

Hinweis: Du weißt, in welchen Fällen du ein Komma setzen musst. Es gibt aber auch noch eine **Anti-Komma-Regel**. Sie besagt, dass Satzglieder nicht durch Komma vom Satz abgetrennt werden dürfen. Du solltest dich deshalb nicht an Sprechpausen orientieren, sondern auf die Satzkonstruktion achten.

Einkaufen gehört zum Lifestyle

1 Mode, bedeutet für Jugendliche mehr, als einfach nur passende Kleidung zu tragen. Vielmehr zeigen Teenager mit ihrem Style, auch ihr Faible für Trends und
5 nicht selten auch ihre Zugehörigkeit zu einer bestimmten Gruppe. Wenn man Jugendliche von heute beobachtet, kann man feststellen, dass die meisten mit ihrer Kleidung auffallen wollen. Wer
10 eine Teenie-Marke trägt, ist up to date und gehört dazu. In Klamotten aus Mamas Schrank, wird ein Jugendlicher zwischen 12 und 19 Jahren mit Sicherheit zum Außenseiter.
15 Mit dem Preisverfall von Teenie-Mode, sind die Möglichkeiten der jungen Käuferschicht gestiegen, sich immer trendy zu kleiden. Meist reicht ein durchschnittliches Taschengeld aus, um sich das eine
20 oder andere Teil leisten zu können. Der Trend zur größeren Auswahl, macht das Einkaufen von Teenie-Mode auch zur beliebten Freizeitbeschäftigung. Große Handelsketten, stimmen das Ambiente in
25 ihren Läden deshalb auch besonders auf Teenager ab. Mit angesagter Musik, aus riesigen Boxen, Webcams mit Livebildern und ansprechendem Design wird das Shopping zum Erlebniseinkauf und ent-
30 spricht exakt jenem Lifestyle, den Jugendliche leben wollen.

Quelle: http://jugend-und-mode.de/aktuelle-trends/lukratives-kundensegment-teenie-mode/, aus didaktischen Gründen stellenweise gekürzt und geändert.

Teil C: Lesen

6 Texte lesen und verstehen

Im Rahmen der Textarbeit werden dir im Deutsch-Quali zwei verschiedene Arten von Texten vorgelegt:

- **Sachtexte** vermitteln Informationen über ein bestimmtes Sachgebiet aus der realen Welt. Dabei wird Bezug genommen auf Tatsachen, Daten und Erkenntnisse. Zu den Sachtexten gehören Artikel aus Zeitungen oder Zeitschriften.
- **Literarische Texte** beschreiben eine Welt, die sich der Autor oder die Autorin ausgedacht hat. Diese kann der wirklichen Welt sehr ähnlich sein, sie kann sich von ihr aber auch deutlich unterscheiden. Zu den literarischen Texten gehören Kurzgeschichten und Erzählungen.

Dem Sachtext kann ein **Diagramm** oder eine **Tabelle** beigefügt sein. Literarische Texte sind manchmal mit einem **Bild** illustriert. Du sollst dann zusätzlich Zusammenhänge zwischen Diagramm und Text oder zwischen Bild und Text herstellen.

6.1 Einen Text genau lesen

Um die Aufgaben zu einem Text bearbeiten zu können, musst du den Text gut verstanden haben. Du kannst z. B. die **Fünf-Schritt-Lesemethode** anwenden. Dann hast du die wesentlichen Textinformationen auf jeden Fall erfasst.

Die Fünf-Schritt-Lesemethode anwenden

Arbeitsschritt **1**   **Überfliege den Text.** Lies ihn zügig durch und verschaffe dir als Erstes einen Überblick über den Inhalt. Bestimme dann die Textsorte (z. B. Bericht, Reportage, Kurzgeschichte) und das Thema.

Arbeitsschritt **2**   **Lies den Text gründlich durch.** Achte auf wichtige Einzelheiten und unterstreiche bedeutsame Textstellen. Wörter oder Textstellen, die du nicht oder nur ungenau verstehst, kennzeichnest du am Rand mit **?** So vergisst du nicht, was noch zu klären ist. Unbekannte Wörter schlägst du im Wörterbuch nach; dort findest du in der Regel die Bedeutung. Notiere sie in der Randspalte.

Arbeitsschritt **3**   **Stelle Fragen an den Text.** Um Textzusammenhänge richtig zu verstehen, solltest du dir vor allem Warum-Fragen und Wie-Fragen stellen. Textstellen, die du mit **?** gekennzeichnet hast, wecken oftmals genau solche Fragen.

Arbeitsschritt **4**   **Notiere die Hauptinformationen jedes Abschnitts stichpunktartig am Rand.** So weißt du später auf Anhieb, wo du welche Textinformation findest. Kläre dabei auch die Fragen, die du bei Schritt 3 festgehalten hast.

Arbeitsschritt **5**   **Fasse die wichtigsten Informationen des Textes zusammen.** Stelle Stichworte zusammen, die du untereinander notierst.

Schritt für Schritt

Übung 40   Lies den folgenden Text und bearbeite dann die zugehörigen Aufgaben.

(K)ein Arbeitsleben auf dem Abstellgleis

1 Dass Lena Herber als Hauptschülerin einmal studieren würde, hätte keiner ihrer Lehrer gedacht. Bis zur 3. Klasse konnte sie kaum lesen. Schule war ihr nicht wichtig. Zu Hause kämpfte das Mädchen um
5 die Aufmerksamkeit seiner Eltern. „Irgendwann hat eine Lehrerin mitbekommen, dass ich nicht lesen kann", erinnert sich Lena. „Das fand ich natürlich total doof, denn das hieß für mich Nachhilfeunterricht."
10 Heute ist Lena 28 Jahre alt und steht kurz davor, ihren Master abzuschließen – in Bildungsmanagement. An diesem Tag besucht die ehemalige Hauptschülerin auf Einladung des Lehrers die 9. Klasse einer Hauptschule im Osten Berlins. Lena erzählt
15 den Schülern ihre eigene Geschichte, um Mut zu machen. Es ist still. Keiner der Schüler spricht.
 Nach der Grundschule kam Lena Herber auf eine Hauptschule. Was das bedeutete, verstand sie lange nicht. „Ich habe mich gewundert, wo meine alten
20 Klassenkameraden sind", sagt sie. „Ich habe auch nicht verstanden, warum die anderen Eltern nicht erlaubten, dass wir wie früher nach der Schule spielen dürfen." Mittlerweile kann sie die Entscheidung der Eltern ihrer ehemaligen Spielkameraden ein-
25 ordnen: „Mit Hauptschülern spielt man eben nicht. Die Eltern hatten sicher Angst, dass meine Schwierigkeiten mit dem Lernen auf ihre Kinder abfärben."
 „Immer wenn ich in einen Klassenraum an einer Hauptschule gehe, kommen mir die gleichen Ge-
30 fühle entgegen, die ich als Schülerin ebenso fühlte", sagt die junge Frau. „Man spürt immer noch die Unsicherheit, die Chancenlosigkeit, die die Schüler für sich vereinnahmt haben." Die Klasse ist immer noch still. „Was wollt ihr werden?", fragt Lena
35 Herber in die Runde. Erst als sie direkt angesprochen werden, antworten einige Mädchen, dass sie Arzthelferin werden wollen. Für fast alle Wunsch-

Ausbildungsberufe ist mindestens ein guter Realschulabschluss nötig.

Lena Herber weiß, wie schwierig es ist, einen Beruf zu finden, den man machen möchte, aber mit seinem Abschluss auch machen kann. Als Teenager wollte sie Fotografin werden. Als sie ihrem damaligen Lehrer ihren Wunsch erklärte, sagte der nur: „Such dir was anderes, das kannst du nicht. Dafür brauchst du einen Realschulabschluss." Auf ihre Antwort, dass sie dann eben einen Realschulabschluss mache, habe ihr Lehrer geantwortet, dass sie dafür zu schlecht sei. Hilflos habe sie sich da gefühlt, erinnert sich die junge Frau. „Mein Selbstbewusstsein war im Keller."

Sie wollte weg. Weg von dem Gedanken, sie sei nicht gut genug, am besten ins Ausland. Sie wusste nicht, dass es auch Organisationen gibt, die dies für Hauptschüler anbieten. Das passte nicht in ihr Bild. In ihrem Kopf brauchte sie dafür einen Realschulabschluss. Nun hatte die Schülerin ein Ziel. Sie lernte, schrieb gute Noten – und machte mit Leichtigkeit ihren Abschluss. Kurz davor bewarb sie sich eigenständig bei der Organisation „Youth for Understanding" und konnte im Anschluss für ein Jahr nach Brasilien. Das Land schien ihr weit weg genug.

„Du warst im Ausland?", fragt einer der Schüler. „Das kann man auch als Hauptschüler? War das schwierig?" Das Thema stößt auf reges Interesse. Viele können sich vorstellen, Deutschland für eine Weile zu verlassen. Daran gedacht, sich bei einer Organisation zu bewerben, hat keiner in der Klasse.

„Ich hätte auch nie gedacht, dass die mich nehmen", sagt Lena Herber. In Brasilien lernte sie innerhalb eines Jahres fließend Portugiesisch sprechen. Selbstbewusst und erwachsen kam sie zurück nach Deutschland und machte ihr Abitur. Danach begann sie Bildungsmanagement in Berlin zu studieren. Ganz bewusst habe sie sich für diesen Studiengang entschieden: Lena Herber will Bildung so mitgestalten, dass die Möglichkeit, einen höheren Bildungsgrad zu erreichen, nicht mehr vom Zufall abhängt oder von einem besonders starken Willen einzelner Schüler.

Noch immer ist es in der Klasse ganz leise. Aber es ist eine andere Stille. Gebannt haben die künftigen Schulabgänger zugehört. Wie geht es ihnen jetzt? Langes Schweigen. Dann meldet sich der 16-jährige Dave. „Danke, dass du hier warst", sagt er. „Es ist schön, zu sehen, dass man aus etwas Kleinem etwas Großes machen kann."

Quelle:. Bettina Malter: (K)ein Arbeitsleben auf dem Abstellgleis, ZEIT ONLINE 01.06.2010. Im Internet unter: http://www.zeit.de/karriere/beruf/2010-05/perspektive-hauptschueler/seite-1, aus didaktischen Gründen stellenweise gekürzt und geändert.

Aufgaben

1. **Überfliege den Text.** Bestimme Textsorte und Thema und notiere die entscheidenden Inhalte. Stichworte genügen.

   a) Textsorte: _____

   b) Thema: _____
   _____

   c) Inhalt: _____
   _____
   _____
   _____

2. **Lies den Text gründlich durch.** Markiere die Aussagen, die du für wichtig hältst. Wörter oder Textstellen, die du nicht oder nur ungenau verstehst, kennzeichnest du mit **?** am Rand.

   Hinweis: Unklarheiten können auch darin bestehen, dass du einen bestimmten Zusammenhang nicht verstehst, z. B. wenn du dich fragst, warum jemand etwas Bestimmtes tut oder denkt.

   Tipp
   > Wenn du eine Textstelle nicht verstehst, kann das daran liegen, dass sie **unbekannte Wörter** enthält oder **Pronomen** wie *sie*, *es* oder *alle*, die du nicht genau zuordnen kannst. In beiden Fällen hilft es dir, den zugehörigen Absatz noch einmal zu lesen. Dann kannst du die Bedeutung häufig aus dem **Zusammenhang erschließen**.
   > Unbekannte Wörter lassen sich zusätzlich im **Wörterbuch** nachschlagen.

3. **Stelle Fragen an den Text.** Formuliere zwei Warum- und zwei Wie-Fragen.

   Hinweis: Orientiere dich an den Textstellen, die du markiert und am Rand mit **?** gekennzeichnet hast.

   a) Warum-Fragen:
   _____
   _____
   _____
   _____
   _____

b) Wie-Fragen:

4. **Halte die Hauptinformationen jedes Absatzes fest.**
   a) Notiere sie stichpunktartig auf den Linien neben dem Text. Kläre dabei auch die Verständnisprobleme und Unklarheiten, die du bei Aufgabe 2 festgehalten hast.
   b) Gib Antworten auf die Wie- und Warum-Fragen, die du dir in Aufgabe 3 gestellt hast.

5. **Fasse die Hauptinformationen abschließend zusammen.**
   Berücksichtige auch deine Antworten auf die Wie- und Warum-Fragen aus Aufgabe 4.

6.2 Das Thema erfassen

Du solltest gleich beim **ersten Überfliegen** eines Textes herausbekommen, um welches **Thema** es geht. So kannst du die Fülle der Informationen leichter zuordnen. Stelle dir die Frage: *Worum geht es?*

Tipp

> Oft erkennst du das Thema an der **Überschrift** des Textes. Aber Achtung: Die Überschrift kann sich auch nur auf eine einzelne Textinformation beziehen. Bedenke, dass das Thema **zum ganzen Text** passen muss.

Übung 41 Bestimme die Themen der folgenden Texte. Beende die vorgegebenen Satzanfänge.

Text A

1 Er hieß Tom. Ob das sein richtiger Name war, wusste Lea natürlich nicht. Es konnte ja auch ein Nickname sein. Vor vier Wochen hatte sie angefangen, mit ihm zu chatten. Auf Anhieb hatte er
5 ihr gefallen: Er wirkte so offen, so ehrlich, so interessiert – und auch ein wenig neugierig. Über alles Mögliche hatten sie sich schon ausgetauscht: über Freunde, ihre Familien, ihre Sorgen, die Pläne für die Zukunft... Als sie dann aber vor drei
10 Tagen zum ersten Mal telefonierten, kam der Schock: Im Hintergrund war Kindergeschrei zu hören; kurz darauf kam ein Kind angerannt und rief aufgeregt: „Papa, Kevin ist hingefallen!" – Danach kam alles raus: Er war nicht 18, wie er
15 gesagt hatte, sondern 38, war verheiratet und hatte zwei Kinder. Er hatte sie einfach angelogen! Wieso hatte sie bloß nichts gemerkt?

Im Text geht es um ein Mädchen, das _____

_____

Text B

1 Michael war der Wortführer. Breitbeinig stand er da und musterte Sven aus zusammengekniffenen Augen: „Jetzt reiß dich mal zusammen, und sei kein Weichei!" Die anderen sahen Sven erwartungsvoll an. Er wusste: Wenn er sich jetzt wieder weigerte, Alkohol zu trinken, gehörte er nicht mehr dazu. Es würde ihn zwar keiner aus der Clique werfen,
5 aber er wäre doch irgendwie ein Außenseiter. Er blickte auf die offene Schnapsflasche in Michaels Hand und trat einen Schritt vor. Plötzlich musste er an seinen Vater denken und daran, wie er in seinem Fernsehsessel hing, die Augen blutunterlaufen und ins Leere gerichtet. Er sah die Flaschen auf dem Wohnzimmerteppich und den ernsten Gesichtsausdruck des Notarztes wieder vor sich. Sven straffte sich, sah Michael in die Augen und
10 schüttelte den Kopf: „Ein Weichei ist man doch nur, wenn man es nicht ohne Alkohol schafft, Mädchen anzusprechen."

Der Text handelt von _____

_____

Text C

1 Zunahme der Gewaltbereitschaft: Zwischenfälle mit prügelnden Kindern und Jugendlichen sind in den letzten Jahren deutlich häufiger vorgekommen. Wissen-
5 schaftliche Untersuchungen bestätigen, dass die Bereitschaft, Gewalt anzuwenden unter Kindern und Jugendlichen gestiegen ist. Damit verbunden ist ein erhöhtes Aggressionsniveau sowie gesunkene Hemm-
10 schwellen. Experten vermuten, dass der gestiegene Leistungsdruck in der Schule mitverantwortlich für diese Entwicklung ist.

Im Text geht es um _____

_____

Text D

1 Im Januar haben Unbekannte das Wahrzeichen der Firma Bahlsen von der Außenfassade des Konzerngebäudes in Hannover gestohlen. Bei dem Wahrzeichen handelt
5 es sich um einen überdimensionalen, vergoldeten Messingkeks. Wenige Tage später ging ein Erpresserbrief bei einer Hannoveraner Zeitung ein, in dem die Diebe das Unternehmen dazu aufforderten, alle Sta-
10 tionen eines Kinderkrankenhauses kostenlos mit Leibniz-Keksen zu versorgen sowie 1 000 € an ein Tierheim zu spenden. Falls sich das Unternehmen weigere, solle der Keks „bei Oskar in der Mülltonne"
15 landen. Bahlsen spendete nach Rückgabe des Kekses Tausende Kekse an gemeinnützige Organisationen.

Der Text berichtet über _____

_____

6.3 Wichtige Informationen erkennen

Beim **genauen Lesen** richtest du dein Augenmerk auf **Einzelheiten**. In der Regel bemerkst du viele von ihnen erst, wenn du den Text zum zweiten oder dritten Mal liest.

Entscheidend ist, dass du die **wesentlichen** Textinformationen erkennst. Wichtig sind vor allem Aussagen, die Auskunft über bedeutende **Fakten** oder **Handlungsschritte** geben. Daneben solltest du auch erkennen, an welchen Stellen **Gründe**, **Folgen** oder **Ziele** genannt werden. Nur so kannst du die entscheidenden **Zusammenhänge** verstehen.

Beispiele

Beispiele aus dem Text „(K)ein Arbeitsleben auf dem Abstellgleis" (S. 60 f.):
- Grund: *„Schule war ihr nicht wichtig."* (Z. 3/4)
- Folge: *„Nach der Grundschule kam Lena Herber auf eine Hauptschule."* (Z. 17/18)
- Ziel: *„Als Teenager wollte sie Fotografin werden."* (Z. 42/43)

Tipp

> Dort, wo Informationen in Form von **wörtlicher Rede** wiedergegeben werden, handelt es sich eher um ergänzende **Zusatzinformationen**. Für das Verständnis sind diese Textstellen zwar auch wichtig, aber sie gehören in der Regel nicht zu den Hauptinformationen.

Übung 42

Lies den folgenden Text und bearbeite anschließend die zugehörigen Aufgaben.

Waschen, schneiden, Weltmeister

1 Zwei Jahre hat Hagen Jurk sich gequält und die anderen auch. Der Friseurlehrling aus Mosbach ging nicht gerne zur Arbeit. Er hatte Angst, etwas falsch zu machen, 5 kam mit manchen Kollegen nicht klar. Kurz: Jurk, 21, war genervt vom Job als Haarschneider. „Ich hatte keinen Bock mehr, ließ einfach alles schleifen", sagt er heute. Im dritten Lehrjahr dann der Ent-10 schluss: Ausbildung hinschmeißen, zur Bundeswehr gehen. Als Jurk seinem Chef davon erzählte, fiel der aus allen Wolken. Der erfahrene Meister hoffte, dass der Lehrling bald aus seinem Tief wieder he-15 rauskommen würde. Denn er hatte großes Talent bei ihm erkannt. Er sollte recht behalten, und es sollte die Geschichte einer wundersamen Wandlung werden.

Das erste und zweite Lehrjahr waren 20 auch für Kern, seinen Lehrmeister, zäh: „Von Hagen kam nichts. Null Engagement." Anfang des dritten Lehrjahrs nahm er sich Jurk zur Brust, sagte ihm, dass er mit dieser Einstellung niemals ein guter 25 Friseur werden würde und er ihn deshalb nach der Ausbildung nicht übernehmen werde. Die Bewerbung bei der Bundeswehr war eine Trotzreaktion darauf, glaubt Jurk heute.

30 Es kam zu einem zweiten, intensiveren Gespräch. In dem erfuhr Jurk, dass sein Chef einmal Deutscher Meister im Friseurhandwerk war. Dann 1986 und 1987 sogar den Weltpokal gewonnen hatte. 35 Kern erzählte von dem tollen Gefühl, ganz oben zu stehen. Von Gänsehaut und Bewunderung. „Wenn du möchtest, zeige ich dir den Weg dorthin", bot er seinem Schützling an.

40 Jurk wusste bis dahin nicht, welch ausgewiesene Koryphäe[1] an der Schere sein Lehrherr war. „Ich war unglaublich stolz, weil dieser erfolgreiche Mann an mich glaubte", erzählt er. Der Bundeswehr 45 sagte er ab, seinem Chef zu. Der besorgte ihm ein Praktikum bei einem Hersteller von Hair-Styling-Produkten. Er bereitete Seminare vor, durfte zuhören und manchmal an Modellen unter fachkun-50 diger Anleitung schneiden. „Ich habe

[1] *Koryphäe: Könner, herausragender Fachmann*

richtig viel gelernt über Farbe, Pflege, Schnitt und Styling", sagt Jurk.

Nach vier Monaten kehrte er als Geselle zurück zu Kern. Tagsüber waschen, 55 schneiden, föhnen. Abends trainierte er für Wettbewerbe. Im Februar 2012 nahm Jurk zum ersten Mal an einem Wettbewerb teil. Er wurde Vierter, lernte den Trainer der deutschen Friseur-National- 60 mannschaft kennen.

Jurk wurde nominiert, trainierte montags, mittwochs und sonntags ganztägig in Darmstadt im Stützpunkt der Nationalmannschaft. An den anderen Tagen ar- 65 beitete er bei Kern in Heilbronn. Bei den Weltmeisterschaften der Friseure im Oktober 2012 in Mailand wurde Jurk Vizeweltmeister mit dem Juniorenteam, zugleich Vizeweltmeister in der Einzelwer- 70 tung. Jetzt stand er auf dem Treppchen. Bekam Gänsehaut und spürte Bewunderung.

Quelle: Peter Ilg: Waschen, schneiden, Weltmeister. SPIEGEL Online vom 17. 05. 2013; im Internet unter: http://www.spiegel.de/karriere/berufsstart/von-der-lehre-bis-zum-vizeweltmeister-im-friseurhandwerk-a-900080.html, aus didaktischen Gründen stellenweise gekürzt und geändert.

Aufgaben

1. Bestimme das Thema des Textes. Schreibe einen vollständigen Satz.

2. Lies den Text noch einmal gründlich durch und achte dabei auf Einzelheiten. Beantworte folgende Fragen jeweils mit einem vollständigen Satz.

   a) Warum wollte Jurk seine Ausbildung zum Friseur „hinschmeißen" (Z. 10)?

   b) Was hat ihn schließlich dazu bewogen doch weiterzumachen?

   c) Es heißt im Text, Jurks Ausbildung sei in den ersten beiden Jahren auch für seinen Lehrherrn „zäh" (Z. 20) gewesen. Warum war das so?

   d) Warum wollte der Friseurmeister trotzdem nicht, dass Jurk geht?

3. Ein Sprichwort lautet: *Jeder ist seines Glückes Schmied.* Findest du, dass dieses Sprichwort zu Jurk passt? Begründe deine Meinung.

6.4 Inhalte mit eigenen Worten wiedergeben

Wenn du eine Frage zu einem Text beantworten sollst, ist es wichtig, dass du den Inhalt des Textes mit **eigenen Worten** wiedergibst. Schreibe auf keinen Fall einfach wortwörtlich aus dem Text ab, sondern formuliere stattdessen **sinngemäße Aussagen**.

Beispiel
- ▸ Textstelle: *Die Zahl der Ausbildungsplätze ist aktuell im Steigen begriffen.*
- ▸ sinngemäß: *Die Zahl der Lehrstellen hat in letzter Zeit zugenommen.*

Indem du einzelne Textstellen in deine eigenen Worte „übersetzt", **weist** du **nach**, dass du einen Text **verstanden** hast. Wenn du dagegen nur einzelne Textstellen wortwörtlich herausschreibst, gibst du damit zu erkennen, dass du eigentlich gar nicht begriffen hast, worum es geht.

Übung 43 Lies den folgenden Text und bearbeite die zugehörigen Aufgaben.

Hals- und Beinbruch!

Wilde Autoverfolgungsjagden, halsbrecherische Sprünge von brennenden Dächern, lebensgefährliches Balancieren in schwindelerregender Höhe. Sie halten immer den Kopf hin, wenn gefährliche Szenen für Film und Fernsehen gedreht werden müssen. Die Rede ist von Stuntmen. Stunts verleihen den Actionstreifen die entsprechende Spannung, ohne die heute kaum ein Film mehr gedreht werden kann.

Die Stunts sind für Schauspieler in der Regel zu gefährlich. Deshalb braucht man Profis, die sich auf diese Szenen spezialisiert haben. Für eine solche Tätigkeit ist Sportlichkeit eine absolute Voraussetzung. Stuntmen sollten auch über ein gewisses Maß an schauspielerischem Talent verfügen, denn sie müssen oft längere Filmszenen übernehmen.

Wenn ein Auto im Film auf eine Menschengruppe zurast, sind die Personen, die zur Seite springen, immer Stuntmen. „Normale" Szenen im Film werden am Computer nachbearbeitet, geschnitten und so oft wiederholt, bis alles perfekt aussieht. Die Actionszenen müssen dagegen meist live gedreht werden. Damit alles möglichst auf Anhieb funktioniert, erfordern sie ein hartes Training. Das Timing bei den Szenen ist lebensnotwendig. Was todesmutig aussieht, ist das Ergebnis einer intensiven Ausbildung. Der Beruf ist heute immer mehr gefragt, weil es auch im Fernsehen häufiger Actionfilme gibt.

Teamfähigkeit wird bei Stuntmen großgeschrieben. Sie erleichtert die Arbeit und spart Zeit. Je besser sich ein Team kennt und aufeinander „eingespielt" ist, desto schneller können bestimmte Szenen fertiggestellt werden.

Wenn nämlich doch einmal etwas schiefgeht, sind schmerzhafte Knochenbrüche und Schürfwunden vorprogrammiert.

Deshalb ist es ganz wichtig, dass man sich auf seinen Partner verlassen kann. Für Stuntmen ist die Einschätzung des eigenen Könnens sehr wichtig. Profis heben hervor, dass sie mitunter auch „Nein" sagen, wenn bestimmte Grenzen überschritten werden und die Angst überwiegt. Nur durch das Vermeiden von unnötigem Risiko kann man die Verletzungsgefahr verringern.

Stuntmen sind gefragte Leute. Die meisten von ihnen arbeiten als Freiberufler[1], aber nur die wenigsten können davon wirklich leben. Dabei gilt der Grundsatz: Je vielseitiger man ist, desto mehr Aufträge bekommt man.

Quelle: Leon Winkelmeyer: Hals- und Beinbruch! Städtisches Presseblatt, 14.06.2020.

1 *Freiberufler: Menschen, die nicht in einem festen Angestelltenverhältnis sind, sondern auf Honorarbasis arbeiten.*

Aufgaben

1. Überlege, was die folgenden Sätze aussagen, und gib den Inhalt mit eigenen Worten wieder.

   a) Für eine solche Tätigkeit ist Sportlichkeit eine absolute Voraussetzung. (Z. 15–17)

   b) Das Timing bei den Szenen ist lebensnotwendig. (Z. 30–32)

   c) Was todesmutig aussieht, ist das Ergebnis einer intensiven Ausbildung. (Z. 32/33)

   d) Wenn nämlich doch einmal etwas schiefgeht, sind schmerzhafte Knochenbrüche und Schürfwunden vorprogrammiert. (Z. 43–45)

   e) Profis heben hervor, dass sie mitunter auch „Nein" sagen, wenn bestimmte Grenzen überschritten werden und die Angst überwiegt. (Z. 49–53)

   f) Die meisten von ihnen arbeiten als Freiberufler, aber nur die wenigsten können davon wirklich leben. (Z. 56–59)

6.5 Den Sinn von Textstellen erläutern

Manchmal wird dir ein Zitat aus einem Text vorgelegt, das du **deuten** sollst. Dann musst du den Sinn der Textstelle erklären, indem du **mit eigenen Worten** sagst, welche Schlüsse man daraus ziehen kann. Gehe so vor:

Schritt für Schritt

Textaussagen deuten

Arbeitsschritt **1** **Markiere die Textstelle.** Suche die gegebene Stelle im Text und markiere sie.

Arbeitsschritt **2** **Unterstreiche die aussagekräftigen Wörter der Textstelle.** Dabei handelt es sich in der Regel um die Wörter, aus denen sich etwas ableiten lässt, z. B. über die Gefühle einer Person, über ihre Ziele oder Ähnliches.

Arbeitsschritt **3** **Lies den zugehörigen Absatz noch einmal genau durch.** Meist findest du im unmittelbaren Umfeld weitere Hinweise darauf, wie die Textstelle zu verstehen ist.

Beispiel

In einem Text heißt es: *Benjamin ballt die Fäuste in den Hosentaschen, presst die Lippen aufeinander und starrt auf den Boden. Er versucht, ruhig zu atmen.*

→ Aus der Textstelle kann man herauslesen, dass Benjamin innerlich vor Wut kocht. Dass er sich dies nicht anmerken lassen will, erkennst du daran, dass er die Lippen zusammenpresst, um sich nicht zu einer unbedachten Äußerung hinreißen zu lassen. Auch vermeidet er den Blickkontakt mit anderen, indem er zu Boden schaut. Zugleich will er sich beruhigen, weil er sich darum bemüht, wieder langsamer zu atmen.

Übung 44

Lies den folgenden Text und bearbeite anschließend die zugehörigen Aufgaben.

Surfer

1 *Work and Travel: eine Kombination aus Arbeit und Reise*

₁ „Du wirst so was von absaufen", sagt Achim.

„Quatsch, das funktioniert. Ist doch aus Holz, oder? Du hast einfach keine ₅ Fantasie, keine Visionen, Mann", entgegnet Hübi und schleppt die Bierbank runter zum See. Achim bleibt stehen, als wären Hübis Worte ein unsichtbares Hindernis, gegen das er plötzlich geprallt ₁₀ ist. Stimmt es, ist seine Perspektive zu eingeschränkt? Hat er keine Visionen, weil er auf dem Hof seines Vaters schuftet, statt beim Work and Travel[1] auf der Farm eines Fremden, wie Hübi es bald ₁₅ tun wird?

„Komm schon, ich muss doch üben, für Australien!", ruft Hübi.

Die anderen liegen schon in den Zelten und pennen, nur sie beide sind noch ₂₀ wach. Achim trinkt noch einen Schluck

aus seiner Dose, es schmeckt wie flüssiger Sommer. Unten am Ufer macht Hübi Trockenübungen für die richtige Surferhaltung. Achim stellt sich dazu und übt
25 mit. Sie gleiten zusammen durch die Nacht.

„Jetzt sind wir so was von bereit zum Surfen, Mann", sagt Hübi schließlich. „Los, du zuerst." „Wieso ich? Du fährst
30 doch nach Australien."

„Eben", entgegnet Hübi.

In Boxershorts watet Hübi ins Wasser, die Bierbank unter dem Arm. Besonders weit raus kann er nicht gehen, das Ufer
35 fällt schon nach wenigen Metern steil ab, dann kommt das tiefe Wasser. Hübi legt die Bierbank behutsam auf die schwarze Haut des Sees. Die Bank schwimmt tatsächlich.

40 „Du musst Anlauf nehmen, damit du richtig Schwung kriegst", erklärt Hübi und hält die Bank in Position.

Also nimmt Achim Anlauf, stößt sich vom matschigen Ufer ab, springt und
45 landet mit den Armen rudernd auf der Bierbank. Nein, auf dem Surfbrett, denn das Ding schießt, von Achims Schwung getragen, hinaus auf den See. Während Hübi hinter ihm seinen Triumph in die
50 Nacht hinausschreit, nimmt Achim Surferhaltung ein. Doch dann spürt er, wie die Bierbank unter ihm wegkippt. Achim platscht ins Wasser. In Australien haben die Surfer Schnüre um den Knöchel, da-
55 mit sie ihre Bretter auch bei hohem Wellengang nicht verlieren. Doch Achim hat keine Schnüre um den Knöchel. Fluchend und Wasser strampelnd sucht er nach der Bierbank, doch sein Surfbrett ist
60 in der Dunkelheit verschwunden.

In Australien gibt es das Great Barrier Reef, das größte Korallenriff der Welt. „Wie Gärten unter dem Meer, wie Städte, in denen Tausende verschiedene Fischar-
65 ten wohnen", erzählt Hübi immer. „Es ist ein Wunder, Achim", sagt er. „Stell dir vor, ich werde ein echtes Wunder sehen!"

Achim schwimmt zurück ans Ufer, das Wasser um ihn ist von Sternen gesprenkelt, und für einen Augenblick kann er
70 sich vorstellen, wie es ist, im Pazifischen Ozean zu treiben, in fremden Strömungen voller Wunder.

Am Ufer wartet Hübi mit einem
75 Handtuch und einer Dose Bier. Sie sitzen auf den Campingstühlen um den verglühenden Grill, […] und reden über Australien, bis es langsam wieder hell wird.

Achim wird von den Stimmen und
80 dem Lachen der anderen geweckt. […] Im Gras verstreut liegen zerbeulte Dosen, Plastikbesteck, dazwischen zertretene Chips.

Seine Clique kommt schon seit drei
85 Jahren an den See. Jeden Sommer für ein Wochenende. Normalerweise lassen sie es am Sonntag ruhig angehen, anstatt sofort aufzuräumen und die Zelte abzubauen.

90 „Was soll denn die Hektik?", fragt Achim und streckt die steifen Muskeln. […] Aber sie hören nicht auf ihn, sie haben ja so viel zu tun, müssen sich noch für Studienplätze bewerben oder WGs
95 suchen oder für Australien packen.

Vielleicht schreiben sie ihm mal eine Postkarte aus ihrem neuen Leben.

Achim starrt auf das übrig gebliebene Grillfleisch von gestern das in der Sonne
100 liegt. Obwohl sein Kopf hämmert, macht er sich ein Radler auf. Es schmeckt schal.

Eines der Mädchen sammelt die leeren Dosen in einen Plastiksack. Das gibt bestimmt eine Menge Dosenpfand. „Könnt
105 ihr mal aufhören, aufzuräumen?", brüllt Achim und stößt den Sack um, sodass die Dosen herauskullern.

Das Mädchen starrt ihn an, dann beginnt es, die Dosen erneut in den Sack zu
110 stopfen.

Achim schließt die Augen.

Nach gut einer Stunde ist der Zeltplatz kein Zeltplatz mehr, sondern nur noch eine zerdrückte Wiese. Mit dem nächsten
115 Regen werden sich die Halme wieder aufrichten und ihren Besuch vergessen.

Nur Achims Zelt steht noch da. Die anderen Zelte sind in Säcke verpackt und in Autos verladen.

120 „Tja", sagt Hübi. „Dann muss ich auch mal. Die andern warten. Kommst du klar?"

Achim macht eine Kopfbewegung, die ein Nicken sein kann.

125 „Ich wünschte, du würdest mit nach Australien kommen", sagt Hübi plötzlich. „Ich hab ganz schön Schiss."

Achim weiß nicht, was er darauf antworten soll, also rülpst er erst mal und 130 sagt dann: „Wird schon, du bist doch ein Surfer."

„Ja, aber du auch", erwidert Hübi. „Vergiss das nicht, wenn ich weg bin." Während er zu den Autos hinübergeht, 135 ruft er Achim über die Schulter hinweg zu: „Ich bring dir ein richtiges Brett aus Australien mit, dann versuchen wir's noch mal!"

Achim sitzt auf seinem Campingstuhl 140 und schaut hinaus auf den stillen See. Irgendwo da draußen treibt eine Bierbank, die eigentlich ein Surfbrett ist.

Quelle: Marlene Röder: Surfer. In: Dies.: Melvin, mein Hund und die russischen Gurken. Ravensburger Buchverlag 2011, S. 123–126. Aus didaktischen Gründen leicht gekürzt.

Aufgaben

1. „Stimmt es, ist seine Perspektive zu eingeschränkt?" (Z. 10/11) Stelle dar, wer sich diese Frage stellt, und erkläre, warum er das tut. Beziehe dich auf den Textzusammenhang.

2. „Während Hübi hinter ihm seinen Triumph in die Nacht hinausschreit, nimmt Achim Surferhaltung ein." (Z. 48–51) Erkläre, was diese Textstelle über jeden der beiden Jungen aussagt.

3. „Vielleicht schreiben sie ihm mal eine Postkarte aus ihrem neuen Leben." (Z. 96/97). Beschreibe, was diese Aussage über Achims Zukunft aussagt – und über die seiner Freunde.

4. „Kommst du klar?" (Z. 121/122), fragt Hübi. Erkläre, warum Hübi seinem Freund Achim diese Frage stellt.

6.6 Den Inhalt eines Textes in wenigen Sätzen zusammenfassen

Um zu zeigen, dass du einen Text verstanden hast, wirst du oft auch aufgefordert, dessen Sinn mit wenigen Sätzen zusammenzufassen. Dann musst du die **wesentlichen Informationen** herausfiltern und mit eigenen Worten in knapper Form wiedergeben. Halte dabei diese **Reihenfolge** ein:

1. Am **Anfang** nimmst du eine **Gesamtschau** vor: Nenne das **Thema**, um das es im Text geht. Bei einem literarischen Text ist das in der Regel ein Problem oder ein Konflikt, den die Hauptfigur bewältigen muss. Dagegen geht es bei einem Sachtext um einen Ausschnitt aus dem realen Leben, zu dem der Verfasser oder die Verfasserin neue Erkenntnisse oder eine bestimmte Entwicklung vermittelt.

2. **Danach** gehst du auf **Einzelheiten** ein. Bei einem literarischen Text beschreibst du mit vier, fünf Sätzen den **Ablauf der Handlung**. Bei einem Sachtext musst du die **entscheidenden Informationen** zusammentragen, die im Text über das **Thema** mitgeteilt werden. Zähle die einzelnen Inhalte aber nicht einfach bloß auf, sondern achte darauf, Zusammenhänge deutlich zu machen. Verwende dafür Konjunktionen (*nachdem, weil, als, obwohl …*) oder Adverbien (*anschließend, dann, vorher, trotzdem …*).

Hinweis: Mit einer solchen Zusammenfassung sollst du vor allem dein Textverständnis unter Beweis stellen. Eine vollständige Inhaltsangabe brauchst du nicht zu schreiben. Du musst also keine Einleitung verfassen, in der du die Textsorte, den Titel und den Namen des Verfassers oder der Verfasserin nennst. Auch brauchst du keinen richtigen Schlussabsatz zu schreiben. (Du kannst es natürlich trotzdem tun, es wird aber nicht unbedingt von dir erwartet.) Wichtig ist aber, dass du in deiner Zusammenfassung – wie bei einer Inhaltsangabe – das **Präsens** benutzt. (Bei Vorzeitigkeit nimmst du das **Perfekt**.)

Es geht um ein junges Mädchen namens Lisa, das im Fach Mathematik lange Zeit Schwierigkeiten gehabt hat. Eines Tages bietet ihr eine Freundin an, die Hausaufgaben mit ihr immer gemeinsam zu machen. Das ist eine große Hilfe für Lisa. Ihre Leistungen im Fach Mathematik verbessern sich sofort …

Beispiel

Auf einen Blick

Mit diesen Konjunktionen und Adverbien kannst du Zusammenhänge aufzeigen	
Aufzählung	auch, außerdem, ebenso, darüber hinaus, sowie, und, zudem
Art und Weise	indem
Grund	daher, darum, deshalb, denn, somit, weil
Bedingung	falls, wenn
Gegensatz	aber, allerdings, dagegen, obwohl
Folge	dass, sodass
zeitliche Reihenfolge	als, anschließend, danach, davor, schließlich, während
Ziel	damit, um … zu

Interaktive Aufgaben: Den Inhalt zusammenfassen

Übung 45 | **Aufgaben**

1. Die folgende Zusammenfassung des Textes „Waschen, schneiden, Weltmeister" (S. 66 f.) ist inhaltlich zwar richtig, aber die einzelnen Aussagen wirken wie eine Aufzählung. Überarbeite den Text und stellte dabei Zusammenhänge her.

Thema des Textes	Es geht um einen jungen Mann namens Hagen Jurk. Er hat das Friseurhandwerk erlernt. Er ist in seinem Beruf Vizeweltmeister geworden.
Einzelheiten	Hagen hat während seiner Ausbildung am Anfang große Schwierigkeiten. Er will schon aufgeben. Sein Chef hat seine Begabung aber erkannt. Er führt ein Gespräch mit ihm und erzählt ihm von seiner eigenen Laufbahn. Er macht ihm Mut. Hagen Jurk nutzt die Chance. Er entwickelt Ehrgeiz und trainiert hart. Am Ende hat er großen Erfolg.

2. Lies noch einmal den Text „(K)ein Arbeitsleben auf dem Abstellgleis" (S. 60 f.) und fasse dessen Inhalt mit wenigen Sätzen zusammen.

6.7 Synonyme und Fremdwörter finden

Um nachzuweisen, dass du einen Text genau verstanden hast, sollst du manchmal auch die Bedeutung ausgewählter Wörter in einem Text bestimmen. Von Interesse sind dabei **Wörter mit besonderem Sinn** und **Fremdwörter**:

▶ Ein **besonderer Sinn** liegt bei Wörtern immer dann vor, wenn sie nicht alltäglich sind. Zu Wörtern wie *verraten* oder *winzig* oder *Villa* entwickelt man z. B. eine besondere Vorstellung. Welche das ist, sollst du sagen. (Um alltägliche Wörter wie *sagen* oder *klein* oder *Haus* geht es nicht.)

Der Junge wurde von seinen Freunden überzeugt / überredet / überstimmt.

Hier verändert die Wahl des Hauptverbs den Sinn erheblich: Wurde jemand von etwas **überzeugt**, dann hat er aufgrund von überzeugenden Argumenten **eine Einsicht gewonnen**. – Wurde er **überredet**, dann hat er sich einfach nur **angepasst**, ohne wirklich zu verstehen, warum. – Und wurde er **überstimmt**, dann hat er sich der Meinung **der Mehrheit untergeordnet**.

▶ **Fremdwörter** sind dagegen Wörter, deren Ursprung in einer anderen Sprache liegt. Heutzutage stammen die meisten Fremdwörter aus dem Englischen, z. B. *downloaden* oder *Hit*. In früheren Zeiten wurden Fremdwörter vor allem aus dem Griechischen oder Lateinischen übernommen, später auch aus dem Französischen oder anderen Sprachen.

Hinweis: Es gibt im Deutschen viele Fremdwörter, die man als solche kaum noch erkennt, weil man sie schon lange benutzt. Bei genauer Betrachtung merkt man aber, dass sie doch aus einer anderen Sprache übernommen wurden. Das gilt z. B. für *Theater* und *Bibliothek* (ursprünglich griechisch) und für *Zirkus* oder *Globus* (ursprünglich lateinisch).

In der Prüfung wird von dir nicht immer erwartet, dass du den Sinn einzelner Wörter selbst ausführlich erläuterst. Auch musst du nicht sagen können, aus welcher Sprache ein Fremdwort stammt. Vielmehr werden dir bestimmte Wörter vorgelegt – und du sollst im Text Wörter finden, die eine gleiche (oder sehr ähnliche) Bedeutung haben. Man nennt solche Wörter **Synonyme**.

Du wirst aufgefordert, im Text nach einem Fremdwort zu suchen, das die gleiche Bedeutung hat wie das Wort *Folgen*. – Es steckt in dieser Textstelle:

Amira hat schon wieder keine Hausaufgaben gemacht. Wenn das so weitergeht, wird das Konsequenzen haben.

Gesucht ist hier nach dem Wort „Konsequenzen"; dieses Fremdwort hat die gleiche Bedeutung wie das Wort „Folgen".

> **Orientiere dich** bei diesem Aufgabentyp **am Inhalt des Textes**. Frage dich, in welchem Abschnitt das gesuchte Wort stehen könnte. Dann kannst du gleich gezielt danach suchen. Andernfalls müsstest du jedes Mal den ganzen Text noch einmal lesen, um es zu finden.

Übung 46 Lies den folgenden Text und bearbeite die zugehörigen Aufgaben.

Hinsehen

Für Wenzel Michalski ist es blanker Hohn. An der Friedenauer Gemeinschaftsschule in Berlin hängt immer noch das Schild „Schule ohne Rassismus – Schule mit Courage". Dort, wo sein Sohn monatelang von Mitschülern antisemitisch beschimpft und geschlagen wurde. „Juden sind alle Mörder" war eine der Feindseligkeiten, die sein damals 14-jähriger Sohn [...] zu hören bekam. Eine andere: „Ich kann nicht mit dir befreundet sein, weil du Jude bist." Es blieb nicht bei solchen Sprüchen, Michalskis Sohn wurde bedroht, getreten und gewürgt. Auch Schüler aus höheren Klassen setzten ihm nach. Zum Schluss zielte einer mit einer Pistole auf ihn – und drückte ab. Eine Attrappe.

Was kommt als Nächstes, fragten sich die Michalskis. Ein Messer? Eine echte Knarre? „Nach der Sache mit der Pistole hatte unser Sohn Angst um sein Leben. Wir ehrlich gesagt auch." [...]

Wie ist es möglich, dass sich der Hass gegen Juden heute wieder so unverhohlen äußert? Allein in Berlin kommt es jeden Tag im Schnitt zu fast drei antisemitischen Vorfällen: Kippaträger werden auf offener Straße angegriffen, im Netz lassen Antisemiten ihrem Hass auf Juden zunehmend freien Lauf, wie eine aktuelle Studie der TU Berlin zeigt. Und Lehrer berichten, dass „Jude" auf den Pausenhöfen ein geläufiges Schimpfwort ist. Genau wie „Spast", „Schoko" oder „Kartoffel".

[...] so viel ist klar: Mobbing kann jeden treffen. Nadine, weil sie eine Brille trägt, Jonas, weil er stottert, Fatimah, weil sie sich ein Kopftuch umbindet. Es beginnt mit Hänseleien im Klassenzimmer und endet oft mit körperlicher Gewalt – oder in unsichtbarer wie beim Cybermobbing. Dann ist nicht die Faust die Waffe, sondern das Smartphone. Und damit wird das Mobbing räumlich und zeitlich ausgedehnt. Nach der Schule geht es dann erst richtig los.

Wie traumatisch das für die Betroffenen sein kann, weiß Uwe Jacobs. Der Schulleiter des Berliner Marie-Curie-Gymnasiums hatte vor Kurzem zum ersten Mal mit Cybermobbing zu tun. Eine Achtklässlerin war von mehreren Mitschülerinnen über Wochen in sozialen Netzwerken bloßgestellt worden. Jacobs merkte, wie schwer es dem Mädchen fiel, über das Vorgefallene zu sprechen. [...]

Wie häufig es tatsächlich an Schulen zu Mobbing kommt, kann nur geschätzt werden. Systematisch wird das bislang nirgends erfasst. Die meisten Bundesländer schreiben den Schulen zwar vor, Gewalttaten zu melden sowie bei strafrechtlich relevanten Vorfällen die Polizei zu informieren, Mobbing fällt aber nicht unter diese Pflicht. Umfragen legen jedoch nahe, dass es weit verbreitet an deutschen Schulen ist [...].

Quelle: Ralf Pauli, Hinsehen, in: fluter, 18.12.2018. Im Internet unter: https://www.fluter.de/mobbing-in-schulen

Aufgaben

1. Suche im Text „Hinsehen" nach Wörtern mit **ähnlicher Bedeutung** und schreibe sie auf.

    a) Schusswaffe: _____

    b) geradeheraus, unumwunden: _____

c) erweitert, ausgeweitet: _____

d) blamiert, vorgeführt: _____

e) angenommen, gemutmaßt: _____

f) Untersuchungen: _____

2. Finde im Text **Fremdwörter**, die vom Sinn her diesen deutschen Wörtern entsprechen:

   a) Mut: _____

   b) judenfeindlich: _____

   c) Nachbildung: _____

   d) seelisch verletzend: _____

   e) gezielt, planmäßig: _____

   f) wichtigen: _____

6.8 Unbekannte Wörter erschließen

Wenn du einen Text liest, musst du immer davon ausgehen, dass du hin und wieder auf Wörter stößt, deren **Bedeutung du nicht** – oder nicht genau genug – **kennst**. Das wirst du besonders bei Sachtexten erleben. Wichtig ist, dass du solche Wörter nicht überliest, denn du wirst einen Text nur dann richtig verstehen, wenn du weißt, was jeder einzelne Ausdruck bedeutet.

Wie also gehst du vor, wenn du beim Lesen merkst, dass du keine klare Vorstellung vom Sinn eines bestimmten Wortes hast? Wichtig ist, dass du dich dadurch nicht verunsichern lässt. Am besten verfährst du so:

Die Bedeutung unbekannter Wörter entschlüsseln

Arbeitsschritt **1**	**Markiere** beim ersten Lesen eines Textes **jedes Wort, dessen Bedeutung dir nicht ganz klar ist**.
Arbeitsschritt **2**	Suche nach anderen **Wörtern aus der gleichen Wortfamilie**. Überlege, welche Übereinstimmungen es im Sinn zwischen ihnen gibt.
Arbeitsschritt **3**	Sieh dir im Text das **unmittelbare Umfeld** an, in dem das Wort steht. Oft erhältst du so einen weiteren Hinweis zum Sinn. Stelle eine erste **Vermutung zur Bedeutung** des Wortes an.
Arbeitsschritt **4**	Lies nun das **weitere Umfeld** rund um dieses Wort noch einmal durch. Überlege, ob du dort ein **Synonym** für dieses Wort findest, also ein Wort mit ähnlicher Bedeutung. Damit bekommst du eine erste Bestätigung zu der Vermutung, die du bei Schritt 3 angestellt hast.
Arbeitsschritt **5**	**Überprüfe mithilfe des Wörterbuches**, ob deine Vermutung richtig ist. In der Prüfung darfst du ja ein Wörterbuch benutzen – und die Bedeutung schwieriger Wörter ist darin oft erklärt. Wenn es im Wörterbuch mehr als eine Bedeutungserklärung gibt, musst du schauen, welche davon am besten in das Umfeld passt, in dem das Wort steht.

Schritt für Schritt

Übung 47 Lies den folgenden Text und bearbeite die zugehörige Aufgabe.

Da kommt was

Eines kann man mit ziemlicher Sicherheit prognostizieren: Bis 2050 wird es in Deutschland im Sommer um 1,5 bis 2,5 Grad wärmer sein als noch 1990, im Winter 1,5 bis 3 Grad Celsius. Gleichzeitig wird die Niederschlagsmenge im Sommer bis zu 40 Prozent abnehmen und während des Winterhalbjahres bis zu 30 Prozent zunehmen. Das bedeutet: heißere, trockenere Sommermonate und mildere Herbste und Winter, in denen es oft regnet und wenig schneit. Auch Dürren, Starkregen oder Stürme werden häufiger auftreten.

Für viele Tiere, insbesondere Schmetterlinge, Weichtiere und Käfer, bedeutet der Klimawandel ein enormes Risiko, weil sie empfindlich auf Veränderungen reagieren. Andere profitieren vom zu erwartenden Temperaturanstieg, was wiederum für uns Menschen ein Risiko sein kann: Zecken, die das FSME-Virus übertragen, könnten sich fortan auch in Norddeutschland ausbreiten. […]

Noch direkter wirkt sich der Klimawandel durch die zu erwartenden Hitzewellen auf unsere Gesundheit aus. Bei der Hitzewelle von 2003 starben europaweit bis zu 70.000 Menschen zusätzlich. Vorerkrankte, Alte und Kinder leiden besonders darunter, gerade wenn sie in der Stadt leben. Hier kann es nämlich um die 10 Grad heißer werden, was sich zusammen mit schlechter Luftqualität bei Herz-Kreislauf- und Lungenerkrankten fatal auswirken kann. So starben während einer Hitzewelle 1994 in einigen Bezirken Berlins bis zu 70 Prozent mehr Menschen als sonst im Zeitraum üblich.

Abgesehen von Winzern hierzulande, die von höheren Temperaturen profitieren, weil sie Reifegrad und Qualität ihrer Weine zugutekommen, werden Landwirte voraussichtlich ebenfalls mit Widrigkeiten zu kämpfen haben. Extremwetterlagen wie Spätfrost, Dürre und Hagel können die Ernte zerstören. So führte die Dürre 2018 im Getreideanbau zu enormen Ernteeinbußen, die deutschlandweit einem Schaden von 770 Millionen Euro entsprachen.

Anderswo, insbesondere in Ländern des globalen Südens, birgt der Klimawandel noch weitaus verheerendere Konsequenzen, die schon heute spürbar sind. Auch das wird einen Effekt auf Deutschland haben, nicht zuletzt durch die vielen Menschen, die ihre Heimat aus Not verlassen: Es gibt Prognosen, nach denen bis 2050 über 140 Millionen Menschen wegen des Klimas auf der Flucht sein sollen.

Als wäre das nicht schon genug, werden Stadtmenschen stärker von Hochwasser betroffen sein, denn bei Starkniederschlag kann das Regenwasser durch asphaltierte Straßen und Bürgersteige nur schlecht versickern. Auch an der Küste kann es vermehrt zu Hochwasser kommen. […].

Quelle: Nikita Vaillant, Da kommt was, in: fluter, 30.06.2021. Im Internet unter: https://www.fluter.de/klimawandel-risiken-deutschland

Aufgabe

Lies den Text „Da kommt was" und erschließe den Sinn der Wörter, die darin unterstrichen sind. Verfahre dabei nach der Schritt-für-Schritt-Anleitung (ab Schritt 2). Ein Beispiel ist vorgegeben.

prognostizieren (Z. 2) — Beispiel

- **Wörter aus der gleichen Wortfamilie:** Prognose, prognostizierbar
- **Unmittelbares Umfeld:** „Bis 2050", also in Zukunft
- **Weiteres Umfeld:** „vom zu erwartenden Temperaturanstieg": ein Temperaturanstieg, der zu erwarten ist, also kommen wird
- **Bedeutung laut Wörterbuch:** erwarten, vorhersagen

7 Besonderheiten bei Sachtexten

Wie du weißt, beziehen sich Sachtexte auf **tatsächliche Sachverhalte** in der Vergangenheit oder Gegenwart. Manchmal behandeln sie auch Sachverhalte, deren zukünftiges Eintreten sehr wahrscheinlich ist (wie z. B. der Klimawandel). Der Verfasser eines Sachtextes denkt sich nichts aus, sondern stellt nur dar, was er über ein Thema weiß.

7.1 Die Absicht des Verfassers erkennen

Es ist wichtig, dass du durchschaust, welche **Absicht** ein Verfasser mit seinem Text verfolgt, denn nur wenn dir das gelingt, kannst du den Text richtig verstehen.

Auf einen Blick

Absichten des Verfassers	
informieren	Der Verfasser formuliert seine Informationen **sachlich** und **neutral**.
kommentieren	Er sagt klar, was er über ein Thema denkt, und äußert **seine Meinung** dazu.
appellieren	Er **fordert** den Leser dazu **auf**, etwas zu tun oder zu unterlassen.
anleiten	Er **erklärt Schritt für Schritt**, wie man vorgehen muss, um etwas zu tun.
unterhalten	Der Verfasser will, dass der Leser beim Lesen **Vergnügen** oder Spannung empfindet.

Tipp

> Manche Autoren verfolgen mit ihren Texten **mehrere Absichten**. Beispielsweise wird der Verfasser eines Sachbuchs wahrscheinlich Wert darauf legen, dass sich seine Leser beim Lesen nicht nur informiert, sondern auch unterhalten fühlen. Frage dich in diesem Fall, **welche Absicht bedeutsamer** ist: die der Information oder die der Unterhaltung?

Übung 48 Welche Absicht verfolgt der Verfasser? Ordne passend zu, indem du die Buchstaben in die linke Spalte einträgst.

A. informieren   B. appellieren   C. unterhalten
D. kommentieren   E. anleiten

Absicht	Der Verfasser ...
	erzählt sehr anschaulich und lebendig von seinen Erlebnissen während einer Reise in die Türkei.
	teilt den Leser*innen mit, dass es am frühen Morgen bei dichtem Nebel auf der Autobahn A 10 zu einer Massenkarambolage gekommen ist.
	erklärt den Leser*innen, wie sie vorgehen müssen, um bei einem neuen Fernseher die einzelnen Sender zu programmieren.
	kritisiert, dass es immer wieder Zugausfälle im S-Bahn-Verkehr gibt.
	rät den Leser*innen, in der kalten Jahreszeit auf angemessene Kleidung zu achten.

7.2 Textsorten unterscheiden

Nicht immer gibt ein Verfasser direkt zu erkennen, welche Absicht er mit einem Text verfolgt. Dann musst du das anhand der Darstellung erschließen. Jede Textsorte weist nämlich **bestimmte Merkmale** auf.

> Wenn du die wesentlichen **Textsorten** sicher unterscheiden kannst, hilft dir das beim Verstehen, denn dann weißt du, welche Merkmale bestimmte Texte haben, und kannst gezielt darauf achten.

▶ **Bericht**
Mit einem Bericht wird **sachlich** und **neutral** über einen Sachverhalt, z. B. über ein Ereignis wie die Bundestagswahl, **informiert**. Es wird nur gesagt, was geschehen ist. Der erste Abschnitt beantwortet diese vier **W-Fragen:** *Wer? Was? Wo? Wann?* Im zweiten Abschnitt werden genauere Auskünfte erteilt, um auch die Fragen nach dem *Wie?* und *Warum?* zu beantworten. Berichte stehen in der Regel im **Präteritum**.

▶ **Reportage**
Eine Reportage **informiert** ebenfalls über ein Thema. Die Darstellung wirkt jedoch nicht so nüchtern und sachlich wie in einem Bericht, sondern **anschaulich** und **lebendig**. Der Verfasser richtet seinen Blick abwechselnd auf grundlegende Sachverhalte (z. B. auf die allgemeine Lage einer Bevölkerungsgruppe) und auf veranschaulichende Einzelfälle (z. B. die persönliche Lage einer Familie). Reportagen sind üblicherweise im **Präsens** verfasst. Dadurch wird der Eindruck erweckt, dass der Verfasser direkt vor Ort ist.

▶ **Interview**
Ein Interview gibt den Ablauf eines Gesprächs in Form eines **Dialogs** wieder: Ein Vertreter der Zeitung stellt einer Person Fragen, die diese beantwortet. Sowohl die Fragen als auch die Antworten werden abgedruckt. Damit das Interview natürlich wirkt, werden **umgangssprachliche Äußerungen** manchmal nicht „geglättet".

▶ **Kommentar**
Mit einem Kommentar äußert der Verfasser seine **Meinung** zu einem Thema. Oft erinnert er den Leser zunächst an ein Ereignis oder eine Entwicklung, indem er noch einmal kurz das Wesentliche zusammenfasst oder auf den aktuellen Stand verweist. Danach sagt er, was er darüber denkt, und nennt die wesentlichen Gründe für seine Meinung. Die meisten Kommentare enthalten **eher Kritik als Lob**. Meinungsäußerungen stehen in der Regel im **Präsens**.

▶ **Glosse**
Mit einer Glosse äußert der Verfasser – ähnlich wie mit einem Kommentar – seine **Meinung** zu einem **aktuellen Thema**. Im Unterschied zum Kommentar ist die Glosse aber zugleich **kritisch** und **humorvoll**. Oft übertreibt der Verfasser in seiner Darstellung. Gegen Ende gibt es meist eine **überraschende Wende** (eine Pointe). Glossen können im **Präteritum** oder im **Präsens** stehen.

Digitales Glossar: Begriffe nachschlagen

Tipp

Merkmale der verschiedenen Sachtextsorten

Teil C: Lesen

Übung 49 — Welches Merkmal passt zu welcher Textsorte? Kreuze entsprechend an.

Hinweis: Einige Merkmale lassen sich mehr als einer Textsorte zuordnen.

Die Darstellung …	Bericht	Reportage	Interview	Kommentar	Glosse
a) wirkt anschaulich.	☐	☐	☐	☐	☐
b) wirkt sachlich und neutral.	☐	☐	☐	☐	☐
c) wirkt humorvoll.	☐	☐	☐	☐	☐
d) wirkt kritisch.	☐	☐	☐	☐	☐
e) wirkt übertrieben.	☐	☐	☐	☐	☐
f) zeigt die Meinung des Autors.	☐	☐	☐	☐	☐
g) erfolgt meist im Präteritum.	☐	☐	☐	☐	☐
h) erfolgt in der Regel im Präsens.	☐	☐	☐	☐	☐
i) strebt auf einen überraschenden Wendepunkt zu.	☐	☐	☐	☐	☐
j) entspricht der eines Dialogs.	☐	☐	☐	☐	☐
k) bezieht sich auf Einzelfälle, aber auch auf Grundsätzliches.	☐	☐	☐	☐	☐
l) enthält auch Umgangssprache.	☐	☐	☐	☐	☐

Übung 50 — Die folgenden Texte befassen sich alle mit dem Thema „Graffiti". Bestimme die Textsorte und notiere jeweils die Merkmale, an denen du sie erkannt hast.

Text A

Polizei fasst Graffiti-Sprayer

Von einer zivilen Fußstreife wurden am Mittwochabend im Parkhaus an der Hindenburgstraße drei jugendliche Graffiti-Sprayer auf frischer Tat ertappt.

Die beiden Polizeibeamten waren gegen 19.20 Uhr auf ihrem Streifenweg in Richtung Fußgängerzone unterwegs und bemerkten im Treppenhaus die drei Jugendlichen, die gerade dabei waren, mithilfe von Farbsprühdosen die Innenwände des Parkhauses zu verunzieren. Die sichtlich verdutzten Jungen, zwei 15-Jährige aus Meinersen und Weyhausen sowie ein 16-Jähriger aus Gifhorn, ließen sich widerstandslos festnehmen. Bei der Durchsuchung ihrer mitgeführten Sachen fanden die Beamten umfangreiches Material in Form von Spraydosen, Stiften und Datenträgern mit Fotos vermutlich weiterer Tatorte. Die Ermittlungen hierzu dauern an.

Quelle: Thomas Reuter, Polizeiinspektion Gifhorn, 05.01.2017. Im Internet unter: http://www.presseportal.de/blaulicht/pm/56517/3528024

Textsorte: _____

Merkmale: _____

Text B

Graffiti-Urgestein Loomit

Matthias Köhler, besser bekannt als Loomit, ist Sprayer der ersten Graffiti-Generation in Deutschland. Heute verdient Loomit mit Street Art[1] sein Geld. Ein Gespräch über die Kommerzialisierung[2] der Szene.

HP: Was ist dein Anspruch an deine Werke und deine Motivation dahinter?
Loomit: Es geht mir darum, dass ich als Graffiti-Sprüher Plätze im öffentlichen Raum besetze. Das ist der ganz normale Graffiti-Anspruch. Man möchte möglichst viele Leute erreichen – oder auf riesengroße Wände sprühen. Eine wirkliche Message[3] haben die wenigsten Graffitis. Das sind dann eher die Betrachter, die tiefphilosophische Ansätze zu den Bildern haben.

HP: Wenn jemand ein Graffiti auf eine Leinwand sprüht und diese in ein Museum hängt, ist das dann noch Street Art?
Loomit: Nein, das ist etwas anderes. Das ist ein Bild von Graffiti, aber keine Street Art, denn da fehlt ja die Straße! Für mich ist Street Art für jedermann zugänglich 365 Tage im Jahr, 24 Stunden am Tag. Du kannst Bier drauf verschütten, darüber malen oder es wegreißen, die Wand neu streichen. Wenn dein Bild wirklich der Öffentlichkeit zugänglich ist und du nicht mehr kontrollieren kannst, was damit passiert, dann ist es Graffiti oder Street Art.

[1] für jeden zugängliche Kunst im öffentlichen Raum (z. B. an Hauswänden)
[2] Vorgang, bei dem aus (ideellen) Dingen mehr und mehr ein Geschäft gemacht wird
[3] Botschaft, Aussage

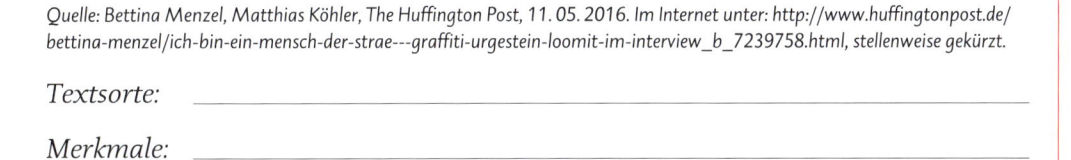

Quelle: Bettina Menzel, Matthias Köhler, The Huffington Post, 11.05.2016. Im Internet unter: http://www.huffingtonpost.de/bettina-menzel/ich-bin-ein-mensch-der-strae---graffiti-urgestein-loomit-im-interview_b_7239758.html, stellenweise gekürzt.

Textsorte: _____

Merkmale: _____

Text C

Graffitireport 3: Der Reiz der Illegalität

Der Weg führt vorbei an kleinen Reihenhäusern, in deren Fenstern das Licht schon lange erloschen ist. Harald[1] zieht seine schwarzen Latexhandschuhe über, kurz bevor er das Ziel an der nächsten Hauptstraße erreicht. Zwischen seinem Halstuch, das er bis über die Nase gezogen hat, und seiner Kapuze bleibt nur noch ein schmaler Sehschlitz. Einige Stunden zuvor hat er die Sprühdosen durchgeschüttelt, sie sorgfältig von Fingerabdrücken befreit und die entsprechenden Sprühköpfe aufgesteckt.
Harald gehört zu den Sprühern, die ihre Bilder ohne Erlaubnis an die Wände bringen.
„Ich will, dass jeder in dieser Stadt dieses Zeichen kennt."
Bombings, so findet er, sind das Aufregendste. Bombing bedeutet: Ein Graffiti an einer besonders belebten Stelle zu setzen. „Das Gefühl ist unbeschreiblich", sagt Harald. Und alles für den Ruhm. Graffiti ist ein Wettstreit. Wer malt am meisten, wer liefert die beste Qualität, wer wählt die gefährlichsten Stellen – so lauten die Kriterien. Wer in allen drei Kategorien überzeugt, genießt großes Ansehen. Denn in der Szene kennt man die Person, die hinter einem Graffiti steht, und zollt ihr den entsprechenden Respekt. In der Öffentlichkeit jedoch ist sie dazu verdammt, anonym zu bleiben. „Wir Sprayer sind ganz normale Personen, aus allen Schichten. Vom Arbeitslosen bis zum Arzt ist alles dabei", klärt Harald auf. „Vielleicht ist dein Chef oder dein Postbote einer von uns", witzelt er mit einem breiten Grinsen.

Quelle: Jens Helmken: Graffitireport 3. Der Reiz der Illegalität. Medienlabor Bremen. Im Internet unter: http://medienlab.com/labor/10-11/2011/02/16/graffitireport-3-der-reiz-der-illegalitaet/, aus didaktischen Gründen stellenweise gekürzt.

Textsorte: _____

Merkmale: _____

Text D

Graffiti im Wald

[1] Anfang des Gedichts „Gefunden" von Johann Wolfgang von Goethe

[2] ehedem: vormals

[3] ästhetisch: schön anzusehen

„Ich ging im Walde so vor mich hin, und nichts zu suchen, das war mein Sinn"[1]. Wir wissen, wen der Waldspaziergänger Goethe mit dem Blümlein im Schatten meinte, das er mit allen Wurzeln aushebt und wieder am stillen Ort pflanzt, wo es ihm nun immer zweigt und blüht. Auch ich ging im Duisburger Umlandwalde so vor mich hin, nicht Blümlein – Graffiti verstören den Sinn.

Da haben doch tatsächlich freche Sprayer die Orientierungstafel „Erholungsgebiet Angertal" kräftig umgestaltet! Von Weg- und Flurbezeichnungen ist nichts mehr zu erkennen. Blau, rot und schwarz glühende Flächen, Linien und Buchstaben überlagern die ehedem[2] grüne Wanderkarte vollständig. Der Zorn über Schmierereien sogar in der Waldabgeschiedenheit legt sich rasch. Je länger ich mich in die bunte Tafel im Schatten vertiefe, desto mehr erliege ich ihrem ästhetischen[3] Reiz. Ich habe ein Kunstwerk gefunden! Und tröste in Gedanken die Wanderer: Wer auf diesen Waldweg gestoßen ist, der findet auch ohne Orientierungstafel wieder zurück. Das Waldbild aber wirkt und glüht mir immerfort.

Quelle: © Hans-Otto Schenk

Textsorte: _____

Merkmale: _____

Text E

Lasst die Kunst frei

Manchmal freut man sich, wenn man auf einer Bahnfahrt an schäbigen Hinterhoffronten farbenfrohe Kunstwerke entdeckt. Und manchmal ärgert man sich, wenn frisch renovierte Fassaden schon wieder mit Kritzeleien überzogen sind. Ob illegale Graffiti-Sprayer es entspannt hinnähmen, wenn man ihr Auto über Nacht mit rosa Blümchen bemalte? Wohl nicht.

Die Frage, ob das Kunst ist, oder ob man da mit dem Sandstrahler oder Wandfarbe drübergehen darf, beantwortet das Grundgesetz. Es stellt Eigentum unter Schutz. In Deutschland wenden Immobilienbesitzer jährlich Hunderte Millionen Euro auf, um unerwünschte Kunstwerke entfernen zu lassen. Wer sich also gegen Graffiti wehrt und Anzeige erstattet, hat dazu jedes Recht. Klug sind die Kommunen und Unternehmen, die den Sprühdosenaktivisten freiwillig schön große Beton-Leinwände an gut einsehbarer Stelle zur Verfügung stellen. Kunst kann sich hier frei entfalten, die Kreativität, die es hinausdrängt, ist nicht mit Instandsetzungskosten verbunden. Und junge Leute, die die Folgen ihres Handelns vielleicht noch nicht in vollem Umfang absehen können, werden nicht über Nacht zu Straftätern.

Quelle: Claudia Bockholt, Mittelbayerische Zeitung am 11. 09. 2016. Im Internet unter: http://www.mittelbayerische.de/panorama-nachrichten/lasst-die-kunst-frei-21934-art1429074.html, aus didaktischen Gründen stellenweise gekürzt.

Textsorte: _____

Merkmale: _____

8 Besonderheiten bei literarischen Prosatexten

Literarische Texte sind Texte, deren Inhalt sich der Verfasser **ausgedacht** hat. Zwar bilden eigene Erfahrungen und Erlebnisse durchaus die Grundlage für seine **Geschichten**. Aber in ihrer Gestaltung sind die Werke doch das Ergebnis seiner Fantasie. Kein literarischer Text spiegelt die Wirklichkeit so wider, wie sie ist.

In einem literarischen Text geht es immer um **Einzelschicksale**. Die Figuren sind **besondere Charaktere**, die sich in einer **besonderen Situation** befinden. In der Regel hat die Hauptfigur **Probleme**, die sie bewältigen muss. Welche das sind, musst du beim Lesen eines literarischen Textes verstehen.

Man unterscheidet drei Arten von literarischen Texten:

- **Prosatexte:** Sie erzählen Geschichten. Die Sprache entspricht im Wesentlichen der normalen Sprache, die du kennst: In der Regel bestehen die Texte aus vollständigen Sätzen, die aufeinander folgen. (Das heißt aber nicht, dass der Autor oder die Autorin nicht doch eine besondere Ausdrucksweise verwendet, die vom alltäglichen Sprachgebrauch abweicht!)
- **Gedichte:** Sie sind besonders kunstvoll gestaltet. Du erkennst sie schon an der äußeren Form: Gedichte bestehen aus Strophen und Versen, und oft reimen sich die Verse am Ende.
- **Dramen:** Sie sind für die Bühne eines Theaters gedacht und in Dialogform verfasst. Die Texte bestehen nur aus den Äußerungen der einzelnen Figuren. Einen Erzähler gibt es nicht (manchmal aber Regieanweisungen, die den Schauspielern sagen, wie sie eine Äußerung sprechen sollen, wie sie sich bewegen sollen usw.).

Hinweis: Solltest du in der **Quali-Prüfung** eine literarische Textgrundlage erhalten, wird es sich immer um einen **Prosatext** handeln, keinen Dramen- oder Gedichttext.

Ehe du dich schriftlich zu einem Text äußern kannst, musst du ihn natürlich erst einmal **verstehen**. Nur dann kann es dir gelingen, die Aufgaben, die du dazu bearbeiten sollst, gut zu lösen. Du musst schließlich die **Zusammenhänge** verstehen, die im Text dargestellt sind.

> **Tipp**
> Gewöhne dir an, während des Lesens **Textstellen**, die dir auffallen oder wichtig erscheinen, gleich zu **unterstreichen** und sie am Rand mit ein, zwei Stichworten zu **kommentieren**. Das hilft dir später beim Bearbeiten der Aufgaben zum Text, weil du wichtige Textstellen dann schnell wiederfindest.

8.1 Arten von Prosatexten unterscheiden

Es gibt verschiedene Arten von Prosatexten. Sie unterscheiden sich nicht nur hinsichtlich ihres Umfangs, sondern auch in ihrem Aufbau und der Darstellung.

Dies sind die wichtigsten Prosatexte:

Merkmale der verschiedenen Textsorten

- **Erzählung:** Das ist der **Oberbegriff** für alle Prosatexte kurzer und mittlerer Länge.

- **Kurzgeschichte:** Kurzgeschichten sind Erzählungen von geringem Umfang. Auffällig ist vor allem ihr Aufbau: Es gibt meist **keine Einleitung**, und auch das **Ende** ist **offen**. Die Hauptpersonen sind ganz **normale Menschen**, aus deren **Alltag** ein besonderes Erlebnis erzählt wird. Die Handlung strebt auf einen **Höhepunkt** zu, bei der die Hauptperson oft eine **neue Einsicht** gewinnt. Typisch ist die **einfache**, **moderne Sprache**.

- **Märchen:** Das Besondere an Märchen ist zunächst, dass in ihnen **reale Dinge** mit **Magie und Zauber** verbunden sind: Auf der einen Seite wird von Menschen erzählt, die es tatsächlich gegeben haben könnte; auf der anderen Seite dringen magische Wesen in deren Leben ein, z. B. Hexen, Feen oder Teufel. Daneben gibt es noch **weitere Märchen-Merkmale:** Wann und wo die Handlung spielt, wird nicht genau gesagt; Ort und Zeit des Geschehens werden nicht näher genannt. Die Figuren, die eine Rolle spielen, sind immer gegensätzlich: gut oder böse, reich oder arm, hübsch oder hässlich. Klar ist: Die Hauptperson gehört stets zu den Guten. Sie gerät im Laufe der Handlung in Gefahr und muss eine Probe bestehen. Für sie geht das Geschehen am Ende immer gut aus. Dagegen werden die Bösen bestraft. Typisch sind formelhafte Einleitungs- und Schlusssätze. Viele Märchen fangen so an: „Es war einmal…". Sie enden oft mit Sätzen wie diesen: „Und wenn sie nicht gestorben sind, so leben sie noch heute."

- **Roman:** Romane sind **längere Erzählungen**, die in der Regel **in Buchform** veröffentlicht werden. Die Handlung erstreckt sich meist über einen **längeren Zeitraum**. So können die Leser*innen verfolgen, welche **Entwicklung** die Hauptperson durchmacht.

8.2 Den Inhalt eines Prosatextes erschließen

Wenn dir ein Prosatext vorgelegt wird, solltest du gezielt auf einige Dinge achten, um den Text gut zu verstehen. Am besten stellst du dir diese Fragen:

Schritt für Schritt

Fragen an den Text

Frage **A** **Wer sind die beteiligten Personen?**
Bestimme zunächst die Hauptperson und ihre Besonderheiten (z. B. Alter, Geschlecht, Aussehen). Überlege dann, wer die übrigen Personen sind, die eine Rolle spielen, und frage dich, wie die Beziehung der Hauptperson zu ihnen beschaffen ist.

Frage **B** **Worum geht es?**
Bestimme das Thema.

Frage **C** **Was zeigt der Text?**
Bestimme die Kernaussage. Überlege z. B., ob die Hauptperson im Laufe des Geschehens ein Problem löst oder eine Einsicht gewinnt.

Frage **D** **Wo spielt die Handlung?**
Es macht z. B. einen Unterschied, ob sich das Geschehen auf dem Lande, in einer Kleinstadt oder in einer Großstadt abspielt. Auch der genaue Ort der Handlung spielt eine Rolle (in einem Haus, auf der Straße, in der Schule …).

Frage E	**Wie verhalten sich die Beteiligten?**
	Hier ist nicht nur das Verhalten der Hauptperson wichtig, sondern auch das Verhalten von Personen, mit denen sie Umgang hat.
Frage F	**Wann spielt die Handlung?**
	Achte nicht nur auf den **Beginn** der Handlung (z. B. das Jahr oder die Jahreszeit), sondern auch auf die **Dauer** (Stunden, Tage, Monate?).
Frage G	**Wie endet das Geschehen?**
	Es gibt drei Möglichkeiten: Entweder gibt es ein gutes Ende (ein sogenanntes „Happy End"), oder das Ende ist schlecht, oder der Ausgang bleibt offen.

Es geht nicht nur um das, was die Beteiligten tun, sondern auch um das, was sie dabei **denken und fühlen**. Ein Problem besteht darin, dass der Erzähler das meist nicht direkt sagt. Du musst also die **Gedanken und Gefühle** der beteiligten Personen **aus ihrem Verhalten ableiten**.

Tipp

Um zu verstehen, was eine Person in ihrem Inneren bewegt, solltest du dir regelmäßig **Warum-Fragen** stellen, z. B. so: *Warum reagiert die Person jetzt so wütend? Warum weint sie? Warum zieht sie sich zurück?* Wenn du so vorgehst, kannst du am ehesten verstehen, was in dieser Person vorgeht.

Julia Franck: Streuselschnecke

Übung 51

1 Der Anruf kam, als ich vierzehn war. Ich wohnte seit einem Jahr nicht mehr bei meiner Mutter und meinen Schwestern, sondern bei Freunden in Berlin. Eine fremde Stimme meldete sich, der Mann nannte seinen Namen, sagte mir, er lebe in Berlin, und fragte, ob ich ihn kennen lernen wolle. Ich zögerte, ich war mir nicht sicher. Zwar hatte ich schon
5 viel über solche Treffen gehört und mir oft vorgestellt, wie so etwas wäre, aber als es soweit war, empfand ich eher Unbehagen. Wir verabredeten uns.

Er trug Jeans, Jacke und Hose. Ich hatte mich
10 geschminkt. Er führte mich ins Café Richter am Hindemithplatz, und wir gingen ins Kino, ein Film von Rohmer. Unsympathisch war er nicht, eher schüchtern. Er nahm mich mit ins Restaurant und stellte mich seinen Freunden vor. Ein feines,
15 ironisches Lächeln zog er zwischen sich und die anderen Menschen. Ich ahnte, was das Lächeln verriet.

Einige Male durfte ich ihn bei seiner Arbeit besuchen. Er schrieb Drehbücher und führte Regie
20 bei Filmen. Ich fragte mich, ob er mir Geld geben würde, wenn wir uns treffen, aber er gab mir keins, und ich traute mich nicht, danach zu fragen. Schlimm war das nicht, schließlich kannte ich ihn kaum, was sollte ich da schon verlangen? Außerdem konnte ich für mich selbst sorgen, ich ging zur Schule und putzen
25 und arbeitete als Kindermädchen. Bald würde ich alt genug sein, um als Kellnerin zu arbeiten, und vielleicht wurde ja auch noch eines Tages etwas Richtiges aus mir.

Zwei Jahre später, der Mann und ich waren uns noch immer etwas fremd, sagte er mir, er sei krank. Er starb ein Jahr lang, ich besuchte ihn im Krankenhaus und fragte, was er sich wünsche. Er sagte mir, er habe Angst vor dem Tod und wolle es so schnell wie möglich hinter sich bringen. Er fragte mich, ob ich ihm Morphium besorgen könne. Ich dachte nach, ich hatte einige Freunde, die Drogen nahmen, aber keinen, der sich mit Morphium auskannte. Auch war ich mir nicht sicher, ob die im Krankenhaus herausfinden wollten und würden, woher es kam. Ich vergaß seine Bitte.

Manchmal brachte ich ihm Blumen. Er fragte nach dem Morphium, und ich fragte ihn, ob er sich Kuchen wünsche, schließlich wusste ich, wie gerne er Torte aß. Er sagte, die einfachen Dinge seien ihm jetzt die liebsten – er wolle nur Streuselschnecken, nichts sonst. Ich ging nach Hause und buk Streuselschnecken, zwei Bleche voll. Sie waren noch warm, als ich sie ins Krankenhaus brachte. Er sagte, er hätte gerne mit mir gelebt, es zumindest gern versucht, er habe immer gedacht, dafür sei noch Zeit, eines Tages – aber jetzt sei es zu spät.

Kurz nach meinem siebzehnten Geburtstag war er tot. Meine kleine Schwester kam nach Berlin, wir gingen gemeinsam zur Beerdigung. Meine Mutter kam nicht. Ich nehme an, sie war mit anderem beschäftigt, außerdem hatte sie meinen Vater zu wenig gekannt und nicht geliebt.

Quelle: Julia Franck: Streuselschnecke, in: Dies.: Bauchlandung: Geschichten zum Anfassen. Fischer Taschenbuch Verlag, Frankfurt am Main, 1. Auflage 2012.

Aufgaben

Bearbeite die folgenden Aufgaben.

1. Erschließe den Inhalt der Kurzgeschichte „Streuselschnecke" von Julia Franck. Beantworte dazu die Fragen **A** bis **G** (siehe Schritt-für-Schritt-Kasten, S. 86 f.). Stichworte genügen.

A _____

B _____

C _____

D _____

E _____

F

G

2. Überlege, welche Gedanken und Gefühle die Hauptperson bewegen. Formuliere **drei Warum-Fragen** und beantworte sie.

Warum

Warum

Warum

8.3 Die Darstellung berücksichtigen

Bei einem Prosatext solltest du immer auch auf die **Darstellung** achten (z. B. auf den Satzbau oder die Wortwahl). Die Art und Weise, wie sich der Autor oder die Autorin ausdrückt, hat nämlich einen Einfluss auf den **Sinn**.

Stelle dir diese Fragen, um Besonderheiten der Darstellung zu erkennen:

▸ **Wer ist der Erzähler?** Bedenke Folgendes: Der Autor hat sich jemanden ausgedacht, der die Geschichte erzählt. (Du darfst ihn nicht mit dem Autor verwechseln!) Entweder stellt der Erzähler das Geschehen aus der Sicht eines Außenstehenden dar. Dann ist er wie ein **Beobachter**, der beschreibt, was passiert. Oder er erzählt die Handlung aus Sicht der Hauptperson. Dann handelt es sich um einen **Ich-Erzähler**.

▸ **Wie ist der Text aufgebaut?** Jeder Text lässt sich in **Sinnabschnitte** untergliedern. Ein neuer Sinnabschnitt beginnt immer dort, wo der Erzähler etwas Neues zur Sprache bringt – entweder den **nächsten Handlungsschritt** oder einen **neuen Gedanken**. Indem du dir klar machst, in wie viele Sinnabschnitte sich ein Text untergliedern lässt, verstehst du, wie der Erzähler die Aufmerksamkeit des Lesers lenkt. Oft (aber nicht immer!) entspricht ein Sinnabschnitt einem Absatz im Text.

▸ **Wie sieht der Satzbau aus?** Der Satzbau ist insofern wichtig, als der Erzähler damit eine bestimmte Atmosphäre erzeugen kann. Ein Text, in dem überwiegend **Hauptsätze** aufeinanderfolgen, wirkt eher **sachlich und kühl**. Gibt es dagegen viele **Satzgefüge** (bestehend aus Haupt- und Nebensätzen), klingt der Text meist **harmonisch**.

▸ **Gibt es Besonderheiten bei der Wortwahl?** Mit den Wörtern, die der Erzähler verwendet, vermittelt er ebenfalls eine bestimmte **Stimmung**. Es gibt Wörter, mit denen man **positive Vorstellungen** verbindet (z. B. *Heldin, warm* oder *singen*), und Wörter, die **negative Vorstellungen** wecken (z. B. *Gauner, kalt* oder *drohen*). Von den Wörtern, die der Erzähler benutzt, hängt es entscheidend ab, welcher Eindruck beim Leser entsteht.

▸ **Welche Sprachebene liegt vor?** Normalerweise ist ein Text in der **Standardsprache** verfasst, also in korrektem Deutsch. Dann wirkt die Darstellung ernsthaft und sachlich – und fällt damit nicht weiter auf. Manchmal findet man zwischendurch aber auch Ausdrücke oder Formulierungen aus der **Umgangssprache**. An diesen Stellen wirkt die Darstellung sehr lebendig – so wie aus dem echten Alltagsleben.

▸ **Wie ist der Zusammenhang zwischen Text und Überschrift?** Bedenke: Der Autor hat die Überschrift für seinen Text ganz bewusst ausgewählt. Er zeigt mit ihr indirekt, worauf es ihm besonders **ankommt**. Deshalb solltest du der Überschrift immer eine besondere Beachtung schenken.

Aufgaben

Bearbeite die folgenden Aufgaben.

1. Bestimme die Besonderheiten der Darstellung bei der Kurzgeschichte „Streuselschnecke" von Julia Franck. Stichworte genügen. Notiere deine Beobachtungen zu diesen Fragen:

    a) Wer ist der Erzähler/die Erzählerin?

    b) Wie ist der Text aufgebaut? Untergliedere ihn in Sinnabschnitte.

    c) Wie sieht die Sprache des Erzählers/der Erzählerin aus? Äußere dich zum Satzbau und zur Wortwahl.

    d) In der Kurzgeschichte gibt es kein einziges umgangssprachliches Wort. Erkläre, warum das auch unpassend wäre.

2. Wie **wirkt** die Sprache des Textes auf den Leser? Überlege, ob sie die Gefühle der Hauptperson unterstreicht.

Übung 52

Interaktive Aufgaben: Sprachliche Mittel untersuchen

8.4 Sprachliche Mittel und ihre Wirkung

Manchmal verwenden Autoren besondere **sprachliche Mittel** (**Stilmittel**), um eine Aussage **hervorzuheben** oder um etwas besonders **anschaulich** darzustellen. Sprachliche Mittel wirken sich auf den **Sinn eines Textes** aus. Deshalb solltest du immer versuchen, einen Zusammenhang zwischen den Stilmitteln und dem Textsinn herzustellen. Grundsätzlich gilt: Sprachliche Mittel **betonen** etwas und sollen dadurch die Aufmerksamkeit des Lesers wecken.

Hinweis: Auch in Sachtexten findest du solche sprachlichen Mittel. In literarischen Texten musst du aber ganz besonders darauf achten, denn der Autor bzw. die Autorin hat besonderen Wert darauf gelegt, einen Text auch von der Sprache her künstlerisch zu gestalten.

Tipp

> Ein **sprachliches Mittel** liegt immer dann vor, wenn sich der Autor so ausgedrückt hat, wie es **nicht** dem **alltäglichen Sprachgebrauch** entspricht. Dadurch stechen bestimmte Wörter in einem Text hervor. Ein Beispiel für ein sprachliches Mittel ist die gezielte **Wiederholung** von **Wörtern**. Dadurch **fallen** diese **auf** und erscheinen dem Leser als besonders wichtig.

Du solltest vor allem auf diese Arten von sprachlichen Mitteln achten:

▶ **Wiederholung**
Wiederholt werden können die kleinsten Einheiten, also **Buchstaben**, aber auch **Wörter**, **Wortgruppen** und sogar ganze **Sätze**.

Beispiele

Milch macht müde Männer munter.
Er kam. Er sah. Er siegte.
Das Wasser rauscht', das Wasser schwoll ...

▶ **Gegenüberstellung / Widerspruch**
Es werden zwei Dinge als Einheit dargestellt, die scheinbar **nicht zusammenpassen**. Gegenüberstellungen und Widersprüche machen den Leser stutzig und sollen ihn dazu bewegen, genauer über die Formulierung nachzudenken. Er soll sich fragen, ob die Aussage nicht doch einen wahren Kern hat.

Beispiele

Sein Reichtum hat ihn arm gemacht.
Sie war schön und trotzdem intelligent.

→ Hier sollst du dich fragen: Wie kann jemand gleichzeitig reich und arm sein? Wieso wird Schönheit und Intelligenz als Gegensatz herausgestellt?

▶ **Sprachbilder**
Dinge aus verschiedenen Bereichen werden in einer Formulierung zusammengebracht, z. B. bringt man etwas aus dem Bereich der Menschen mit dem Bereich der Tiere in Verbindung. Sprachbilder darf man nicht wörtlich nehmen. Sie haben einen übertragenen Sinn und müssen gedeutet werden.

Beispiel

Mein Onkel ist ein richtiger Fuchs.

→ Das bedeutet, dass der Onkel ziemlich schlau ist.

Die Sprache eines Textes untersuchen	Schritt für Schritt
Arbeitsschritt **1** **Suche nach Auffälligkeiten im Text.** Achte insbesondere auf Wiederholungen, Gegensätze, Widersprüche und Sprachbilder.	
Arbeitsschritt **2** **Bringe das sprachliche Mittel in Verbindung mit dem Textinhalt.** In der Regel wird damit etwas besonders hervorgehoben. Frage dich, was an dieser Textstelle wichtig oder interessant sein könnte.	
Arbeitsschritt **3** **Überlege, warum die Textstelle wichtig ist.** Denke darüber nach, warum der Verfasser die Aufmerksamkeit des Lesers gerade auf diese Textstelle lenken wollte.	

Untersuche die Sprache des Textes „Morgenworte" von Christine Nöstlinger (S. 105). Bearbeite dazu folgende Aufgaben.

Übung 53

Aufgaben

1. Benenne das im Text vorherrschende sprachliche Mittel.

   _____

2. Stelle einen Zusammenhang zwischen dem sprachlichen Mittel und dem Sinn des Textes her.

   _____

   _____

   _____

   _____

> Um ein **sprachliches Bild** richtig zu **deuten**, musst du überlegen, welche **besonderen Merkmale** und Eigenschaften mit dem sprachlichen Bild verbunden werden (z. B. *Kratzbürste = rau, borstig, hart*). Diese Merkmale bezieht der Sprecher/Schreiber dann auf eine bestimmte Person oder einen bestimmten Gegenstand (z. B.: *Seine Frau ist eine Kratzbürste = Sie ist unfreundlich*).

Tipp

Es gibt verschiedene Arten von Sprachbildern:

▶ **Bildhafter Vergleich**
  Mit einem bildhaften Vergleich will man ausdrücken, dass eine bestimmte Sache so ähnlich wie eine andere ist. Bildhafte Vergleiche erkennst du am Wörtchen **wie** oder an der Konjunktion **als ob**.

  Er verhält sich <u>wie</u> ein Elefant im Porzellanladen.

  Beispiel

  → Stelle dir bildlich vor, was passieren würde, wenn ein Elefant in einem Laden mit viel zerbrechlichem Geschirr umherlaufen würde. Verhält sich jemand also wie ein Elefant im Porzellanladen, dann ist er sehr ungeschickt und macht viel kaputt.

Teil C: Lesen

▶ Metapher

Bei einer Metapher werden zwei Bilder **gleichgesetzt**. Einige Metaphern sind mittlerweile zu feststehenden **Redewendungen** geworden.

Beispiel

Er ist ein Wolf im Schafspelz.

→ Ein Wolf gilt als gefährlich, ein Schaf als friedlich. Indem ein „Wolf" sich nach außen hin als „Schaf" ausgibt, versteckt er seine bösartigen Absichten und erweckt fälschlicherweise einen unschuldigen Eindruck.

Tipp

> Eine **Metapher** lässt sich ganz leicht von einem **bildhaften Vergleich** unterscheiden: Wenn die Aussage ein **Vergleichswort** (*wie, als ob*) enthält, dann handelt es sich um einen **bildhaften Vergleich**. Enthält sie das Verb *sein*, liegt eine Metapher vor (*Er ist ein Erbsenzähler*).

Hinweis: Das Verb **sein** muss nicht unbedingt in jeder Metapher vorkommen.

Beispiel

Er bringt mich wirklich auf die Palme.

▶ Personifikation

Bei einer Personifikation wird etwas als **menschlich** dargestellt, das kein Mensch ist, z. B. eine Pflanze, ein Tier oder eine unbelebte Sache.

Beispiel

Die Blätter der Bäume flüstern im Wind.

→ **Flüstern** ist etwas, das nur Menschen können. Die Bäume mit ihren Blättern werden hier also wie menschliche Wesen dargestellt.

Übung 54

Der folgende Text enthält sieben sprachliche Bilder, die bereits unterstrichen sind. Lies den Text und deute diese Redewendungen (→ Heft).

Das geht auf keine Kuhhaut …!

1 „Das geht auf keine Kuhhaut, was du hier anbietest!", ließ Herr Klug grimmig hören. „Du solltest auf der Hut sein, das nächste Mal wieder so eine
5 magere Leistung abzuliefern." Annika stand da wie ein begossener Pudel. Sie hatte sich ein Bein ausgerissen, um das Gedicht fehlerfrei aufsagen zu können. Und nun das. Sie wollte
10 am liebsten im Boden versinken. „Ich habe wirklich viel gelernt, Herr Klug", rechtfertigte sich Annika. „Du kannst mir nicht ein X für ein U vormachen!", erwiderte Herr Klug. „Ich will
15 für heute mal fünf gerade sein lassen und dir keine Note eintragen."

Teil C: Lesen | 95

Untersuche die sprachliche Gestaltung des Textes „Surfer" von Marlene Röder (S. 70 ff.). Bearbeite dazu die folgenden Aufgaben.

Übung 55

Aufgaben

1. Unterstreiche im Text fünf Sprachbilder. Notiere jeweils am Rand, um welches Sprachbild es sich handelt: bildhafter Vergleich, Metapher oder Personifikation? Du kannst die Wörter abkürzen.

2. Ergänze jeweils den Gegensatz, der nach diesen Textstellen folgt.

	Gegensatz
Hat er keine Visionen, weil er auf dem Hof seines Vaters schuftet, … (Z. 11 ff.)	
Die anderen liegen schon in den Zelten und pennen, …(Z. 18 f.)	
„Wieso ich?" (Z. 29)	
Während Hübi hinter ihm seinen Triumph in die Nacht hinausschreit, … (Z. 48 ff.)	
In Australien haben die Surfer Schnüre um den Knöchel […]. (Z. 53 f.)	
Fluchend und Wasser strampelnd sucht er nach der Bierbank, … (Z. 57 ff.)	
Normalerweise lassen sie es am Sonntag ruhig angehen, … (Z. 86 f.)	
Obwohl sein Kopf hämmert, … (Z. 100)	
Nach gut einer Stunde ist der Zeltplatz kein Zeltplatz mehr, … (Z. 112 f.)	

3. a) Zum Verb „surfen" gibt es im Text mehrere Wiederholungen. Dazu zählen auch Komposita, also zusammengesetzte Wörter, in denen eine Form dieses Verbs enthalten ist. Schreibe diese Wörter heraus.

   b) Erkläre, was mit diesen Wiederholungen hervorgehoben wird. Beschreibe die Vorstellungen, die beide Jungen mit dem Begriff „Surfen" verbinden.

9 Diagramme und Bilder untersuchen

Interaktive Aufgaben: Diagramme analysieren

9.1 Tabellen und Diagramme auswerten

Diskontinuierliche Texte, z. B. **Tabellen** oder **Diagramme**, stellen sehr **übersichtlich** dar, wie **häufig** etwas vorkommt. Oft informieren sie über die Ergebnisse einer Umfrage oder einer wissenschaftlichen Untersuchung. Diskontinuierliche Texte sind nicht immer einfach zu lesen. Am besten gehst du so vor:

Schritt für Schritt

Tabellen und Diagramme richtig lesen

Arbeitsschritt 1 **Bestimme das Thema.** Frage dich: Worum geht es? Entscheidende Hinweise zum Thema findest du meist in der Überschrift.

Arbeitsschritt 2 **Beachte die Legende.** Die Legende steht außerhalb des Textes und vermittelt wichtige Informationen über die Bezugsgrößen, z. B. über den …
- Personenkreis.
- Zeitpunkt, zu dem die Daten erhoben wurden.
- Zeitraum, auf den sich die Daten beziehen.

Arbeitsschritt 3 **Achte auf die Einheiten.** Handelt es sich um absolute Zahlen (z. B. 5000) oder um Prozentzahlen?

Arbeitsschritt 4 **Achte auf Ähnlichkeiten und auf Extremwerte.** Ähnliche Werte zeigen, dass es Übereinstimmungen gibt. Extremwerte sind auffallend hoch oder niedrig und weisen auf Besonderheiten hin.

Tipp

> In der Prüfung wird von dir oft verlangt, dass du die **Hauptaussage** eines diskontinuierlichen Textes **bestimmen** sollst. Die Hauptaussage besteht praktisch **immer aus zwei Teilen: dem Thema – und der Erkenntnis**, die man aus den diskontinuierlichen Texten über das Thema gewinnt.

Übung 56

Die folgenden diskontinuierlichen Texte beschäftigen sich alle mit dem gleichen Thema. Sieh sie dir genau an und bearbeite dann die zugehörigen Aufgaben.

Text A

Inhaltliche Verteilung der Internetnutzung	Mädchen %	Jungen %
Kommunikation	41	30
Spiele	10	33
Informationssuche	12	9
Unterhaltung (z. B. Musik, Videos, Bilder)	37	28

Basis: Internet-Nutzer, n = 1 190 (Jugendliche im Alter von 12 bis 19 Jahren)
Daten nach: JIM Studie 2018 © Medienpädagogischer Forschungsverbund Südwest (LFK, LMK)
(eigene Darstellung); Angaben in Prozent

Text B

Entwicklung der täglichen Onlinenutzung
Montag bis Freitag, Selbsteinschätzung in Minuten

Jahr	Minuten
2011	134
2012	131
2013	179
2014	192
2015	208
2016	200
2017	221
2018	214

Basis: alle Befragten, n = 1 200 (Jugendliche im Alter von 12 bis 19 Jahren)
Daten nach: JIM 2011–2018 © Medienpädagogischer Forschungsverbund Südwest (LFK, LMK)
(eigene Darstellung); Angaben in Minuten

Text C

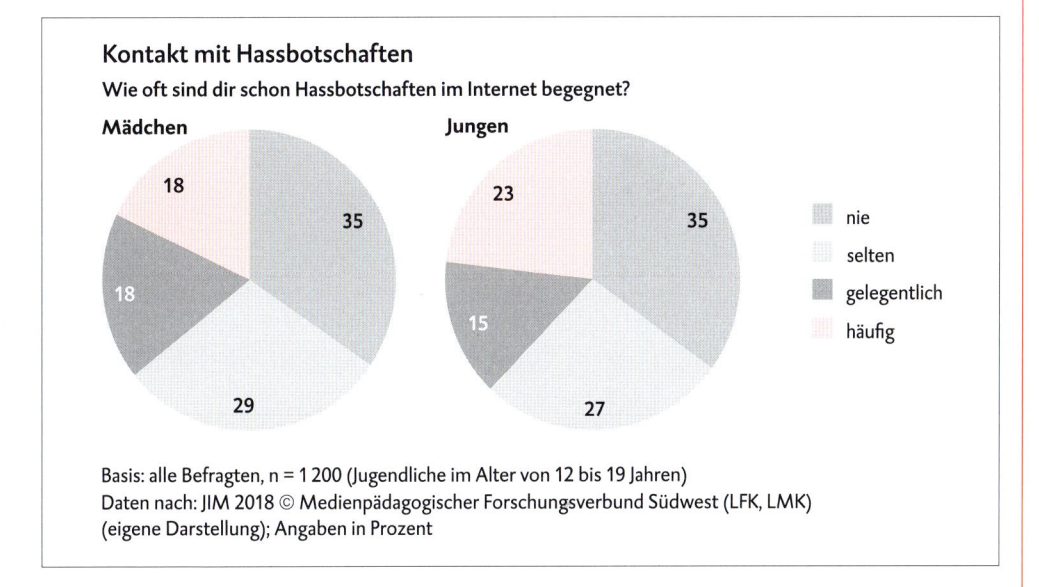

Kontakt mit Hassbotschaften
Wie oft sind dir schon Hassbotschaften im Internet begegnet?

Mädchen: nie 29, selten 35, gelegentlich 18, häufig 18
Jungen: nie 27, selten 35, gelegentlich 15, häufig 23

Legende: nie, selten, gelegentlich, häufig

Basis: alle Befragten, n = 1 200 (Jugendliche im Alter von 12 bis 19 Jahren)
Daten nach: JIM 2018 © Medienpädagogischer Forschungsverbund Südwest (LFK, LMK)
(eigene Darstellung); Angaben in Prozent

Aufgaben

1. **Bestimme das Thema.** Nenne das übergreifende Thema, mit dem sich alle drei Texte beschäftigen.

2. **Beachte die Legende.**
   a) Nenne den Personenkreis, auf den sich die Zahlen von Text A beziehen.
   b) Wann wurden die Zahlen von Text B erhoben? Stichworte genügen.

3. **Achte auf die Einheiten.** Handelt es sich bei den Daten von Text C um absolute Zahlen oder um Prozentzahlen? Kreuze an.

   ☐ absolute Zahlen
   ☐ Prozentzahlen

4. **Achte auf Ähnlichkeiten und Extremwerte.** Suche nach Übereinstimmungen und Unterschieden zwischen den Werten.

   a) Kreise in Text A den höchsten und den niedrigsten Wert ein.

   b) Wo stimmen die Werte für Mädchen und Jungen in Text A fast überein? Kreuze an.

   ☐ Unterhaltung
   ☐ Kommunikation
   ☐ Informationssuche
   ☐ Spiele

5. Was gibt der Wert 214 Minuten in Text B an? Schreibe einen vollständigen Satz.

   _____
   _____
   _____
   _____

6. Welche Informationen finden sich in Text A, welche in Text B und welche in Text C? Kreuze entsprechend an. Wähle jeweils den Text, in dem die Information ausdrücklich genannt wird.

Informationen	A	B	C
Die tägliche Onlinenutzung Jugendlicher ist von 2017 auf 2018 leicht gesunken.	☐	☐	☐
33 Prozent aller befragten Jungen nutzen das Internet zum Spielen.	☐	☐	☐
23 Prozent aller befragten Jungen begegnen im Internet häufig Hassbotschaften.	☐	☐	☐
Mädchen nutzen das Internet hauptsächlich zur Kommunikation und zur Unterhaltung.	☐	☐	☐
35 Prozent der befragten Jugendlichen sind im Internet noch nie Hassbotschaften begegnet.	☐	☐	☐
Seit 2011 ist die tägliche Onlinenutzung Jugendlicher stark gestiegen.	☐	☐	☐

Tipp

In der Prüfung erhältst du Tabellen oder Diagramme stets **ergänzend zu einem Text**. Du musst dann zwischen beiden **Zusammenhänge herstellen**. Überlege also, welche Aussagen aus einer Tabelle oder einem Diagramm zum Text passen.

9.2 Bilder analysieren

Oft erhältst du im Quali neben einem Text auch ein dazu passendes Bild, z. B. eine Karikatur oder ein Foto. In der Regel geht es dann darum, einen **Zusammenhang** zwischen dem **Bild** und dem **Text** herzustellen.

Vorab solltest du dir klarmachen, worin die wesentlichen **Unterschiede** zwischen einem Text und einem Bild bestehen: Ein Text stellt einen Sachverhalt **nacheinander** dar. Dagegen ist ein Bild eine **Momentaufnahme**.

Den Zusammenhang zwischen Text und Bild findest du heraus, indem du im Text nach dem Moment suchst, den das Bild zeigt. Gehe so vor:

Ein Bild beschreiben und deuten — Schritt für Schritt

Arbeitsschritt **1**   **Sieh dir das Bild genau an.** Überlege, was dargestellt ist. Das ist das Thema des Bildes, also die dargestellte Situation.

Arbeitsschritt **2**   **Beantworte die folgenden W-Fragen:**
- Wo spielt sich die Situation ab?
- Wer und was ist auf dem Bild zu sehen?
- Wie stehen die abgebildeten Personen zueinander?

Arbeitsschritt **3**   **Achte auf Einzelheiten.** Sieh dir vor allem Körperhaltungen und Gesichtsausdrücke an. Damit dir nichts Wichtiges entgeht, solltest du systematisch vorgehen, z. B. so:
- vom Vordergrund zum Hintergrund
- von links nach rechts
- von oben nach unten

Arbeitsschritt **4**   **Beurteile die dargestellte Situation.** Wirkt sie eher positiv oder eher negativ? Warum beurteilst du die Situation so?

Arbeitsschritt **5**   **Formuliere eine Gesamtaussage.** Fasse die Botschaft, die das Bild vermittelt, in wenigen Sätzen zusammen.

Übung 57

Folgendes Bild passt zum Text B aus Übung 41 (S. 64).
Untersuche es, indem du die zugehörigen Aufgaben bearbeitest.

Aufgaben

1. Beschreibe das Bild (→ Heft). Orientiere dich dazu an den Arbeitsschritten 1 bis 3.

2. Lies noch einmal Text B aus Übung 41 (S. 64) und überlege, welche Momentaufnahme aus dem Text im Bild dargestellt sein könnte. Zitiere eine passende Textstelle.

   _____
   _____
   _____

3. Beurteile die Situation, die im Bild dargestellt ist.

   _____
   _____
   _____
   _____

4. Formuliere die möglichen Gedanken und Gefühle des Jungen am rechten Bildrand. Schreibe in der Ich-Form. Orientiere dich an Text B aus Übung 41 (S. 64).

   _____
   _____
   _____
   _____
   _____

5. In der Redaktion eines Verlages wird darüber diskutiert, ob sich das Bild als Illustration für den Text B (S. 64) eignet oder eher nicht.
   Wie würdest du dich entscheiden? Begründe deine Meinung.

   Meine Entscheidung: _____
   _____

   Begründung: _____
   _____
   _____
   _____
   _____

Besonderheiten von Karikaturen

Eine Karikatur ist eine **übertriebene** und auch **verzerrende** Zeichnung einer Person, einer Sache oder eines Ereignisses. Meist übt der Zeichner mit dem Bild auf **humorvolle** Art **Kritik** an etwas, z. B. am Verhalten eines Politikers. Mit seiner Darstellung will er den Betrachter dazu bewegen, sich ebenfalls kritisch mit dem Thema auseinanderzusetzen.

> **Karikaturen deuten**
> Achte bei einer Karikatur sowohl auf **Vereinfachungen** als auch auf **Übertreibungen**. Beides zusammen weist auf die Kernaussage hin:
> - Mit der Vereinfachung wird der dargestellte Sachverhalt auf das Wesentliche verkürzt.
> - Mit der Übertreibung soll der Betrachter sowohl zum Nachdenken als auch zum Schmunzeln gebracht werden.

Hinweis: Berücksichtige auch mögliche **Schriftzüge** wie Bildunterschriften, Sprechblasentexte oder Beschilderungen.

Interaktive Aufgaben: Karikaturen beschreiben und deuten

Tipp

Sieh dir folgende Karikatur ganz genau an und bearbeite dann die zugehörigen Aufgaben.

Übung 58

Aufgaben

1. Beschreibe die Karikatur. Gehe dabei aber noch nicht auf die Sprechblasen ein. Richte dich wieder nach den Arbeitsschritten 1 bis 3 (S. 99).

   _____
   _____
   _____
   _____

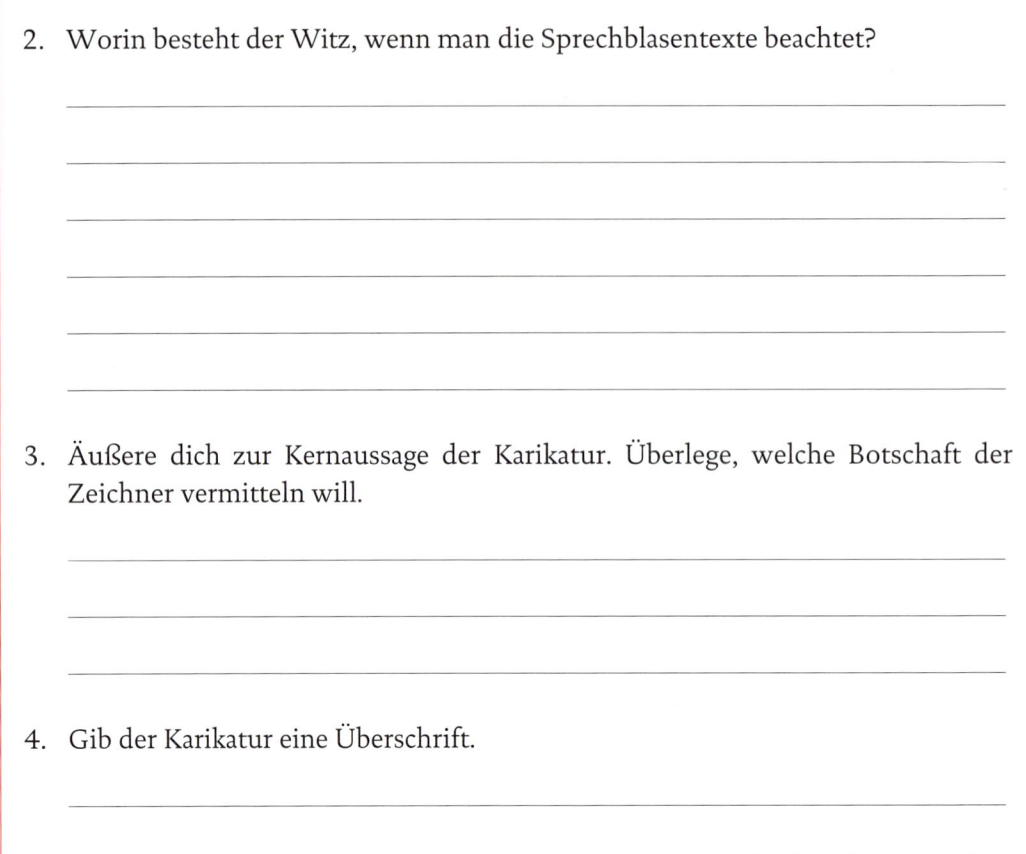

2. Worin besteht der Witz, wenn man die Sprechblasentexte beachtet?

3. Äußere dich zur Kernaussage der Karikatur. Überlege, welche Botschaft der Zeichner vermitteln will.

4. Gib der Karikatur eine Überschrift.

5. Stelle einen Zusammenhang zwischen der Karikatur und folgendem Text her. Überlege, welche Übereinstimmungen es zwischen der Karikatur und dem Text gibt (→ Heft).

Lebensmittelskandal: Gammelfleisch in Würsten entdeckt

Ein Fleisch verarbeitender Betrieb in Polen soll laut einem Fernsehbericht sogenanntes Gammelfleisch zu neuen Würsten und Fleischwaren verarbeitet haben. Das Unternehmen habe verdorbene Waren oder Produkte mit abgelaufenem Haltbarkeitsdatum mit frischem Fleisch vermischt, berichtete der Fernsehsender TVN am Freitag. Die Wurst- und Fleischwaren waren demnach auch nach Deutschland, Irland, Großbritannien und Litauen geliefert worden.

Die Oberste Veterinärbehörde[1] teilte am Freitagabend mit, dass Inspektoren in dem Firmenlager Produkte mit abgelaufenem Haltbarkeitsdatum entdeckt hätten. Die Behörde habe die Staatsanwaltschaft in Bydgoszcz über den Fund informiert. Die örtliche Veterinärbehörde solle prüfen, ob die Aufsichtspflicht verletzt worden sei.

Ein Sprecher des Verteidigungsministeriums sagte der polnischen Nachrichtenagentur PAP, das Militär habe die seit Jahresbeginn bestehenden Lieferverträge mit der Firma ausgesetzt. Bisher seien 25 Militäreinheiten mit Fleisch und Wurst des Unternehmens versorgt worden. „Wenn sich das (der Gammelfleisch-Verdacht) bestätigt, wäre das ein absoluter Skandal", twitterte Verteidigungsminister Tomasz Siemoniak.

Das Unternehmen bestritt die Vorwürfe in einer Stellungnahme an den Sender. Der Gammelfleisch-Verdacht war bei einer Kontrolle der Veterinärbehörden aufgekommen. Wie in anderen europäischen Ländern nehmen auch polnische Behörden im Zusammenhang mit dem Pferdefleisch-Skandal Fleisch verarbeitende Betriebe derzeit genau unter die Lupe.

Quelle: stk/dpa: Lebensmittelskandal: Gammelfleisch in Würsten entdeckt. 18.03.2013. Im Internet unter: http://www.spiegel.de/wirtschaft/service/polen-gammelfleisch-in-wuersten-entdeckt-a-887787.html

[1] Veterinärbehörde: Behörde, die die Haltung und Verarbeitung von (Schlacht-)Tieren gemäß den Richtlinien zum Tierschutz kontrolliert

Teil D: Schreiben

10 Den Schreibprozess steuern

Um einen guten Text zu verfassen, darfst du nicht einfach drauflos schreiben. Gewöhne dir stattdessen an, den Schreibprozess richtig zu steuern.
Grundsätzlich gilt: **Erst denken – dann schreiben!**
Ein gelungener Schreibprozess besteht aus drei Phasen:

- Planen
- Schreiben
- Überarbeiten

10.1 Planen

Bereite das Schreiben deines Textes Schritt für Schritt vor:

Den Schreibprozess planen

Arbeitsschritt **1** **Beachte die Aufgabenstellung.** Mache dir Notizen zu folgenden Gesichtspunkten:
- Welche Textsorte wird verlangt? Welche Merkmale hat diese Textsorte?
- Was willst du mit dem Text erreichen?
- Wer wird deinen Text lesen? Welches Vorwissen haben deine Leser*innen? Und welche Erwartungen haben sie?

Arbeitsschritt **2** **Sammle Ideen.** Was weißt du über das Thema? Halte deine Einfälle stichwortartig fest. Notiere sie so, wie sie dir in den Sinn kommen.

Arbeitsschritt **3** **Bewerte deine Ideen.** Welche Einfälle sind wichtig, welche eher unwichtig?
Mit **!** kennzeichnest du die Ideen, die dir wichtig erscheinen.
Ideen, die du für unwichtig hältst, klammerst du ein.

Arbeitsschritt **4** **Ordne deine Ideen.** Markiere inhaltlich Zusammengehörendes mit gleichen Farben und prüfe, ob du es zu einem Stichpunkt zusammenfassen kannst. Ordne deine Ideen dann vom unwesentlichsten zum wichtigsten Gesichtspunkt.

Arbeitsschritt **5** **Erstelle einen Schreibplan.** Halte fest, was du in der Einleitung, im Hauptteil und im Schluss schreiben willst.

Du kannst deine Ideen auf unterschiedliche Arten notieren:

- **Stichwortlisten** bieten sich an, wenn du Ideen sammeln willst, ohne sie dabei schon zu ordnen. Halte alle deine Ideen einfach untereinander fest. Das erleichtert dir beim späteren Ordnen den Überblick.
- **Tabellen** eignen sich besonders gut, um zwei Seiten eines Themas zu untersuchen. Das ist zum Beispiel der Fall, wenn du Pro und Kontra eines Sachverhalts gegeneinander abwägen sollst. Alle Pro-Notizen hältst du dann in der linken Spalte fest, alle Kontra-Notizen in der rechten.

Digitales Glossar: Begriffe nachschlagen

MindCards: Wichtiges wiederholen

Schritt für Schritt

▶ **Cluster** sind hilfreich, wenn du dir einen Überblick über die möglichen Aspekte eines Themas verschaffen willst. Du schreibst den zentralen Begriff, z. B. das Thema einer Erörterung, in Kurzform in die Mitte eines Blattes Papier. Um diesen Begriff herum notierst du alle Stichworte, die dir dazu einfallen.

Tipp

In einem Cluster kannst du mithilfe von Anschlusslinien **Zusammenhänge zwischen einzelnen Unterpunkten aufzeigen**. Im Cluster unten ist z. B. *Wünsche erfüllen* eine Folge aus *Geld verdienen*. Deshalb hängt es an diesem Stichpunkt und nicht am zentralen Begriff *Ferienjob*. Wenn du deine Stichpunkte auf diese Weise notierst, fällt dir später das **Strukturieren** der Stichpunkte **leichter**.

Übung 59 Folgendes Cluster wurde erstellt zum Thema: *Welche Vor- und Nachteile gibt es, wenn man in den Ferien einen Ferienjob ausübt?* Sieh es dir an und bearbeite die zugehörigen Aufgaben.

- keine Erholung
- wichtige Erfahrungen sammeln
- Kontakt mit Berufstätigen
- **Ferienjob – gut oder schlecht?**
- rechtzeitig Job finden — schwierig
- weniger Freizeit
- verreisen nicht möglich
- Geld verdienen — Wünsche erfüllen

Aufgaben

1. Erweitere das Cluster, indem du bei jedem Eintrag eine passende zusätzliche Idee notierst.

2. Stelle alle Ideen, die nun im Cluster eingetragen sind, in Form einer Tabelle dar (→ Heft).

Lies den folgenden Text und bearbeite die zugehörigen Aufgaben.

Übung 60

Christine Nöstlinger: Morgenworte

„Zeit ist Geld! Zeit ist jede Menge Geld!", sprach Meier senior[1] tagtäglich zu Meier junior[1], und dann machte er sich an die Arbeit.

Vom frühen Morgen bis in die späte Nacht hinein arbeitete er und gönnte sich kein bisschen Zeit für andere Dinge als Arbeit. Und so hatte er auch keine Zeit zum Geldausgeben. Reich und immer reicher wurde er. Dann starb er eines Tages, und Meier junior erbte das ganze Geld.

„Ich will es meinem Vater gleichtun", sprach Meier junior.

„Wie hat er doch tagtäglich zu mir gesagt?" Lange dachte Meier junior nach, denn leider war er ein Morgenmuffel und hatte seines Vaters Morgenworte nie so recht mitbekommen. Endlich meinte er, sich genau erinnern zu können. „Ach ja", rief er, „Geld ist Zeit! Das hat der gute Alte immer gesagt! Geld ist jede Menge Zeit!"

Und dann kündigte Meier junior seinen Job und lebte vom Geld, das ihm Meier senior hinterlassen hatte, und er hatte tatsächlich jede Menge Zeit für andere Dinge als Arbeit.

[1] Meier senior/junior: gemeint sind Vater und Sohn der Familie Meier

Quelle: Christine Nöstlinger: Morgenworte. In: Christine Nöstlinger und Jutta Bauer: „Ein und alles", Beltz & Gelberg: Weinheim 1992.

Aufgaben

Stelle dir nun Folgendes vor:

Meier junior, der mit richtigem Namen Max heißt, hat einen Onkel namens Rudi. Onkel Rudi sieht die neue Lebensweise von Max nach dem Tod von Meier senior kritisch. Daher schreibt er ihm einen Brief, mit dem er ihn dazu bewegen will, sein Verhalten zu ändern.

Bereite das Schreiben dieses Briefs vor, indem du die einzelnen Schritte der Planungsphase durchführst.

1. **Beachte die Aufgabenstellung.**

    a) Welche Textsorte ist verlangt? Welche Merkmale hat diese Textsorte?

    Textsorte: _____

    Merkmale: _____

    _____

    b) Wer ist der Verfasser? Was für ein Ziel verfolgt er?

    Schreiber: _____

    Ziel: _____

    c) Wer ist der Leser? Was weißt du über dessen Vorwissen und Meinung?

    Leser: _____

    Vorwissen: _____

    Meinung: _____

2. **Sammle deine Ideen.** Was fällt dir zu dem Thema ein? Erstelle eine Stichwortliste.

   _____
   _____
   _____
   _____
   _____
   _____
   _____
   _____
   _____

3. **Bewerte deine Ideen.** Kennzeichne wichtige Ideen mit **!** Weniger wichtige Ideen klammerst du ein.

4. **Ordne deine Ideen.** Lege die Reihenfolge für sie fest, indem du sie nummerierst. Steigere dich von einem eher unwichtigen Punkt zum wichtigsten.

5. **Erstelle einen Schreibplan.** Was gehört in die Einleitung, was in den Hauptteil und was in den Schluss?

Einleitung	_____
	_____
	_____
Hauptteil	_____
	_____
	_____
	_____
	_____
	_____
	_____
Schluss	_____
	_____

10.2 Schreiben

Beim anschließenden Schreiben orientierst du dich an deinem Schreibplan. Arbeite alle deine Eintragungen nach und nach ab. So kannst du **ruhig** und **konzentriert** schreiben, denn du brauchst nicht zu befürchten, dass du etwas Wichtiges vergisst. Gehe beim Schreiben so vor:

Den Schreibprozess gestalten

Arbeitsschritt **1** **Entwirf eine Einleitung.** Nimm dazu ein Extrablatt, denn möglicherweise musst du zwei oder drei Entwürfe anfertigen. Das kostet dich aber nicht viel Zeit, weil eine Einleitung nur aus wenigen Sätzen besteht.

Arbeitsschritt **2** **Wähle die beste Einleitung aus.** Übertrage sie dann in Reinschrift. Nach der Einleitung beginnst du einen neuen Absatz, denn danach fängt der Hauptteil an.

Arbeitsschritt **3** **Formuliere die Ideen für den Hauptteil aus.** Schreibe zu jedem Stichwort, das du in deinen Schreibplan eingetragen hast, zwei bis drei Sätze. Ergänze, wenn möglich, zusätzliche Erläuterungen (z. B. mögliche Begründungen, Erklärungen, Ziele, Hoffnungen, Sorgen).
Achte darauf, Überleitungen zwischen den einzelnen Absätzen herzustellen.

Arbeitsschritt **4** **Formuliere einen Schluss.** Nimm dafür wieder ein Extrablatt und schreibe dort probeweise zwei oder drei Entwürfe auf. Beginne einen neuen Absatz und übertrage den besten Schluss in Reinschrift.

Schritt für Schritt

Schreibe den Brief des Onkels an seinen Neffen (→ Heft). Orientiere dich dabei an den Eintragungen in deinem Schreibplan.

Übung 61

10.3 Überarbeiten

Lies deinen Text noch einmal sorgfältig durch und korrigiere Schwachstellen. Dabei geht es nicht nur um das Beseitigen möglicher **Fehler**, sondern auch um das Verbessern **ungeschickter Formulierungen**. Unterscheide zwischen kleineren und größeren Korrekturen.

▶ **Kleinere Korrekturen:** Wenn du nur wenige Wörter ändern willst, streichst du diese sauber durch und schreibst die **verbesserte Version darüber**.

▶ **Größere Korrekturen:** Wenn du längere Textabschnitte ändern willst, streichst du sie mit **Lineal** durch und versiehst sie mit einer **Nummer**. Die verbesserte Version schreibst du unter Angabe der Nummer auf ein **Extrablatt**.

Überarbeite folgenden Antwortbrief, den Max an Onkel Rudi geschrieben hat. Du brauchst nur die unterstrichenen Formulierungen zu korrigieren. Schreibe deine Verbesserungen am rechten Rand auf.

Hinweis: Wenn es zweimal die gleiche Nummer gibt, liegt eine Wiederholung vor. Dann sollst du das Wort einmal streichen oder durch einen anderen Ausdruck ersetzen.

Übung 62

Hallo[1] Onkel Rudi,

danke für dein Geschreibsel[2]. Ich kann verstehen, dass du anfängst, dir einen Kopf[3] um mich zu machen. Aber das ist bescheuert[4]. Eigentlich bin ich nämlich ganz gut drauf[5]. Und ein schlechtes Gewissen habe ich auch nicht.

Solange der Alte[6] noch lebte, habe ich immer nach seiner Pfeife getanzt[7] und jahrelang ganz schön geackert[8]. Ich finde es deshalb voll O.K.[9], dass ich nun von dem Ersparten lebe.

Kann sein[10], dass Vater dachte: „Zeit ist Geld." Ich frage mich aber, ob die Einstellung korrekt[11] war. Eigentlich hat er immer nur geschuftet[12], um noch mehr Geld zusammenzuraffen[13]. Er hat in seinem Leben allerdings nie richtig gechillt[14]. Und für mich hatte er nie Zeit. Das fand ich total doof.[15] Es kann sein, dass ich[16] einmal[17] eine Familie gründe und dass ich[16] dann wieder arbeite. Ich will aber nicht, dass meine Kinder mir später einmal[17] vorwerfen, sie hätten ihren Vater nur von hinten[18] gesehen. Deshalb werde ich nur so viel arbeiten wie nötig. Gut möglich[19], dass meine Frau und ich beide[20] einen Teilzeitjob annehmen; dann können wir uns beide[20] um die Kinder kümmern. Mache dir also bitte keine Sorgen um mich. Ich werde schon nicht als Penner in der Gosse[21] landen. Im Moment geht es mir tipptopp[22].

Ciao[23]

Dein Max

1. _____
2. _____
3. _____
4. _____
5. _____
6. _____
7. _____
8. _____
9. _____
10. _____
11. _____
12. _____
13. _____
14. _____
15. _____
16. _____
17. _____
18. _____
19. _____
20. _____
21. _____
22. _____
23. _____

11 Schreibaufgaben lösen

Im Quali ist der Text, den du gelesen hast, auch die Grundlage für einige **Schreibaufgaben**. Es werden dir zwei **Aufgabengruppen** vorgelegt, von denen du eine auswählen sollst. Es wird von dir erwartet, dass du drei Texte schreibst – einen längeren und zwei kürzere. Dabei spielen verschiedene Arten von Texten eine Rolle: Du sollst einen **argumentativen Text**, einen **informierenden Text** und einen **kreativen Text** schreiben.

11.1 Einen argumentativen Text schreiben

Wenn du aufgefordert wirst, einen argumentativen Text zu schreiben, sollst du zeigen, dass du in der Lage bist, dich mit einem Thema auseinanderzusetzen. Das bedeutet, dass du zu einer bestimmten Fragestellung **Argumente** formulieren musst. Typische Beispiele für argumentative Texte sind **Erörterungen** oder **begründete Stellungnahmen**. Manchmal sind argumentative Texte auch in besonderen Textsorten „versteckt", z. B. in einem **Aufruf** oder einem **formalen Brief**. Wie du beim Verfassen eines argumentativen Textes vorgehen kannst, wird dir im Folgenden anhand von verschiedenen Beispielen gezeigt.

Interaktive Aufgaben: Einen argumentativen Text schreiben

Begründete Stellungnahme

Wenn du aufgefordert wirst, zu einem Text eine begründete Stellungnahme zu schreiben, dann sollst du entweder zum ganzen Text oder zu einer einzelnen Textaussage deine **Meinung äußern** und mit **Argumenten** belegen.
So kannst du das Verfassen einer solchen Stellungnahme planen:

Das Schreiben einer Stellungnahme vorbereiten

Schritt für Schritt

Arbeitsschritt **1**   **Lies den Text sorgfältig durch.** Bestimme das Thema und überlege, ob der Verfasser oder die Verfasserin dazu eine bestimmte Meinung vertritt.

Arbeitsschritt **2**   **Markiere wichtige Textstellen.** Wenn es sich um einen Meinungstext handelt, kennzeichnest du vor allem die Stellen, aus denen hervorgeht, welche Meinung der Verfasser oder die Verfasserin vertritt. Markiere jeweils auch die Begründungen. Aussagen, die du problematisch findest, kennzeichnest du am Rand mit einem **?**

Arbeitsschritt **3**   **Lege eine Pro- und Kontra-Tabelle an.** Trage die Argumente, die du im Text gefunden hast, stichwortartig in die entsprechende Spalte ein. Überlege dir weitere Argumente, die zum Thema des Textes passen, und ergänze sie in der passenden Spalte. Beziehe dich auch auf dein Erfahrungswissen.

Arbeitsschritt **4**   **Bestimme deine Meinung.** Orientiere dich an den Argumenten, die du zusammengetragen hast.
- Stimmst du der Meinung, die im Text vertreten wird, grundsätzlich zu?
- Oder kritisierst du sie eher?

Arbeitsschritt **5**   **Erstelle einen Schreibplan.** Wähle aus deiner Tabelle die Argumente aus, die du in deiner Stellungnahme verwenden willst, und lege deren Reihenfolge fest. Trage sie dann in deinen Schreibplan ein.

Wie die meisten Texte ist auch die Stellungnahme in Einleitung, Hauptteil und Schluss gegliedert. Beachte beim Schreiben der einzelnen Abschnitte Folgendes:

- Die **Einleitung** soll in zwei bis drei Sätzen zum Thema hinführen. Beziehe dich kurz auf den Text, der dir vorliegt, und nenne dessen Thema. Wenn es sich um einen Meinungstext handelt, sagst du gleich, welche Meinung darin vertreten wird. Anschließend äußerst du deine Meinung.

Beispiel
In dem Text ... von ... geht es um ... Der Verfasser (oder die Verfasserin) vertritt die Meinung, dass ... Ich halte diese Meinung für richtig/falsch.

- Im **Hauptteil** führst du die von dir ausgewählten Argumente aus. Besonders gelungen wirkt deine Argumentation, wenn du zunächst ein Gegenargument zu deiner Meinung anführst und dieses entkräftest. Danach trägst du drei bis vier Argumente vor, mit denen du deine Meinung begründen willst. Beginne mit einem eher unwichtigen Argument und steigere dich dann hin zum wichtigsten. Das erste Argument deiner Seite kannst du so einleiten:

Beispiel
Es stimmt zwar, dass ... Aber ...

- Der **Schluss** rundet deine Argumentation ab. Bekräftige dazu deine Meinung nochmals ausdrücklich und beziehe dich dabei auf dein wichtigstes Argument. Schreibe nicht mehr als zwei bis drei Sätze. Der Schluss lässt sich z. B. so einleiten:

Beispiel
Der Ansicht, dass ..., kann ich deshalb nur zustimmen / möchte ich deshalb ausdrücklich widersprechen, vor allem weil ...

Beachte beim Ausformulieren des Hauptteils, dass ein Argument immer aus **drei Teilen** besteht:

Auf einen Blick

Argumente formulieren	
Behauptung/ These	Eine Behauptung/These ist eine Aussage, in der etwas **als Tatsache hingestellt** wird. Eine These kann richtig oder falsch sein.
Begründung	Mit der Begründung machst du deinen Leser*innen klar, weshalb eine These stimmt. Drücke dich **sachlich** aus. Nur so wird man dich ernst nehmen. Gestalte deine Begründung ausführlich: **Je lückenloser** sie ist, **desto überzeugender** wirkt sie.
Beispiel	Das Beispiel dient dazu, die Begründung zu **veranschaulichen**. Man führt den Leser*innen eine bestimmte Situation vor Augen, die ihnen bekannt vorkommt. Dann können sie die Begründung besser **nachvollziehen**.

Hinweis: Die **Reihenfolge** der drei Teile ist **nicht festgelegt**, so kann z. B. das Beispiel auch vor der Begründung stehen.

Sollte dir einmal kein passendes Beispiel einfallen, gestaltest du deine Begründung besonders ausführlich – so, dass wirklich keine Fragen offenbleiben. Gut ist es, wenn du deine eingangs aufgestellte These in Form eines knappen **Fazits** am Schluss noch einmal bestärkst.

Die Erfahrungen, die man im Betriebspraktikum macht, können das Selbstbewusstsein stärken.	→ Behauptung / These
Das kommt daher, weil man in dieser Zeit eine richtige Arbeit erledigt. Während man in der Schule hauptsächlich Übungsaufgaben bearbeitet, bekommt man in einem Betrieb eine echte Aufgabe.	→ Begründung (Teil 1)
Wenn man sein Praktikum z. B. in einem Supermarkt ableistet, kann es sein, dass man aufgefordert wird, Regale aufzufüllen oder Kunden zu zeigen, wo sie bestimmte Produkte finden.	→ Beispiel
Dadurch fühlt man sich ernst genommen, und man merkt, dass man für den Betrieb wichtig ist. Wer die Aufgaben, die ihm aufgetragen werden, gut erledigt, bekommt außerdem Anerkennung durch Kollegen und Vorgesetzte.	→ Begründung (Teil 2)
All das stärkt das Selbstbewusstsein.	→ Fazit: Bestärkung der These

Beispiel

Formuliere ein Gegenargument zum Thema *Erfahrungen im Betriebspraktikum*. Halte dich dabei an den oben beschriebenen Aufbau.

Übung 63

_____
_____
_____
_____
_____
_____
_____
_____
_____
_____

> Im Quali wird nicht immer ausdrücklich eine **begründete Stellungnahme** von dir verlangt. Manchmal wirst du auch aufgefordert, einen Brief oder eine E-Mail zu schreiben. Es gilt aber: Immer wenn du deine **Meinung** äußerst, musst du auch **überzeugende Argumente** anführen. Hin und wieder wird dir übrigens vorgegeben, welche Meinung du vertreten sollst.

Tipp

Schreibe einen Brief an Andreas. Bestärke ihn darin, weiter seinen Weg zu gehen und sich nicht durch Misserfolge entmutigen zu lassen.
→ Das Wort **bestärken** weist darauf hin, dass du Andreas' Sichtweise teilen sollst.

Beispiel

Übung 64 Nimm kritisch Stellung zu folgendem Text. Bearbeite die zugehörigen Aufgaben.

Städtisches Presseblatt
10. April 2020

Nur Randale und Zoff im Kopf!

1 Aufgeschlitzte Sitzpolster in der S-Bahn, beschmierte Schultoiletten, verbeulte und zertretene Mülleimer an jeder Straßenecke, und wenn man nicht aufpasst, wird
5 man auf offener Straße mit „Alter, was guggst du? Bin ich Kino, oder was?" angepöbelt.

Heutigen Jugendlichen scheinen Umgangsformen ein Fremdwort zu sein. Hat
10 man sich früher noch darüber beschwert, wenn ein Jugendlicher eine ältere Person nicht gegrüßt hat, muss man heute noch froh sein, wenn man bei einer Begegnung mit Jugendlichen erst gar nicht bemerkt
15 wird. Denn mittlerweile kämpft die „Generation Randale" nicht mehr nur mit Schimpfwörtern, sondern auch mit Schlagringen und Klappmessern. Das Ganze wird dann mit dem Handy gefilmt und als Hel-
20 dentat ins Internet gestellt.

Bei dieser Gelegenheit können sich die Jugendlichen dort auch gleich Anregungen für die nächste Attacke gegen wehrlose Opfer holen. Sie kennen sich nämlich bes-
25 tens darin aus, auf welchen Seiten sie sich illegal[1] gewaltverherrlichende Filme oder PC-Spiele herunterladen können.

Wer so beschäftigt ist mit sinnloser Gewalt, hat natürlich keine Zeit für Schule
30 und Lernen. Schlechte Noten interessieren inzwischen nicht einmal mehr die völlig überforderten Eltern. Zum Glück gibt es ja die Sozialhilfe, die die jugendlichen Schläger später einmal durchfüttert.
35 Eine schöne Jugend haben wir da!

1 *illegal: ungesetzlich, verboten*

Aufgaben

1. **Markiere wichtige Textstellen.** Kennzeichne alle Aussagen des Verfassers, in denen er eine These aufstellt.

2. **Lege eine Pro- und Kontra-Tabelle an.** Trage die Beobachtungen des Verfassers stichwortartig auf der Pro-Seite ein und ergänze stichhaltige Gegenargumente auf der Kontra-Seite. Beziehe dich dabei auf deine Erfahrungen. (Führe die Tabelle auf einem eigenen Blatt weiter.)

Pro	Kontra

3. **Erstelle einen Schreibplan.** Nummeriere zunächst deine Argumente in einer sinnvollen Reihenfolge. Fülle dann den Schreibplan entsprechend aus.

Einleitung

Hinführung zum Thema + Äußern der vertretenen Meinung:
_____
_____
_____

Hauptteil

Gegenargument + Entkräftung: _____
_____
_____
_____

wichtiges Argument deiner Seite: _____
_____
_____
_____
_____

wichtigeres Argument deiner Seite: _____
_____
_____
_____
_____

wichtigstes Argument deiner Seite: _____
_____
_____
_____
_____

Schluss

Fazit – deine Meinung als Ergebnis der Argumentation:
_____
_____
_____

4. Formuliere deinen Schreibplan nun zu einer **begründeten Stellungnahme** in Form eines Leserbriefs an die Zeitung aus (→ Heft).

Aufruf

Du kannst auch in Form eines **Aufrufs** zu einem Thema Stellung nehmen. Ein Aufruf richtet sich in der Regel an viele Leser*innen. Ziel eines Aufrufs ist es, sie davon zu **überzeugen**, dass sie etwas Bestimmtes tun (oder lassen) sollten. Das gelingt dir natürlich nur mit **triftigen Argumenten**.

Schritt für Schritt

Einen Aufruf verfassen

Arbeitsschritt 1 **Führe in der Einleitung zum Thema hin.** Je nach Aufgabenstellung machst du auf einen Missstand aufmerksam, gegen den etwas getan werden sollte. Oder du forderst die Leser*innen auf, etwas zu tun, das du wichtig findest.

Arbeitsschritt 2 **Finde überzeugende Argumente.** Notiere deine Ideen in einer Stichwortliste, einer Tabelle oder einem Cluster – je nachdem, was dir besser liegt.

Arbeitsschritt 3 **Führe im Hauptteil deine Argumente aus.** Beginne mit dem eigentlichen Aufruf. Achte darauf, dass jedes deiner Argumente aus These, Begründung und Beispiel besteht. Sprich deine Leser*innen hin und wieder direkt an. Du kannst dazu beispielsweise Aufforderungs- und Fragesätze verwenden.

Arbeitsschritt 4 **Formuliere einen Schluss.** Wiederhole noch einmal mit Nachdruck deine Aufforderung.

Beispiel

So könnte eine Aufgabe im Deutsch-Quali lauten:

*In deiner Schule wird eine Arbeitsgemeinschaft (Benimm ist in!) angeboten, in der gutes Benehmen trainiert werden soll. Schreibe einen Aufruf für die Schülerzeitung, der deine Mitschüler*innen überzeugt, daran teilzunehmen.*

So könntest du in der **Einleitung** mit wenigen Sätzen zum Thema hinführen:

Wer betritt zuerst ein Restaurant – die Frau oder der Mann? Darf man einem Gastgeber einen Blumenstrauß in Folie überreichen? Das sind nur zwei Beispiele, die zeigen: Viele Benimm-Regeln sind in Vergessenheit geraten. Aus diesem Grund soll an unserer Schule die Arbeitsgemeinschaft „Benimm ist in!" ins Leben gerufen werden. Ziel der neuen AG ist es, die wichtigsten Grundsätze wieder in Erinnerung zu rufen.

Mögliche Thesen für Argumente im **Hauptteil** sind:

▸ *Gutes Benehmen ist unerlässlich in Bewerbungsgesprächen.*
▸ *Jemand, der die wichtigsten Benimm-Regeln beherrscht, strahlt Sicherheit aus.*
▸ *Wer sich zu benehmen weiß, ist überall ein gern gesehener Gast.*

Zum **Schluss** lässt sich dein Aufruf folgendermaßen abrunden:

Gutes Benehmen ist für jeden von uns vorteilhaft. Die neue Arbeitsgemeinschaft ermöglicht es dir, genau das zu lernen. Nutze deine Chance und nimm teil!

Übung 65 **Schreibe einen vollständigen Aufruf** zur Teilnahme an der Benimm-AG. Du darfst die Vorschläge für eine Einleitung und einen Schluss aus dem Beispiel verwenden.

Formaler Brief

Um zu einem Thema **Stellung zu nehmen**, kann auch ein Brief, meist ein **formaler Brief**, von dir verlangt werden. Dieser kann sich z. B. an die **Schulleitung** oder an eine **Organisation** richten.

Bemühe dich in formalen Briefen darum, immer **sachlich** und **höflich** zu formulieren. Außerdem gilt es, bestimmte **Formvorschriften** zu erfüllen:

Auf einen Blick

Die äußere Form von formalen Briefen einhalten	
Briefkopf	Beginne als Absender links oben mit **deinem Namen** und **deiner Adresse**. Unter deiner Adresse lässt du eine Zeile frei und gibst dann den **Namen** und die **Anschrift** des **Empfängers** an. In der Zeile darunter schreibst du an den rechten Rand **Ort und Datum**. Lass dann eine Zeile frei.
Begrüßungsformel	**Begrüße** deine Leser*innen stets **höflich**. Wenn du den Namen des Empfängers kennst, schreibst du **Sehr geehrte Frau …** / **Sehr geehrter Herr …**. Weißt du dagegen nicht genau, wer den Brief lesen wird, begrüßt du den Empfänger mit den Worten **Sehr geehrte Damen und Herren**. Lass danach eine Zeile frei.
Brieftext	Verwende in formalen Briefen immer die **höfliche Anrede Sie** und achte darauf, auch die zugehörigen Pronomen (**Ihnen**, **Ihr** usw.) großzuschreiben. Drücke dich stets sachlich und höflich aus. Lass nach dem Brieftext eine Zeile frei.
Grußformel	Setze einen höflichen Gruß, z. B. **Mit freundlichen Grüßen**, unter deinen Brieftext und **unterschreibe** mit deinem vollständigen Namen.

In der Regel gibt es einen **Anlass**, der jemanden dazu bewegt, einen formalen Brief zu schreiben. Ziel des Textes ist es dann, die Leser*innen dazu zu bringen, eine bestimmte **Erwartung** zu erfüllen. Um das zu erreichen, brauchst du **gute Argumente**.

Beim Verfassen des eigentlichen Brieftextes gehst du so vor:

Schritt für Schritt

Einen formalen Brief verfassen		
Arbeitsschritt 1	**Nenne in der Einleitung den Anlass deines Schreibens.** Lege kurz dar, was dich dazu bewegt, den Brief zu schreiben.
Arbeitsschritt 2	**Äußere deine Erwartungen an den Empfänger.** Begründe diese mit überzeugenden Argumenten.
Arbeitsschritt 3	**Bekräftige am Schluss noch einmal ausdrücklich deine Erwartung.** Sage genau, was der Empfänger bzw. die Empfängerin deiner Meinung nach tun soll.

Aktionstag für Afrika

Übung 66

Eure Klasse hat im Ethikunterricht das Thema *Armut in der Dritten Welt* behandelt. Daraufhin ist bei euch der Wunsch entstanden, am Aktionstag für Afrika teilzunehmen. Das würde bedeuten, dass alle Schüler*innen eurer Schule einen Tag lang nicht zum Unterricht gehen, sondern stattdessen in einem Betrieb arbeiten oder Schulaktionen veranstalten. Das Geld, das ihr dabei verdient, geht dann als Spende nach Afrika. Eure

Schulleiterin hat allerdings noch Bedenken. Als Klassensprecher hast du die Aufgabe übernommen, deine Schulleiterin umzustimmen. Du schreibst ihr einen Brief, in dem du sie davon überzeugen willst, dass es gut wäre, wenn sich eure Schule an dem Aktionstag beteiligen würde. Für deinen Brief habt ihr schon vorgearbeitet und gemeinsam stichpunktartig mögliche Pro- und Kontra-Argumente notiert.

Hinweis: Nicht alle Stichpunkte aus der Liste kann man zu tragfähigen Argumenten ausbauen. Klammere sie ein.

1. Einsatz für die Ärmsten der Welt = sinnvolle Tätigkeit
2. Unterrichtsausfall bei Lehrern eher unerwünscht
3. Verknüpfung von Unterrichtseinheiten mit einer praktischen Tätigkeit
4. Problembewusstsein wecken, auch bei beteiligten Firmen
5. Mögliches Organisationsproblem
6. Teilnahmebereitschaft aller Schüler nicht gesichert
7. Gut für das Image der Schule
8. Eventuell schwierig, genügend Jobs zu finden
9. Unterstützung der Eltern erforderlich
10. Erfahrungen in Form einer Ausstellung dokumentieren
11. Hilfsbereitschaft der Schüler aufgreifen und stärken
12. Schüler werden stolz auf ihre Leistung sein

Aufgaben

1. Prüfe die Stichpunkte aus der oben stehenden Liste. Wähle **drei** aus, die du als Grundlage für deine Argumentation am überzeugendsten findest. Trage die Nummern in die linke Spalte ein und begründe daneben deine Auswahl.

Stichpunkt	Begründung für deine Auswahl
Nr.	
Nr.	
Nr.	

2. In deinem Brief möchtest du das wichtigste **Gegenargument** zurückweisen. Wähle dazu einen Stichpunkt aus und notiere ihn hier.

   _____

   _____

   _____

3. Verfasse nun auf Grundlage deiner Vorarbeiten den **Brief** (→ Heft).
   Gehe dabei so vor:

   ▶ Formuliere einen korrekten **Briefkopf**. Da du den Brief im Sekretariat deiner Schule abgeben wirst und du der Schulleiterin als Klassensprecher bekannt bist, darf der Briefkopf etwas **kürzer** ausfallen. Folgendes solltest du aber auf jeden Fall angeben:

   Absender: dein Vor- und Nachname, Klassensprecher 9 b, Anne-Frank-Schule, 85049 Ingolstadt

   Empfänger: Frau Elisabeth Schmitt, Schulleiterin, Anne-Frank-Schule, 85049 Ingolstadt

   Vergiss außerdem nicht, **Ort** und **Datum** anzugeben.

   ▶ Nenne in der **Einleitung** den **Anlass** deines Briefs und äußere dich schon kurz zu den Erwartungen, die deine Mitschüler*innen an die Schulleiterin haben.

   ▶ Entkräfte im **Hauptteil** als Erstes einen möglichen **Einwand** deiner Schulleiterin. Danach formulierst du die Stichpunkte, die du aus der Liste ausgewählt hast, zu tragfähigen **Argumenten** aus.

   ▶ Am **Schluss** wirbst du noch einmal ausdrücklich für den Aktionstag für Afrika und bittest die Schulleiterin um Unterstützung.

Erörterung

Anders als in einer Stellungnahme kannst du in einer Erörterung nicht sofort bekanntgeben, welche Position du zu einem Thema vertrittst, sondern du musst den Leser*innen deutlich **zeigen, wie du zu deiner Ansicht gelangt bist**.

Stelle dir vor, dass du in deinem Inneren mit dir selbst diskutierst. Das bedeutet: Formuliere zu einer Fragestellung **Pro- und Kontra-Argumente** und wäge sie gegeneinander ab, um am Ende zu einem überzeugenden **Ergebnis** zu gelangen.

Bevor du mit dem Schreiben einer Erörterung beginnst, solltest du einige vorbereitende Arbeitsschritte durchführen:

Schritt für Schritt

Das Schreiben einer Erörterung vorbereiten

Arbeitsschritt **1**   **Untersuche die Aufgabenstellung.** Überlege dir Antworten zu folgenden Fragen:
- Was genau ist das Thema deiner Erörterung?
- Welche Meinungen könnte es dazu geben?

Arbeitsschritt **2**   **Sammle Argumente.** Denke darüber nach, was für Argumente dir dazu in den Sinn kommen, und notiere sie, wie sie dir gerade einfallen, auf einem Extrablatt.

Arbeitsschritt **3**   **Ordne deine Argumente.** Markiere Pro-Argumente mit einem **+** und Kontra-Argumente mit einem **–**. Ordne dann deine Argumente, indem du sie in eine Tabelle oder eine Mindmap einträgst.

Arbeitsschritt **4**   **Erstelle einen Schreibplan.** Überlege, welche Position du einnehmen willst, und erstelle deinen Schreibplan entsprechend.

Wie die meisten Texte unterteilt sich auch die Erörterung in Einleitung, Hauptteil und Schluss. Führe diese Teile folgendermaßen aus:

▶ Die **Einleitung** soll in zwei bis drei Sätzen zum Thema hinführen, damit klar wird, warum es sich lohnt, sich mit dieser Frage zu befassen und deinen Text zu lesen. Der letzte Satz greift das Thema auf, z. B. in Form einer Frage:

Beispiel

Zu Ferienbeginn treibt es wieder Millionen von Menschen in die Ferne. Deutsche Urlauber verreisen besonders gern mit dem Flugzeug, z. B. nach Spanien oder in die Türkei. Allerdings weiß man, dass Flugreisen für die Umwelt äußerst schädlich sind. Kann man es überhaupt noch verantworten, eine Fernreise zu unternehmen?

▶ Im **Hauptteil** werden die Argumente ausgeführt. Am besten gestaltest du den Hauptteil zweiteilig nach dem Schema einer Sanduhr:

Sanduhrschema

Argumente der Gegenseite
wichtigstes Argument
weniger wichtiges
unwichtigstes
Wende
unwichtigstes
etwas wichtigeres
wichtigstes Argument
Argumente deiner Seite

| Teil D: Schreiben | 119

- Im ersten Teil führst du mögliche **Argumente der Gegenseite** aus, indem du als Erstes deren wichtigstes Argument anführst, dann ein unwichtigeres und schließlich das unwichtigste. Achte dabei auf treffende Überleitungen.

  Hinzu kommt, dass... Außerdem sollte man berücksichtigen, dass...

  Beispiele

> **Tipp**
>
> **Gegenargumente** zu finden ist gar nicht so einfach, wenn du zu einem Thema schon eine **feste Meinung** hast. Frage dich dann einfach: Was würde eine Person, die eine andere Meinung vertritt, sagen, um mich zu überzeugen?

- Im zweiten Teil bringst du zwei bis drei **Argumente deiner Seite**, also der Seite, die du vertreten willst. Beginne mit einem weniger wichtigen Argument und steigere dich dann bis zum wichtigsten. Das erste Argument deiner Seite kannst du z. B. so einleiten:

  Aber... Allerdings... Andererseits...

  Beispiele

▶ Am **Schluss** formulierst du dein **Ergebnis**. Es ist gut, wenn du an dieser Stelle noch einmal auf das entscheidende Argument verweist, das dich dazu gebracht hat, deinen Standpunkt einzunehmen. Achte aber darauf, wortwörtliche Wiederholungen zu vermeiden. Schreibe nicht einfach eine Textstelle aus dem Hauptteil noch einmal hin, sondern greife den entscheidenden Gedanken heraus und führe ihn weiter. Formuliere z. B. so:

Ich bin vor allem deshalb zu dieser Auffassung gelangt, weil...
Besonders überzeugend finde ich, dass...

Beispiele

In den USA können Jugendliche schon mit 16 Jahren den Führerschein erwerben. Überlege, ob die Regelung in den USA ein Vorbild für Deutschland sein könnte. Bearbeite dazu folgende Aufgaben.

Übung 67

Aufgaben

1. **Sammle Argumente.**
   Was fällt dir zum Thema ein?

   _____
   _____
   _____
   _____
   _____
   _____

2. **Ordne deine Argumente.** Kennzeichne in der Liste aus Aufgabe 1 Einfälle, die für die Einführung des Führerscheins mit 16 sprechen, mit **+** und solche, die dagegen sprechen, mit **–**. Ideen, die du bei genauerer Betrachtung wenig überzeugend findest, klammerst du ein.
Vervollständige anschließend folgende Mindmap:

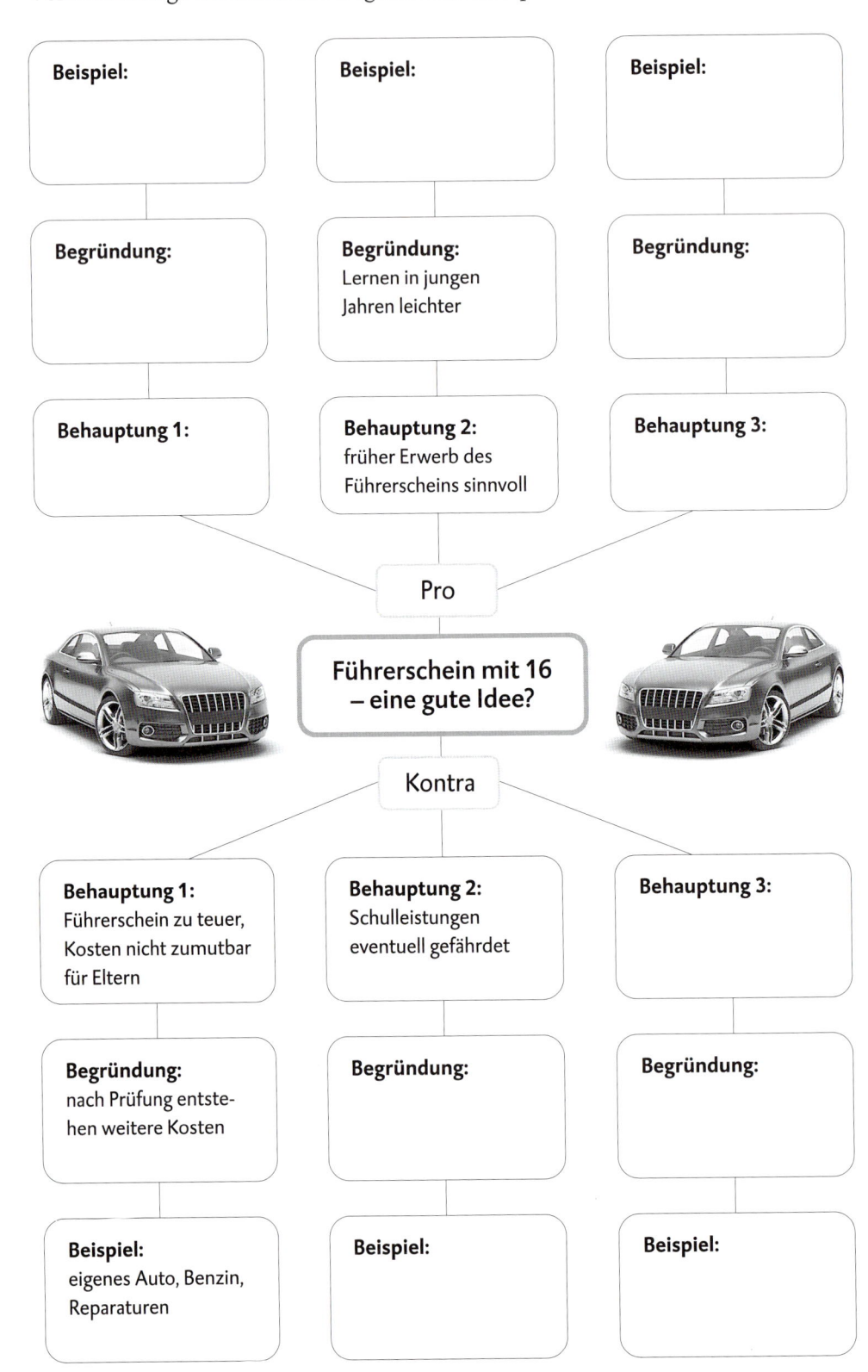

Beispiel:	Beispiel:	Beispiel:
Begründung:	**Begründung:** Lernen in jungen Jahren leichter	**Begründung:**
Behauptung 1:	**Behauptung 2:** früher Erwerb des Führerscheins sinnvoll	**Behauptung 3:**

Pro

Führerschein mit 16 – eine gute Idee?

Kontra

Behauptung 1: Führerschein zu teuer, Kosten nicht zumutbar für Eltern	**Behauptung 2:** Schulleistungen eventuell gefährdet	**Behauptung 3:**
Begründung: nach Prüfung entstehen weitere Kosten	**Begründung:**	**Begründung:**
Beispiel: eigenes Auto, Benzin, Reparaturen	**Beispiel:**	**Beispiel:**

3. **Erstelle einen Schreibplan.** Entscheide dich für eine Position und ordne deine Argumente im Hauptteil entsprechend dem Sanduhrschema an.

Einleitung

Hinführung zum Thema: _____
_____
_____

Hauptteil – Gegenseite

wichtigstes Argument: _____
_____
_____

weniger wichtiges Argument: _____
_____
_____

unwichtigstes Argument: _____
_____
_____

Hauptteil – eigene Seite

unwichtigstes Argument: _____
_____
_____

etwas wichtigeres Argument: _____
_____
_____

wichtigstes Argument: _____
_____
_____

Schluss

Fazit – deine Meinung als Ergebnis der Argumentation: _____
_____
_____

4. **Schreibe eine Erörterung** zum Thema *Führerschein mit 16 – eine gute Idee?* (→ Heft). Orientiere dich beim Schreiben an deinem Schreibplan.

11.2 Einen informierenden Text verfassen

Ein informierender Text dient dazu, den Leser*innen wichtige **Kenntnisse** über ein **Thema** zu vermitteln. Wer einen solchen Text schreiben will, muss sich deshalb zunächst genügend Wissen zum Thema aneignen, z. B. durch **Recherchen** im Internet, in Zeitungen und so weiter.

In der Prüfung bekommst du das Informationsmaterial, das du **sichten** und **auswerten** musst, fertig vorgelegt.

Um auf der Grundlage von mehreren Materialien einen informierenden Text zu schreiben, gehst du am besten so vor:

Interaktive Aufgaben: Einen informierenden Text schreiben

Schritt für Schritt

Vor dem Schreiben eines informierenden Textes

Arbeitsschritt **1**   **Die Aufgabenstellung durchdenken:** *Wer schreibt diesen Text? Und an wen richtet er sich? Welches Ziel soll damit verfolgt werden?*

Arbeitsschritt **2**   **Materialien sichten:** Lies alle Materialien, die dir vorliegen, einmal **zügig** durch. Überlege dabei, welcher **Aspekt** in jedem **Material** im **Vordergrund** steht:
Um was geht es in diesem Text/Diagramm?
Was verrät die Überschrift über den Inhalt?
Am besten notierst du nach der Lektüre jedes Materials sofort neben der Überschrift, worum es hier im Besonderen geht.

Arbeitsschritt **3**   **Materialien auswerten:** Lies alle Materialien noch einmal **sorgfältig** durch. Während des Lesens markierst du alle Textstellen, die dir **in Bezug auf die Aufgabenstellung** wesentlich erscheinen. Ergänze jeweils am Rand passende **Stichworte**, damit du später weißt, wo du bestimmte Informationen findest.

Arbeitsschritt **4**   **Schreibplan erstellen:** Ordne deine Randnotizen in einem Schreibplan.

Tipp

> In der Prüfung wird dir in den Aufgaben häufig vorgegeben, aus **welchen Materialien du jeweils Informationen in deinen Text mit einbeziehen sollst.** Achte immer genau darauf, was in der Aufgabenstellung steht.

Bei der Darstellung deines informierenden Textes solltest du **sachlich** und **neutral** schreiben. Persönliche Wertungen bringst du nicht mit ein. Eine Ausnahme bildet der Schluss, in dem du deine Meinung äußern kannst.

Achte außerdem darauf, in der **Standardsprache** zu schreiben und **eigene Worte** zu verwenden.

Auf einen Blick

Aufbau von informierenden Texten	
Einleitung	Stelle das **Thema** vor: *Um was geht es? Worüber willst du informieren?*
Hauptteil	Im **Hauptteil** gehst du auf Einzelheiten ein. Gestalte deinen Text so, dass du Zusammengehöriges in einem **Absatz** präsentierst.
Schluss	Am **Schluss** formulierst du ein Ergebnis. Dieses kann darin bestehen, dass du deine Leser*innen **ermahnst**, ihnen einen **Ratschlag erteilst** oder an sie **appellierst**. Wie du deinen Text beendest, hängt von deinem Ziel ab und davon, an wen du schreibst.

Teil D: Schreiben | **123**

Die Schulleitung hat vorgeschlagen, dass in eurer Mensa das Essen in Zukunft nicht mehr mit Bargeld, sondern über ein bargeldloses Bezahlsystem auf dem Smartphone bezahlt werden soll. Als den Eltern diese Änderung mitgeteilt wurde, hagelte es Proteste. Kaum jemand war damit einverstanden.

Der Vorfall hat deine Klassenlehrerin dazu veranlasst, mit euch einen Schreibwettbewerb zum Thema „Die Entwicklung des Geldes" durchzuführen. Wer den besten Text verfasst, soll sein Mensaessen einen Monat lang gratis erhalten. Außerdem werden alle Texte auf der Homepage der Schule veröffentlicht. Als Grundlage bekommt ihr verschiedene Materialien.

Schreibe einen **informierenden Text** für den Schreibwettbewerb. Strukturiere deinen Text wie folgt:

▶ Formuliere eine **Einleitung**, in der du deine Leser*innen auf das Thema einstimmst. Du kannst dich dabei auch auf eigene Erfahrungen beziehen.

▶ Stelle im **Hauptteil** zunächst dar, wie sich die **Möglichkeiten des Bezahlens** bis heute nach und nach geändert haben. Gehe dabei auch auf die **Gründe** für die Veränderungen ein.

▶ Beschreibe, welchen **Stellenwert das bargeldlose Bezahlen** heute bereits einnimmt. Belege deine Ausführungen anhand von aussagekräftigen Zahlen.

▶ Nenne **Gründe**, die **gegen die Abschaffung** des Bargelds sprechen könnten.

▶ Zeige am **Schluss** eine Möglichkeit auf, wie das Bezahlsystem in der Schulmensa verändert werden könnte, sodass alle Beteiligten zufrieden sind.

Übung 68

M 1: Jede Menge Zaster: Die wechselvolle Geschichte des Geldes

Am Anfang war der Tausch

Die Geschichte des Geldes beginnt lange vor seiner eigentlichen Erfindung. Früher kauften die Menschen nämlich noch keine Waren, sondern tauschten sie. Meistens verwendeten sie dazu Sachen, die sie selbst herstellten, sammelten oder jagten. Ein Fischer gab zum Beispiel Fische für Kleidung, ein Schmied Hufeisen für Fische und ein Weber Kleidung für Hufeisen.

Die Sache hatte allerdings einen Haken: Brauchte der Schmied gerade keinen Fisch oder der Weber keine Hufeisen, geriet das System aus dem Takt. Es funktionierte nämlich nur, wenn gerade jemand etwas brauchte, was ein anderer gerade hatte. [...]

Der nächste Schritt: Warengeld

Die vorläufige Lösung war ein sogenanntes Zwischentauschmittel, auch Warengeld oder Naturalgeld genannt. Wann es eingeführt wurde, ist nicht ganz klar. Die ersten Geld-Vorläufer dieser Art waren wahrscheinlich schon vor mehr als 6 000 Jahren im Einsatz. Warengeld konnte zum Beispiel Getreide sein, Vieh oder etwas ganz anderes. Wichtig war nur, dass es vielfach begehrt und nützlich sowie für eine gewisse Zeit haltbar und beständig war. [...]

Seit wann gibt es Geld als Münzen?

Wie der Tauschhandel hatte das Warengeld allerdings gewisse praktische Nachteile. Vor allem, was seinen Transport und seine Handhabung anbelangte. Je nach Art war es zu zerbrechlich, zu schwer, zu groß oder zu klein, um es jederzeit und überall mitzuführen.

Da hatten Menschen in Lydien, das lag in der heutigen Türkei, vor etwa 2 700 Jahren eine revolutionäre Idee. Sie hämmerten vergleichsweise weiches Edelmetall zu flachen und einigermaßen runden Stücken. Fertig waren die ersten Münzen in der Geschichte des Geldes. [...]

Das ist leicht: Geld aus Papier

Das nächste Kapitel in der Geschichte des Geldes wurde im 11. Jahrhundert in China aufgeschlagen. Auch dort lief damals der Handel mit Münzen aus Metall ab. Ging es bei Geschäften um größere Summen, waren sie wegen ihres hohen Gewichts kaum zu transportieren. Deshalb wurden sie oft einfach in den Läden gelassen. Die Käufer oder Verkäufer erhielten im Gegenzug ein Stück Papier, auf dem der Wert ihres Depots[1] verzeichnet war. So wurde der Vorläufer des Papiergelds geboren.

Der Wert des Geldes

[…] In Europa, genauer gesagt in Spanien, kam es im 15. Jahrhundert auf. Auf deutschem Boden begann es sich 300 Jahre später zu verbreiten. Es dauerte ein weiteres Jahrhundert, bis sich Papiergeld in Form von Banknoten allgemein als Alternative zum Münzgeld durchsetzte. Das lag an seinen unbestreitbaren Vorteilen: Es wog wenig und war einfach herzustellen. Außerdem ließen sich unterschiedliche Werte aufdrucken.

Buchgeld – einfach nicht zu fassen

Noch flexibler als Banknoten ist Geld, das man nicht anfassen kann und das trotzdem existiert. Das trifft zum Beispiel auf Beträge zu, die auf dem Girokonto eingehen oder davon abgehen. Anders gesagt: die gebucht werden. […] Buchgeld ist eine reine Rechengröße. Es steht in Form von Zahlen auf Kontoauszügen, Lastschrift- oder Überweisungsformularen. […]

Quelle: Detlef Neumann: Jede Menge Zaster: Die wechselvolle Geschichte des Geldes. Im Internet unter: https://www.hanseaticbank.de/klarmacher/bezahlen/jede-menge-zaster-die-wechselvolle-geschichte-des-geldes; Aus didaktischen Gründen stellenweise gekürzt und leicht geändert.

1 *Depots: hier: Guthaben, das eine Person hinterlegt hat*

M 2: Kommt die Bargeldabschaffung?

Dass Bargeld auf kurze Sicht abgeschafft wird, ist unwahrscheinlich. Der Widerstand gegen eine Bargeld-Abschaffung ist aktuell hierzulande[2] noch erheblich. […]

Die Anzeichen mehren sich aber, dass auf lange Sicht die Bargeldabschaffung wahrscheinlich kommen wird. Zu mächtig sind die Interessengruppen, die Bargeld abschaffen wollen, zu einschneidend sind die technologischen Entwicklungen, die nicht mehr aufzuhalten sind, Stichwort Onlineshopping, vernetzte Welt, oder Kryptowährungen[3]. […]

Vor allem aber wird sich auch die Akzeptanz des bargeldlosen Zahlungsverkehrs weiter durchsetzen. Die Nutzung von EC-Karten, Kreditkarten und Girokonten ist heute selbstverständlich.

Modernere bargeldlose Zahlungsmethoden wie PayPal oder Bezahl-Apps sind auf dem Vormarsch, und in der Generation der „Digital Natives" wird sich diese Frage immer weniger stellen. Ähnlich wie beim Siegeszug des Internets kann man wohl davon ausgehen, dass die Vorbehalte in der breiten Bevölkerung abnehmen werden. Und spätestens, wenn jeder Bäcker bargeldloses Bezahlen im Vorbeigehen per kontaktlosem Mobile Payment anbietet, dürften für Münzen und Scheine schwere Zeiten anbrechen. […]

Fakt ist: Ob USA, Skandinavien, Asien, in vielen anderen Ländern ist *Cashless Payment*[4] verbreiteter als hierzulande. In Schweden etwa sollen bereits über 80 % der Bevölkerung überhaupt kein Bargeld mehr nutzen. Selbst die Tasse Espresso oder das Busticket kann man dort vielerorts nicht mehr mit Bargeld bezahlen. […]

Quelle: https://www.gold.de/bargeldabschaffung

2 *hierzulande: in diesem Land, hier: in Deutschland*

3 *Kryptowährungen: digitale Währungen, also Geld, das es nur im Internet gibt (z. B. Bitcoins)*

4 *Cashless Payment: bargeldloses Bezahlen*

M 3

Den Deutschen ist ihr Bargeld lieb
Befragte, die ihr Zahlungsverhalten wie folgt beschreiben

Häufigkeit, mit der die Befragten Bargeld am Automaten abheben

- 11% Seltener/nie
- 23% Einmal im Monat
- 27% Alle zwei Wochen
- 38% Mind. einmal pro Woche

Durchschnittliche Abhebesumme **248 Euro**

78% lassen sich nie Bargeld an Tankstellen oder Supermarktkassen auszahlen

Häufigkeit, mit der die Befragten in Geschäften mit Karte bezahlen

- 28% Seltener/nie
- 15% Einmal pro Woche
- 33% Mehrmals pro Woche
- 16% Mind. einmal täglich

97% nutzen nie bargeldlose Zahlungssysteme per Smartphone

Zu 100 Prozent fehlend: Weiß nicht/Keine Angabe
Basis: 1.008 Girokontobesitzer (ab 18 Jahren) in Deutschland, 30.10.–03.11.2017
Quelle: Marktwächter Finanzen – Verbraucherzentrale Sachsen/Forsa

statista

Quelle: Hedda Nier: Den Deutschen ist ihr Bargeld lieb, Marktwächter Finanzen – Verbraucherzentrale Sachsen/Forsa/ © Statista.com, CC BY-ND 4.0

Fülle zur Vorbereitung den **Schreibplan** aus und verfasse dann deinen informierenden Text (→ Heft).

	Inhalte	Zugehörige Informationen	Quellen
Einleitung	Hinführung zum Thema		
Hauptteil	Entwicklung des Bezahlens im Laufe der Zeit und Gründe für die Veränderungen		
	Bargeldloses Bezahlen heute		
	Gründe gegen die Abschaffung des Bargelds		
Schluss	Überlegungen zur Änderung des Bezahlsystems in der Mensa		

11.3 Einen kreativen Text schreiben

Mit einem kreativen Text willst du den Leser*innen Freude bereiten, indem du sie unterhältst. Dann musst du deine Fantasie bemühen und dir zu dem Text, den du gelesen hast, weitere Inhalte ausdenken, die dazu passen. Dabei gibt es zwei Möglichkeiten:

▶ Entweder du sollst die **Sicht einer literarischen Figur** einnehmen. Dann begibst du dich in die **Rolle einer Figur**; meist ist das die Hauptfigur. Beispielsweise könntest du aufgefordert werden, aus ihrer Vorstellung einen **Tagebucheintrag**, einen **inneren Monolog** oder einen **persönlichen Brief** (oder eine E-Mail) zu verfassen.

▶ Die Rolle des **Erzählers** nimmst du ein, wenn du die Handlung so erzählst, als würdest du sie von außen beobachten und wiedergeben. Das wäre z. B. der Fall, wenn du zu einer Erzählung eine **Fortsetzung** schreiben sollst oder aufgefordert wirst, dir zum Thema des Textes eine eigene **Geschichte** auszudenken.

Interaktive Aufgaben: Einen kreativen Text schreiben

Tagebucheintrag

Der Eintrag in ein Tagebuch ist eine **sehr persönliche** Form des Schreibens. Der Verfasser schildert dabei nicht nur seine Probleme und Sorgen sehr frei und offen, sondern auch seine **geheimsten Gedanken** und **Gefühle**.

Wenn in der Aufgabenstellung verlangt wird, dass du einen Tagebucheintrag aus der Sicht einer Person schreiben sollst, kannst du dich an folgende Arbeitsschritte halten:

Einen Tagebucheintrag schreiben

Arbeitsschritt **1** **Erstelle eine Stoffsammlung.** Versuche, dich in die Figur hineinzuversetzen. Nimm ein Extrablatt und notiere stichpunktartig Antworten zu folgenden Fragen:
- Welche Gedanken und Gefühle bewegen die Figur ganz besonders?
- Welche Erlebnisse haben zu diesen Empfindungen geführt?
- Hat die Figur bestimmte Hoffnungen, Erwartungen oder Ziele?
- Welche Folgerungen zieht die Figur möglicherweise aus diesen Überlegungen? Beschließt sie vielleicht eine Freundschaft zu beenden oder jemandem die Meinung zu sagen?

Arbeitsschritt **2** **Notiere rechts oben das Datum.** Du kannst danach auch noch die Anrede **Liebes Tagebuch** einfügen.

Arbeitsschritt **3** **Fasse als Einleitung die Erlebnisse des Tages kurz zusammen.** So kannst du dich im Anschluss darauf beziehen.

Arbeitsschritt **4** **Gib im Hauptteil die Gedanken und Gefühle der Figur wieder.** Nutze dabei deine Notizen aus der Stoffsammlung.

Arbeitsschritt **5** **Ziehe zum Schluss entsprechende Folgerungen.** Nutze auch hier deine Überlegungen aus der Stoffsammlung.

Schritt für Schritt

Ein Tagebuch ist immer an die Person gerichtet, die den Text schreibt. Dadurch ergeben sich folgende Merkmale für den Sprachstil:

- Schreibe in der **Ich-Form**.
- Der Text soll so wirken, als wäre er **spontan** geschrieben worden.
- Wähle eine **Sprache**, die zu der Person passt, aus deren Sicht du schreibst.
- Du kannst ab und zu auch **Fragen** an dich selbst stellen.
- **Umgangssprachliche Formulierungen** und **verkürzte Sätze** sind erlaubt. Bedenke aber, dass der Text auf jeden Fall verständlich sein muss.

Übung 69

Lies noch einmal die Kurzgeschichte „Surfer" (S. 70 ff.) und bearbeite dann die folgende Aufgabe.

Versetze dich in Achims Situation. Überlege, wie er sich am Abend dieses Tages fühlt, und schreibe aus seiner Sicht einen Tagebucheintrag (→ Heft). Verwende dabei die Ich-Form.

Baue den Tagebucheintrag so auf:

- Zuerst erinnert sich Achim noch einmal an die Ereignisse der letzten Nacht.
- Dann stellt er Überlegungen zum Verhalten seines Freundes Hübi an.
- Anschließend fragt er sich, wie sein eigenes Leben in den nächsten Wochen aussehen wird.
- Am Schluss denkt er darüber nach, wie seine Zukunft aussehen könnte.

Innerer Monolog

Ein innerer Monolog ist eine Art „**Gespräch**", das eine Person in ihrem **Inneren mit sich selbst** führt. Das heißt, dass nur dargestellt ist, was diese Person denkt und fühlt. Dabei sind die Gedanken manchmal ungeordnet und sprunghaft – eben so, wie jemand denkt! Ein innerer Monolog kann z. B. so aussehen:

Beispiel

Mann! Ich hab so was von keine Lust nach Hause zu gehn. Ich kann das Gejammer ja jetzt schon hören: „Schon wieder eine Fünf?" Pah! Dabei könnte der Alte die Aufgaben genauso wenig lösen. – Wie viel Uhr ist es überhaupt? Gerade erst sechs ... Ach, ich glaub, ich geh noch bei Timo vorbei – der hat ein neues Online-Game, dann zock ich erst mal ne Runde, um mich seelisch auf die Predigt vorzubereiten.

Für die Sprachgestaltung von inneren Monologen gibt es eigentlich keine festen Regeln. Es empfiehlt sich aber, folgende Besonderheiten zu beachten:

- Schreibe in der **Ich-Form** und verwende überwiegend **Präsens**.
- Bei **Rückblenden** verwendest du als Zeitform das **Perfekt**.
- Der Text sollte sich wie ein **Selbstgespräch** der Figur anhören.

Teil D: Schreiben | 129

- Auch **unvollständige Sätze**, **Gedankensprünge** und **umgangssprachliche Wendungen** sind möglich. Kennzeichne abgebrochene Sätze mit einem Gedankenstrich oder drei Auslassungspunkten.
- Der Schreiber kann auch **Fragen an sich selbst** stellen.

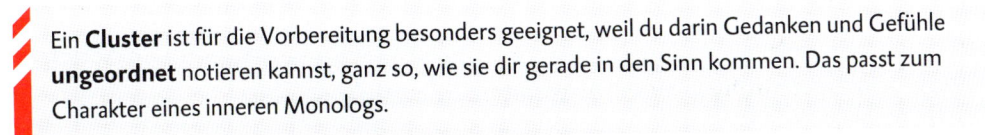

Tipp

> Ein **Cluster** ist für die Vorbereitung besonders geeignet, weil du darin Gedanken und Gefühle **ungeordnet** notieren kannst, ganz so, wie sie dir gerade in den Sinn kommen. Das passt zum Charakter eines inneren Monologs.

Übung 70

Lies folgenden Text und schreibe anschließend einen inneren Monolog aus der Sicht Leons. Führe zur Vorbereitung das unten angefangene Cluster fort.

Fahrerflucht

Leon schluckte – sollte er umkehren? Bis eben hatte er sich noch gefreut: Wenn er das Tempo durchhielt, könnte er die S-Bahn zur Schule gerade so erwischen. Als er aber mit seinem neuen Rennrad um die Ecke schoss, wäre es fast zu spät gewesen, um der alten Dame auszuweichen, die mit ihrem Hund spazieren ging. Der Hund tat einige Sätze in Leons Richtung, ehe er kläffend stehen blieb. Die alte Dame wurde dabei an der Leine mitgezerrt und schließlich umgeworfen. Reglos blieb sie am Boden liegen. Wenn Leon jetzt anhielt, konnte er die S-Bahn vergessen. Der Verweis wegen Unpünktlichkeit wäre ihm sicher. Aber einfach weiterfahren?

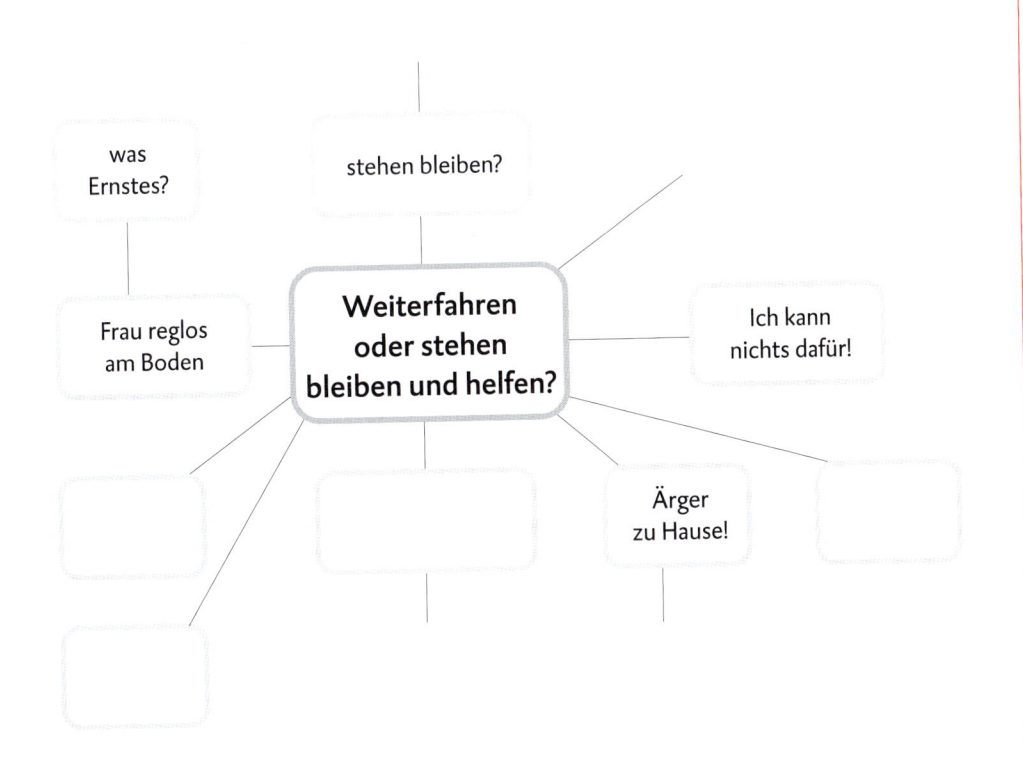

Cluster:
- was Ernstes?
- stehen bleiben?
- Frau reglos am Boden
- **Weiterfahren oder stehen bleiben und helfen?**
- Ich kann nichts dafür!
- Ärger zu Hause!

Persönlicher Brief / Persönliche E-Mail

Einen persönlichen Brief kannst du ganz anders gestalten als einen formalen Brief. Das hängt damit zusammen, dass du den Empfänger **persönlich kennst**. Für persönliche Schreiben gibt es viele **Anlässe**, man kann sich für etwas entschuldigen, an den Leser appellieren oder ihm einen Ratschlag erteilen. Es ist aber auch denkbar, dass man dem Empfänger einfach nur von seinem Leben erzählen will.

Auch wenn es sich bei einem persönlichen Brief um **kein offizielles Schreiben** handelt, solltest du einige **formale Angaben** berücksichtigen:

Auf einen Blick

Persönliche Schreiben richtig gestalten	
Briefkopf	In der Regel ist es nicht erforderlich, dass du die Anschriften des Verfassers und des Empfängers im Briefkopf einfügst, da ein persönlicher Brief immer an jemanden gerichtet ist, den man kennt. Es genügen die Angaben von **Ort** und **Datum**.
Begrüßungsformel	Da du deinen Leser kennst, kannst du ihn **persönlich begrüßen** – z. B. mit: **Lieber/Liebe …**, **Hallo …**
Brieftext	Im eigentlichen Brieftext solltest du auf Folgendes achten: • Schreibe in der **Ich-Form**. • **Sprich** den Empfänger hin und wieder direkt **an**. • Das **vertrauliche Anredepronomen du** kannst du entweder klein- oder großschreiben. Wichtig ist aber, dass du dich für eine Variante entscheidest. Die Anrede **Sie** wird immer großgeschrieben. • Erlaubt sind auch **umgangssprachliche Wendungen** und **verkürzte Sätze**. • Gib **Vergangenes** im Präteritum oder im Perfekt wieder. • Wenn du den Brief aus der Sicht einer literarischen Figur schreiben sollst, wählst du eine **Sprache**, die zu ihr passt.
Grußformel	Beende den Brief mit einer passenden **Schlussformel**, z. B. mit: **Bis bald, Liebe/Viele Grüße**. Vergiss nicht, am Schluss mit deinem Namen zu **unterschreiben**.

Hinweis: Im Quali kann verlangt werden, aus der **Sicht** einer bestimmten **Figur** einen Brief an eine andere Figur zu schreiben. Dann musst du dich sowohl in die Situation des Schreibers als auch in die Situation des Empfängers hineinversetzen.

Beim Verfassen des Brieftextes helfen dir folgende Arbeitsschritte:

Schritt für Schritt

Einen persönlichen Brief schreiben	
Arbeitsschritt 1	**Erstelle eine Stoffsammlung.** Überlege, was du dem Empfänger mitteilen willst.
Arbeitsschritt 2	**Erläutere in der Einleitung den Anlass.** Da du nicht einfach „mit der Tür ins Haus fallen" solltest, erklärst du zuerst einmal, aus welchem Anlass du den Brief schreibst. Gibt es z. B. ein besonderes Erlebnis, auf das du dich beziehen möchtest?
Arbeitsschritt 3	**Bringe dein Anliegen im Hauptteil vor.** Finde eine passende Überleitung zu dem Anliegen, das du an den Adressaten richten willst. Vergiss nicht, dieses auch zu begründen. So kann der Empfänger deine Erwartungen besser nachvollziehen.
Arbeitsschritt 4	**Beende den Brief mit einem passenden Ausstieg.** Es bietet sich z. B. an, um Verständnis für dein Anliegen zu bitten oder dich im Voraus für eine Unterstützung zu bedanken. Ebenso könntest du die Meinung des Adressaten zu einer bestimmten Angelegenheit einholen oder einfach ein nächstes Wiedersehen planen.

> **Tipp**
>
> Bei einem Brief solltest du dich immer auch **in den Empfänger hineinversetzen**. Frage dich, was er weiß oder wissen könnte, und beziehe dich darauf. Nimm auch Rücksicht auf seine Gefühle – selbst dann, wenn du Kritik an ihm üben willst.

Übung 71

Lies noch einmal die Kurzgeschichte „Surfer" (S. 70 ff.). Bearbeite dann die folgende Aufgabe:

Aufgabe

Vor seiner Abreise schreibt Hübi noch einen Brief an Achim. Er möchte ihm klar machen, wie sehr er ihn schätzt, und will ihm sagen, dass er die Freundschaft mit ihm nach seiner Rückkehr aus Australien unbedingt fortsetzen will.
Schreibe diesen Brief (→ Heft). Verwende dabei die Ich-Form.

Baue deinen Brief so auf:

- Zuerst denkt Hübi noch einmal an das Erlebnis der letzten Nacht zurück. Er sagt Achim, dass er ihn für seinen Mut bewundert.
- Dann macht er sich Gedanken über sein eigenes Verhalten, das er in dieser Nacht gezeigt hat.
- Danach fragt er sich, wie er sich auf seiner Australien-Reise wohl fühlen wird.
- Zum Schluss versichert er Achim, dass er sich gleich nach seiner Rückkehr bei ihm melden wird.

Fortsetzung eines Textes

Wenn du zu einem **literarischen** Text eine Fortsetzung schreiben sollst, ist es besonders wichtig, dass du es schaffst, einen möglichst „nahtlosen" **Übergang** zum Originaltext herzustellen. Das betrifft sowohl die **Sprache** als auch den **Inhalt**. Berücksichtige deshalb beim Schreiben folgende Besonderheiten:

- Knüpfe **inhaltlich** an den vorgegebenen Text an. Greife am besten das Ende auf, um die Handlung von dort aus fortzusetzen.
- Halte die **Erzählperspektive** (Ich- oder Er-Erzähler) und die **Zeitform** des Ausgangstextes ein.
- Achte darauf, dass du die **Sprache des Originaltextes** triffst. Versuche dazu, dessen Satzbau, Sprachebene oder Wortschatz nachzuahmen. Füge hin und wieder wörtliche Rede ein, aber nur dann, wenn es zum Originaltext passt.
- Schreibe so, dass die Weiterführung der Handlung **glaubwürdig** wirkt.
- Achte darauf, dass die Fortsetzung **inhaltlich** zum Ausgangstext passt.
- Führe die Handlung zu einem richtigen **Ende**.

Gehe beim Schreiben einer Fortsetzung folgendermaßen vor:

Schritt für Schritt

Eine Fortsetzung schreiben

Arbeitsschritt **1** **Versetze dich in die Figuren hinein.** Überlege, wie die Hauptfigur in Zukunft handeln könnte. Denke außerdem darüber nach, wie die anderen Personen, von denen ebenfalls die Rede ist, reagieren würden.

Arbeitsschritt **2** **Entscheide, wie die Geschichte enden soll.** Mache dir stichpunktartig Notizen.

Arbeitsschritt **3** **Überlege dir einzelne Handlungsschritte.** Achte auf einen „lückenlosen" Übergang zwischen dem Originaltext und deiner Fortsetzung. Bringe dann die Handlung logisch und glaubwürdig zu einem Ende. Halte jeden einzelnen Handlungsschritt stichwortartig fest und erstelle so einen Schreibplan.

Arbeitsschritt **4** **Schreibe deine Fortsetzung.** Nutze dazu die Notizen aus deinem Schreibplan.

Übung 72 Schreibe eine Fortsetzung zu folgendem Text. Erstelle zuvor einen Schreibplan.

Ausreißer

¹ Manuel heult. Ihm ist kalt. Hunger hat er auch. Seit zwei Tagen hat er höchstens ein paar Schokoriegel gegessen. Mit Schaudern denkt Manuel an die Nacht auf der
⁵ Parkbank in der fremden Stadt und an die Angst vor der Polizei. Wer weiß, vielleicht wird er sogar schon gesucht...?

Manuel (15) ist abgehauen. Denn vorgestern gab es Zeugnisse. Nicht, dass sei-
¹⁰ nes besonders schlecht gewesen wäre. Aber eben nicht gut genug für die Eltern.

Für die ist ja schon eine Drei eine Katastrophe.

¹⁵ TV-Verbot und Hausarrest, damit könnte Manuel leben. Am schlimmsten sind aber die vorwurfsvollen Blicke seiner Eltern. Dieser dauernde Druck und das schlechte Gewissen, das ihm nach jeder schlechten
²⁰ oder durchschnittlichen Note eingeimpft wird, sind nur schwer auszuhalten.

Auf dem Nachhauseweg von der Schule ist Manuel dann mit dem Bus einfach ein paar Stationen bis zum Bahnhof
²⁵ gefahren und dort in den nächsten Intercity gestiegen. Vor dem Schaffner, der die Fahrkarten sehen wollte, hat er sich in der Zugtoilette versteckt. Nach ein paar Stunden: Endstation in der Stadt, in der
³⁰ Manuel noch nie vorher gewesen ist. Aber wie sollte es jetzt weitergehen? Wo sollte er schlafen? Was sollte er essen?

Manuel wurde am Bahnhof von zwei Männern angesprochen. Sie wollten ihm
³⁵ Rauschgift verkaufen. Wortlos ist er weitergelaufen. Aber was nun? Wieder zurück nach Hause? Dann besteht vielleicht die Chance, dass alle in der Familie gemeinsam darüber nachdenken, was zu
⁴⁰ Manuels Flucht geführt hat.

Quelle: Ausreißer. Aus: Jugend-Jahrbuch Hallo Welt „Menschlichkeit", Domino Verlag 1994, aus didaktischen Gründen stellenweise gekürzt und geändert.

Eine Geschichte schreiben

Wenn du aufgefordert wirst, dir eine Geschichte auszudenken, wird dir das **Thema**, um das es darin gehen soll, immer genannt – allerdings nur in Kurzform. Auch die **Textsorte** wird dir vorgegeben, z. B. wird dir gesagt, dass du ein Märchen oder eine Kurzgeschichte schreiben sollst. Der Text, der dir als Grundlage gegeben wird – das kann sowohl ein Sachtext als auch ein literarischer Text sein – , soll dir Anregungen dafür geben, wie eine mögliche Handlung deiner Geschichte aussehen könnte. Der Inhalt, den du dir ausdenkst, muss aber nicht genauso sein wie in dem Grundlagentext.

Die Textsorte, in der du deine Geschichte erzählen sollst, sagt von vornherein etwas aus über Zeit und Ort:

- Ein **Märchen** spielt in der **Vergangenheit**. Wann genau sich die Handlung ereignet, wird nicht genau gesagt, und wo das Geschehen stattfindet, bleibt auch eher allgemein, denn der Ort wird nicht näher bestimmt.

- Eine **Kurzgeschichte** spielt in der **heutigen Zeit**. Das erkennt man auch am Umfeld, in dem die Figuren leben, und an den Dingen, mit denen sie tagtäglich umgehen.

- Eine **Science-Fiction-Geschichte** spielt in der **Zukunft**, und die technische Entwicklung ist weit fortgeschritten, sodass die Personen ganz selbstverständlich Geräte benutzen, die wir noch gar nicht kennen.

Genauere Informationen über die Textsorte Märchen und Kurzgeschichte findest du auf Seite 86. Für Science-Fiction-Geschichten gibt es keine weiteren Merkmale; sie sind ähnlich strukturiert wie Kurzgeschichten.

Wenn du eine Geschichte erzählen sollst, musst du zweierlei können:

1. Du musst dir eine **Handlung** überlegen, die zum Thema passt. Dieses wird dir in der Aufgabenstellung genannt und kurz erläutert.

2. Du musst wissen, welche **Merkmale** die Geschichte auszeichnen, die du schreiben sollst. Beispielsweise musst du wissen, welche Besonderheiten typisch für ein Märchen oder eine Kurzgeschichte sind. Du kannst sie auf Seite 86 noch einmal nachlesen.

> **Tipp**
>
> Vergiss nicht, dass der **Text, den du vorher gelesen hast**, meist die **Grundlage für deinen Text** ist. Suche darin nach Einzelheiten, die du so umwandeln kannst, dass sie zu deiner Geschichte passen. Der Inhalt, den du dir ausdenkst, muss nicht genauso sein wie in dem Grundlagentext. Er kann auch deutlich davon abweichen. Wichtig ist nur, dass das Thema, das den Mittelpunkt deiner Geschichte bildet, zum Text passt, den du gelesen hast.

Schritt für Schritt

Eine Geschichte verfassen

Arbeitsschritt 1 Denke über das **Thema** nach, zu dem du eine Geschichte verfassen sollst. Frage dich, welche Einzelheiten dabei wichtig sind.

Arbeitsschritt 2 Denke dir eine **Handlung** aus. Es genügt, wenn du dir zunächst überlegst, wie der Ablauf aussehen könnte: *Wie soll deine Geschichte anfangen? Wie kann der Hauptteil ablaufen? Wie wird das Ende aussehen?*

Arbeitsschritt 3 Überlege dir nun die nötigen **Einzelheiten**, die in deiner Geschichte eine Rolle spielen sollen: *Wann und wo spielt die Handlung? Wer ist die Hauptfigur? Was erlebt die Hauptfigur? Welche Personen spielen bei der Entwicklung des Geschehens eine Rolle?* Notiere dir zu jeder dieser Fragen alles, was dir dazu einfällt.

Arbeitsschritt 4 Frage dich, wie deine Geschichte gestaltet sein sollte. Stelle die besonderen **Merkmale der Textsorte** zusammen.

Arbeitsschritt 5 Entwirf einen **Schreibplan**. Halte in Stichworten fest, was in den drei Teilen deiner Geschichte (Einleitung, Hauptteil, Schluss) vorkommen soll.

Tipp

Achte beim Schreiben darauf, deinen Text **anschaulich und lebendig** zu formulieren. Verwende z. B. ab und zu wörtliche Rede oder stelle dar, was deiner Hauptfigur durch den Kopf geht.

Übung 73

Schreibe eine Kurzgeschichte zum Thema „Ermutigung".
Lies vorher noch einmal den Text „Waschen, schneiden, Weltmeister" (S. 66 f.) und suche darin nach Anregungen für eine mögliche Handlung.
Stelle dann Überlegungen für eine eigene Geschichte an, in der es darum geht, dass jemand einer anderen Person Mut macht.
Schreibe diese Geschichte auf (→ Heft). Beachte dabei die besonderen Merkmale der Textsorte Kurzgeschichte.

▶ **Übungsaufgaben im Stil des neuen Quali**

Übungsaufgaben im Stil des neuen Quali
Übungsaufgabe 1 – Literarischer Text

Teil A: Zuhören

_____ /12 Punkte

Aufgabe zu Hörtext 1

> Die Freunde Jamal und Alexander treffen sich zufällig an der Bushaltestelle. Jamal hat eine große Sporttasche dabei und ist auf dem Weg in die Schwimmhalle. Die beiden Freunde haben sich länger nicht gesehen. Nun sprechen sie über die Gründe dafür.

Höre genau zu und beantworte die Fragen mit <u>Kurzantworten</u> (ein bis fünf Wörter oder Zahlen). Eine Frage (0) ist bereits beantwortet.

(0) Worauf bereitet sich Jamal vor?

auf einen Schwimmwettkampf

(1) Um wie viele Sekunden konnte Jamal seine Zeit noch einmal verbessern? 1 P

_____

(2) Was hat Alex neben dem Zeitmessen auch ab und zu für Jamal erledigt? 1 P

_____

(3) Wohin hat die Klasse einen Ausflug gemacht? 1 P

_____

(4) Wie lang muss Alex arbeiten, um das Geld für den Kletterpark zu verdienen? 1 P

_____

4 P

Aufgabe zu Hörtext 2

Die Freundinnen Sandra und Mina sitzen zusammen im Bus. Sie diskutieren darüber, warum ihre gemeinsame Freundin Ella nicht mehr mit ihnen spricht.

Wem lassen sich folgende Aussagen zuordnen? Höre gut zu und kreuze an, welche Aussage auf welches der beiden Mädchen zutrifft. Ein Beispiel (0) ist vorgegeben.

	Aussage	Sandra	Mina	keine von beiden
(0)	… hat lange nichts von Ella gehört.	☒	☐	☐
(1)	… findet Ella zickig.	☐	☐	☐
(2)	… hat den gleichen Badeanzug wie Ella.	☐	☐	☐
(3)	… schminkt und stylt sich gern.	☐	☐	☐
(4)	… hält nichts von Konkurrenz unter Freunden.	☐	☐	☐

1 P
1 P
1 P
1 P

4 P

Aufgabe zu Hörtext 3

Lilo muss ein Referat für die Schule zum Thema Freundschaft vorbereiten. Im Internet findet sie einen Podcast zum Thema.

Höre genau zu und ordne den Behauptungen (1–4) die jeweils richtige Schlussfolgerung (A–G) zu. Trage dazu die Buchstaben in die unten stehende Tabelle entsprechend ein.
Eine Aussage ist bereits zugeordnet (0). Zwei Schlussfolgerungen bleiben übrig.

	Behauptung		Schlussfolgerung
(0)	**Freundschaften geben uns ein gutes und sicheres Gefühl.**	A	Wahre Freundschaft heißt, unzertrennlich zu sein.
(1)	Viele Freunde kennen sich bereits seit ihrer frühesten Kindheit.	B	Freundschaften halten nicht immer ein Leben lang.
(2)	Freunden kann man vertrauen.	C	Manche Menschen schließen nur schwer Freundschaften.
(3)	Wenn Menschen umziehen oder sich streiten, können Freundschaften auch zerbrechen.	D	Bereits in der Kita werden Freundschaften fürs Leben geschlossen.
(4)	Freunde müssen bei Streitfragen nicht immer ihren Kopf durchsetzen.	E	In einer Freundschaft geht man Kompromisse ein.
		F	In einer guten Freundschaft sind meine Geheimnisse sicher.
		G	**Ohne Freundschaften würden wir uns nicht wohlfühlen.**

(0)	(1)	(2)	(3)	(4)
G				

4 P

Teil B: Sprachgebrauch – Sprachbetrachtung

___/6 Punkte

2 P 1. Benenne die Wortarten der unterstrichenen Wörter.

Dieses Jahr <u>verbringen</u> mein bester Freund Samuel und ich <u>die</u> <u>Sommerferien</u> <u>an</u> der italienischen Küste.

verbringen	
die	
Sommerferien	
an	

1 P 2. Schreibe ein Satzglied aus dem Satz in Aufgabe 1 vollständig ab und benenne es mit dem lateinischen Fachbegriff.

Satzglied: _____

Fachbegriff: _____

1 P 3. Ergänze eine passende Konjunktion, sodass ein sinnvoller Satz entsteht.

Eine Freundschaft kann nur mit viel Arbeit wieder aufgebaut werden, _____ sie zerstört worden ist.

1 P 4. Setze die in Klammern angegebenen Wörter so ein, dass der jeweilige Satz grammatikalisch korrekt ist.

Eine Freundschaft aufrechtzuerhalten liegt in der Verantwortung _____ _____ (alle Beteiligten). Dabei hilft es, immer wieder _____ (nachfragen), was dem anderen wichtig ist.

1 P 5. Setze den folgenden Satz ins Passiv.

Ein guter Freund gibt auch ungefragt Ratschläge.

_____

6 P

Teil B: Sprachgebrauch – Rechtschreiben

___/6 Punkte

1. Schreibe die Sätze in der richtigen Schreibweise auf.

   wennmeinebestefreundinundichunsstreiten,vertragenwirunsmeistens ziemlichschnellwieder.

   _____

   1 P

2. Entscheide, ob jeweils ein einfacher oder ein Doppelkonsonant eingesetzt werden muss.

   Norma __ erweise (l/ll) schreien wir uns erst **fu __ chtbar** (r/rr) an und hören einander kaum zu. Doch nach wenigen Minuten **erke __ en** (n/nn) wir, dass der Grund unseres Streits das ganze **Gezi __** (k/ck) gar nicht wert ist.

   2 P

3. Trenne die Wörter so oft wie möglich und schreibe sie mit Trennungszeichen auf die vorgegebenen Zeilen.

   Vertrauensgerüst: _____

   Geheimnisse: _____

   1 P

4. Notiere, welche Rechtschreibstrategie du jeweils anwenden kannst, um dich für die richtige Schreibweise der Wörter zu entscheiden. Trage die korrekten Buchstaben in die Lücken ein.

   2 P

Ich treffe mich jeden Tag mit meinem besten Freund zum **Fu __ ballspielen**.	**Hilfreiche Rechtschreibstrategie:**
s? ss? ß?	

Dabei sprechen wir über unsere **Zukunftstr __ me**.	**Hilfreiche Rechtschreibstrategie:**
eu? äu?	

   6 P

Teil C: Lesen – Text

Vertrauensgerüst

Die warme Herbstsonne warf die tanzenden Schatten der Blätter der Eiche vor dem Fenster an die Zimmerdecke, die ich schon seit gefühlten Stunden wie gebannt anstarrte. In dieser Zeit waren die Schattenspiele von der gegenüberliegenden Wand bis genau unter die Decke gewandert und ich wusste, dass sie in wenigen Minuten verschwunden sein würden, wenn die Dunkelheit sie verschlang. Aber das war noch nicht zu erahnen, das ganze Zimmer war in warmes, goldenes Licht getaucht.

Mir schien das seltsam unangemessen. Zu meiner Stimmung hätte ein graues, kaltes und absolut klischeehaftes Regenwetter gepasst. Wäre mein Leben ein Spielfilm, würde außerdem leise, traurige Klaviermusik im Hintergrund spielen und ich würde still weinen [...]. Ich wäre die Heldin der Geschichte. [...] Stattdessen lag ich hier und dachte nach. Über die kalte Schulter, die ich seit Tagen schon zu sehen bekam. Das Schweigen und die Ratlosigkeit. Nicht, dass ich es nicht verdient hätte, es hatte keinen Sinn, sie dafür verantwortlich zu machen. Vielleicht überreagierte sie, aber sie verhielt sich ja nicht grundlos so. Ich hatte sie in letzter Zeit viel zu sehr vernachlässigt und ihre bedingungslose Freundschaft als etwas Selbstverständliches angesehen. Und jetzt war sie nicht mehr da und mein Leben schien völlig auf den Kopf gestellt. Ich sah sie jeden Tag, aber es war, als wäre sie eine völlig andere Person, jemand, den ich nicht seit Jahren kannte, dem ich nicht seit Jahren alles anvertraute. Die schönen Erinnerungen waren schmerzlich geworden und mir schossen jedes Mal Tränen in die Augen, wenn ich an sie dachte. Sie hatte mir Halt gegeben und war immer der Fels in der Brandung gewesen. Für uns hatte „Beste Freunde" wirklich etwas bedeutet, es war keine vorübergehende Freundschaft gewesen, sondern etwas Einzigartiges. [...]

Ich wurde plötzlich aus meinen Gedanken gerissen, als sich meine Zimmertür öffnete, und ich setzte mich ruckartig auf. Durch den Türspalt lugte der lockige Silberschopf meiner Großmutter. [...] „Deine Mutter hat gesagt, es ginge dir nicht gut. Da dachte ich, ich schaue mal nach dir." Sie strich mir sanft die nach dem vielen Liegen wirren Haare aus dem Gesicht und ich lächelte [...] gequält: „Ist nicht so schlimm, ich habe nur ein bisschen Streit mit jemandem, also..." Ich musste einmal tief Luft holen, um die Tränen zu unterdrücken, aber wie immer hatte meine Großmutter mich schon durchschaut. [...] Sie strich mir langsam über die Haare, bis ich mich wieder so weit beruhigt hatte, dass ich weiterreden konnte: „Ich weiß nicht, ich glaube, ich habe sie ein bisschen vernachlässigt in letzter Zeit und jetzt, na ja, jetzt ignoriert sie mich komplett." Ich seufzte: „Es ist nicht so schlimm, ich weiß, aber... doof."
Oma nickte langsam: „Nein, Häschen, ich verstehe. Du vertraust ihr und das Vertrauen zu verletzen ist eins der schlimmsten Dinge, die man einem Menschen an-

tun kann. Nur weil es keine äußere Verletzung ist, ist es nicht ‚nicht so schlimm'."
Sie zögerte einen Moment und setzte sich dann so seitlich hin, dass sie mir in die Augen schauen konnte: „Vertrauen ist etwas Besonderes. Ich stelle es mir oft als ein riesiges, wackeliges Gerüst vor, dass bei einem seitlichen Anstupsen schon zusammenbrechen kann. Und wenn das passiert, muss es ganz langsam, Stück für Stück, wiederaufgebaut werden, und glaube mir, das ist mühselig und nimmt deine ganze Kraft in Anspruch." [...] Sieh es als Chance. Ich weiß nicht, was passieren wird, vielleicht wird eure Freundschaft dadurch stärker, vielleicht musste es so kommen, weil ihr einfach nicht füreinander geschaffen seid, und du lernst völlig neue Menschen kennen. Von hier aus kann alles passieren." [...]

Oma ging etwa zehn Minuten später und ich blieb wieder allein mit meinen Gedanken zurück. Inzwischen war es in meinem Zimmer fast komplett dunkel [...]. Ich fühlte mich nicht anders, als bevor sie da gewesen war, aber die Unordnung in meinem Kopf schien etwas durchsichtiger geworden zu sein. Ich mochte die Metapher mit dem Vertrauensgerüst. Ich hatte nicht gewusst, wie ich das Gefühl der Schwere auf der Brust passend beschreiben konnte, aber ein eingestürztes Gerüst gefiel mir ganz gut. [...]

Ich war kurz davor wieder tief in Gedanken zu versinken und die Decke weiter zu beobachten, als ich aus dem Augenwinkel plötzlich den Bildschirm meines Handys aufleuchten sah. Mein Herz machte einen Sprung und ich griff hastig danach. [...] Als ich jedoch sah, von wem die Nachricht war, beziehungsweise von wem sie nicht war, hätte ich das Handy am liebsten mit voller Wucht gegen die Wand geworfen. Warum hatte ich überhaupt auch nur die Möglichkeit in Erwägung gezogen, sie wäre von ihr? Seufzend öffnete ich sie trotzdem. Sie war von einem Mädchen aus meiner Stufe, neben dem ich in Geschichte saß. Sonst hatten wir eigentlich nichts miteinander zu tun und ich hatte keine Ahnung, was ich von ihr hielt.

„Hey! Ich habe mitbekommen, dass du heute Abend nicht mit deiner Clique unterwegs bist, und wollte fragen, ob du Lust hast, noch zu mir zu kommen? Ein paar andere sind auch da, das wäre doch ganz cool, oder? ☺" Ich musste die Nachricht erst drei Mal lesen, bevor ich ihren Sinn richtig verstanden hatte. War das jetzt der Moment, in dem ich mich entscheiden musste?

Quelle: Johanna Templer: Vertrauensgerüst, in: Krise, Gesammelte Kurzgeschichten junger Autoren, hrsg. von Laura Münstermann und Dr. Nina Schimmel, Klaus Münstermann Verlag 2017.

Teil C und Teil D: Material

Zwei Grafiken zum Thema „Freundschaft"

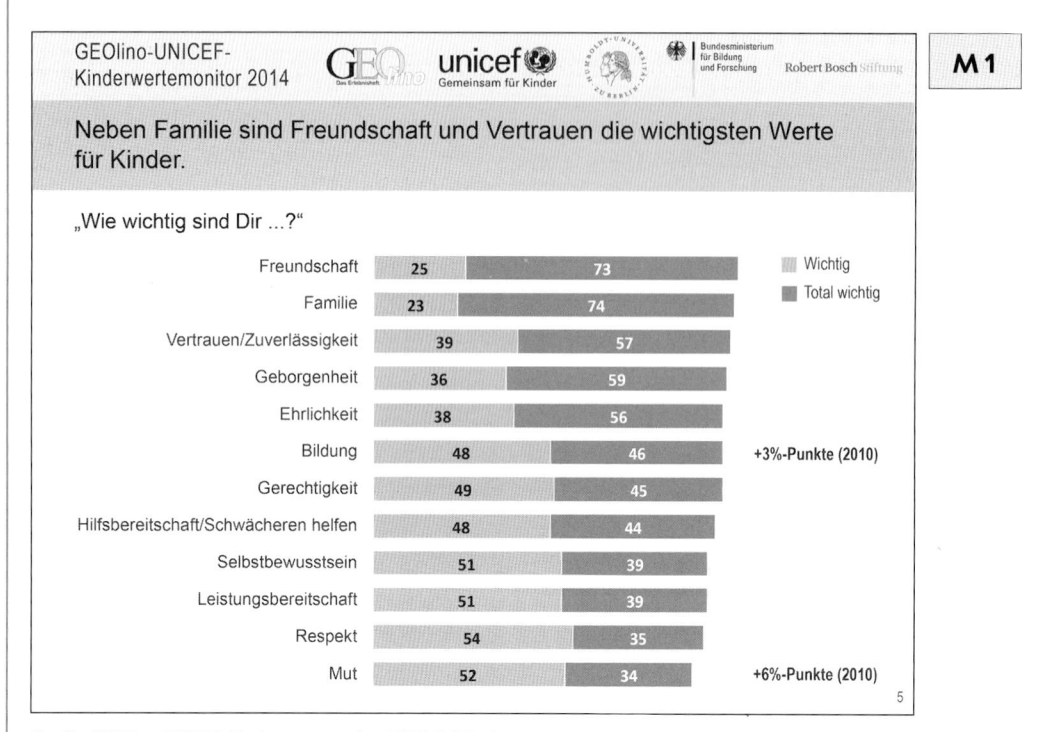

M 1

GEOlino-UNICEF-Kinderwertemonitor 2014

Neben Familie sind Freundschaft und Vertrauen die wichtigsten Werte für Kinder.

„Wie wichtig sind Dir ...?"

Wert	Wichtig	Total wichtig	
Freundschaft	25	73	
Familie	23	74	
Vertrauen/Zuverlässigkeit	39	57	
Geborgenheit	36	59	
Ehrlichkeit	38	56	
Bildung	48	46	+3%-Punkte (2010)
Gerechtigkeit	49	45	
Hilfsbereitschaft/Schwächeren helfen	48	44	
Selbstbewusstsein	51	39	
Leistungsbereitschaft	51	39	
Respekt	54	35	
Mut	52	34	+6%-Punkte (2010)

Quelle: GEOlino-UNICEF-Kinderwertemonitor 2014, S.5, im Internet unter:
https://www.unicef.de/blob/56990/a121cfd7c7acbdc2f4b97cbcdf0cc716/geolino-unicef-kinderwertemonitor-2014-data.pdf

M 2

SINUS: YouGov

Was ist in einer Freundschaft besonders wichtig?
Freundschaft wird an offener Kommunikation und Fürsorge gemessen

Man ist ehrlich zueinander.	71%
Man kann über alles reden.	70%
Ich bin für den Menschen da, wenn er mich braucht.	70%
Dieser Mensch ist für mich da, wenn ich ihn brauche.	70%
Man kann sich gegenseitig Geheimnisse anvertrauen.	51%
Man kennt den anderen sehr gut.	51%
Man kann auch mitten in der Nacht anrufen, wenn man ihn braucht.	46%
Man hat schon viel gemeinsam erlebt.	44%
Man ist regelmäßig in Kontakt.	44%
Man hat viele gemeinsame Werte und Überzeugungen.	41%
Etwas anderes	4%

Fragetext: Wodurch zeichnen sich Ihrer Meinung nach gute Freundschaften besonders aus? (Mehrfachantworten möglich) (Basis: Alle Befragte)

Quelle: SINUS-Institut/ YouGov, Online-Interviews rep. Deutschland 18-69 Jahre, n=2.045
Umfrage zum Internationalen Tag der Freundschaft – 30. Juli 2018, Angaben in %

© SINUS 2018

Quelle: SINUS-Institut / YouGov

Teil C: Lesen

___/12 Punkte

Bearbeite die folgenden Aufgaben auf einem gesonderten Blatt.

1. Bei dem vorliegenden Text handelt es sich um eine Kurzgeschichte. Kurzgeschichten sind durch typische Merkmale gekennzeichnet, z. B.:

Merkmal der Textsorte	Textbeleg
• wenige handelnde Figuren	• im Text gibt es nur zwei handelnde Figuren, das Mädchen und ihre Großmutter

   Nenne stichpunktartig zwei weitere Merkmale einer Kurzgeschichte und belege sie anhand des Textes.

   2 P

2. Fasse den Inhalt der Kurzgeschichte in wenigen Sätzen zusammen.

   2 P

3. Im Text wird das sprachliche Bild „... mein Leben schien völlig auf den Kopf gestellt" (Z. 33 f.) verwendet.
   Erkläre dieses sprachliche Bild in eigenen Worten aus dem Textzusammenhang.

   1 P

4. Die Ich-Erzählerin ist traurig. Belege diese Aussage anhand einer passenden Textstelle.

   1 P

5. Woran ist die Freundschaft der beiden Mädchen im Text gescheitert? Stelle die Gründe dafür stichpunktartig dar.

   1 P

6. „Nur weil es keine äußere Verletzung ist, ist es nicht ‚nicht so schlimm'." (Z. 75 f.) Erläutere diese Aussage ausführlich im Textzusammenhang. (Umfang mind. 60 Wörter).

   2 P

7. a) Das Schaubild **M 1** zeigt, was Kindern wichtig ist. Setze diese Erkenntnisse in einen Zusammenhang mit dem Text.
   b) Einige Nennungen aus Schaubild **M 2** passen zu der gescheiterten Freundschaft aus dem Text.
   Wähle zwei davon aus und begründe deine Auswahl.

   3 P

   12 P

Teil D: Schreiben

___/24 Punkte

> Wähle Aufgabengruppe I **oder** Aufgabengruppe II aus und bearbeite sie anschließend **vollständig** auf einem gesonderten Blatt.

Aufgabengruppe I

16 P 1. „Das erste Gesetz der Freundschaft lautet, dass sie gepflegt werden muss. Das zweite lautet: Sei nachsichtig, wenn das erste verletzt wurde." Dieses Zitat stammt von dem französischen Philosophen Voltaire.

Stimmst du zu oder nicht?

Schreibe einen Artikel für die Schülerzeitung, in dem du deine Meinung formulierst und sie ausführlich mit mindestens drei Argumenten begründest. Du kannst dabei auch auf Informationen aus dem Text und den Materialien **M 1** und **M 2** zurückgreifen.

Entwirf zunächst einen Schreibplan.

4 P 2. „Ich musste die Nachricht erst drei Mal lesen, bevor ich ihren Sinn richtig verstanden hatte. War das jetzt der Moment, in dem ich mich entscheiden musste?" (Z. 131 ff.) – Das Ende der Kurzgeschichte ist völlig offen.

Schreibe eine Fortsetzung der Geschichte.

(Umfang mind. 120 Wörter)

4 P 3. Die Ich-Erzählerin denkt über ihre Fehler nach und möchte in Zukunft einiges anders machen.

Schreibe einen Eintrag auf deinem Internetblog, in dem du Tipps zum Thema Freundschaft gibst. Nutze dazu Informationen aus **M 1** und **M 2**.

(Umfang mind. 120 Wörter)

24 P

ODER

Aufgabengruppe II

1. Versetze dich in die Ich-Erzählerin hinein. Deine Großmutter hat dir gerade die Metapher des „Vertrauensgerüsts" erklärt und du bist nun wieder allein in deinem Zimmer.

   Schreibe einen Tagebucheintrag über deine Gedanken.

   Entwirf zunächst einen Schreibplan.

   16 P

2. Als SMV-Mitglied möchtest du, dass auf dem Pausenhof der Schule eine Pausenkiste mit Spielgeräten wie Bällen und Frisbees aufgestellt wird.

   Schreibe einen Brief an die Schulleitung, in dem du mit mindestens zwei Argumenten erläuterst, weshalb diese Kiste gut ist und Freundschaften unter den Schülerinnen und Schülern fördert.

   (Umfang mind. 180 Wörter)

   6 P

3. Stell dir vor, du bist Autor*in eines Internetlexikons. Ein Eintrag zum Thema „Freundschaft" fehlt im Lexikon noch.

   Verfasse diesen Eintrag und informiere die Leser*innen darin über das Thema Freundschaft.

   (Umfang mind. 60 Wörter)

   2 P

   ---

   24 P

Übungsaufgaben im Stil des neuen Quali
Übungsaufgabe 2 – Sachtext

____ /12 Punkte

Teil A: Zuhören

Aufgabe zu Hörtext 1

Für die Schule bereitest du ein Referat zum Thema Bienen vor. Um Informationen zu sammeln, hörst du dir im Internet einen Podcast an. Auf einem Notizblatt notierst du die wichtigsten und interessantesten Informationen aus dem Podcast.

Höre genau zu. Ergänze das Notizblatt stichpunktartig mit jeweils zwei weiteren wesentlichen Informationen aus dem Podcast.

Referat zum Thema Bienen	
(1) Der Imker	**(2) Imkern gegen Insektensterben**
• kennt sich sehr gut mit Bienen aus • _____ • _____	• aktive Unterstützung der Natur durch das Imkern • _____ • _____
(3) Bedeutung der Biene für die Landwirtschaft	**(4) Volkbegehren zur Rettung der Artenvielfalt**
• Landwirtschaft ist auf Bienen angewiesen • _____ • _____	• fand im Februar 2019 in Bayern statt • _____ • _____

0,5 P
0,5 P

0,5 P
0,5 P

0,5 P
0,5 P

0,5 P
0,5 P

4 P

Aufgabe zu Hörtext 2

Die Freunde Sam und Andi treffen sich zufällig im Wald. Andi kommt gerade aus dem Unterholz heraus.

Die beiden Jungen tauschen sich darüber aus, warum sie im Wald sind und was sie dort machen. Höre genau zu und ordne die vorgegebenen Aussagen richtig zu. Eine Aussage (0) ist bereits richtig zugeordnet.

	Aussage	Sam	Andi	keiner von beiden
(0)	… imkert im Wald.	☐	☒	☐
(1)	… muss für die Schule Insekten fotografieren.	☐	☐	☐
(2)	… hat eine Allergie gegen Bienengift.	☐	☐	☐
(3)	… findet das Imkern langweilig.	☐	☐	☐
(4)	… sähe es nicht gerne, wenn sein Nachbar Bienen im Garten hätte.	☐	☐	☐

1 P

1 P

1 P

1 P

4 P

Aufgabe zu Hörtext 3

An der Jagdhütte von Andis Opa angekommen, zeigt Andi Sam seine Bienenstöcke und erzählt ihm einiges über die Bienen.

Höre gut zu. Finde die Fehler in den folgenden Textabschnitten (1 bis 4) und streiche sie durch. Ein Beispiel (0) ist vorgegeben.

(0) **Das Grundstück von Andis Opa ist ein echtes ~~Beerenparadies. Überall stehen bunte Beerensträucher.~~**

1 P (1) Die Jugendlichen legen ihre Sachen an der Jagdhütte ab. Leider können sie nicht in die Hütte hinein, weil Andi den Schlüssel vergessen hat.

1 P (2) Sam erfährt, dass die Arbeit mit Bienen nicht generell gefährlich ist. Nur muss man wissen, wann die Bienen hungrig sind, denn dann sind sie sehr aggressiv.

1 P (3) Falls die Bienen aber doch einmal aggressiv reagieren, macht das nichts, denn viele Imker*innen sind starke Raucher. Bei Zigarettenrauch beruhigen sich die Insekten schnell.

1 P (4) Bienen verteidigen ihren Stock bei Gefahr und leider auch ihr Gebiet gegenüber anderen Insekten. Wo Bienenstöcke sind, findet man deshalb keine Schmetterlinge und Hummeln.

4 P

Teil B: Sprachgebrauch – Sprachbetrachtung

_____ /6 Punkte

1. a) Trenne im folgenden Satz die einzelnen Satzglieder durch Striche voneinander ab.

   0,5 P.

   Knapp 1,8 Millionen Bürgerinnen und Bürger unterschrieben im Februar 2019 das Volksbegehren zur Änderung des Bayerischen Naturschutzgesetzes.

   b) Bestimme die unterstrichenen Satzglieder. Schreibe die Lösung jeweils rechts daneben in die Kästen.

   1 P

Satzglied	Bezeichnung
Knapp 1,8 Millionen Bürgerinnen und Bürger	
das Volksbegehren zur Änderung des Bayerischen Naturschutzgesetzes	

2. Ergänze folgende Sätze. Verwende dazu ein Wort der vorgegebenen Wortart.

   2 P

Präposition	Bienen fliegen _____ Wiesen und suchen sich vielfältige Nahrungsquellen.
Nomen	Auf ihrem täglichen Rundflug steuern Bienen _____ _____ an und saugen mit ihrem Rüssel unter anderem Nektar oder auch Honigtau aus der Blüte heraus.
Adjektiv	Auch wenn Bienen stechen können: Grundsätzlich ist die Arbeit mit Bienen _____ .
Verb	Bienen _____ ihren Stock nur bei drohender Gefahr.

3. Bilde den korrekten Superlativ (zweite Steigerungsform).

   1 P

   Der erfolgreiche Imker kann im nächsten Jahr viele gesunde junge Bienen begrüßen.

   Der _____ Imker kann im nächsten Jahr die _____ gesunden jungen Bienen begrüßen.

4. Ersetze in den folgenden Sätzen das jeweils unterstrichene Fremdwort durch das Synonym. Kreuze den entsprechenden Begriff an.

   a) Die Bienen fliegen auf ihrer Suche nach **Nektar** so lange dieselbe Blütenart an, wie der Vorrat reicht. Auf diese Weise entsteht sortenreiner Honig.

   ☐ Obst

   ☐ Fruchtsaft

   ☐ Blütensaft

   b) Was Erhards Volk so **minimiert** hatte, war die Varroamilbe.

   ☐ verkleinert

   ☐ vergrößert

   ☐ verändert

5. Entscheide: das oder dass?

   Viele Menschen bemängeln, das/dass bestäubende Insekten trotz ihrer wichtigen Funktion für die Natur nicht besser geschützt werden.

Teil B: Sprachgebrauch – Rechtschreiben

___ /6 Punkte

1. Schreibe die Sätze in der richtigen Schreibweise auf.

   Derinsektenschwundhatnichtnurauswirkungenaufdenmenschen,sondernauch aufanderetiere.vögelbeispielsweisefindenwenigerzumfressen.

   1 P

2. Entscheide, ob hier ein Dehnungs-h eingesetzt werden muss oder nicht.

   Im Jahr 2019 starteten der BUND Natu___rschutz und seine Partner das Volksbege___ren „Rettet die A___rtenvielfalt". Das Ergebnis war se___r erfreulich und überstieg die Erwartungen bei Weitem.

   2 P

3. Nur eine der beiden Schreibweisen ist korrekt. Markiere die jeweils richtige Schreibung der kursiv gedruckten Wörter bei (a) bzw. (b) und begründe deine Entscheidung.

   In den vergangenen Jahren hat das Bienensterben extrem zugenommen. Es gilt als das größte Artensterben, seit dem (a) *verschwinden/Verschwinden* der Dinosaurier. Mehrere Ursachen spielen eine dabei eine Rolle, wie zum Beispiel der Klimawandel, der (b) *längere/Längere* Wärmeperioden im Winter mit sich bringt.

   Begründung für (a):

   Begründung für (b):

   1 P

2 P 4. Welche der fett gedruckten Wörter sind korrekt geschrieben?

a) Markiere im Text auf der linken Seite das jeweils richtig geschriebene Wort.

b) Kreuze rechts jeweils die Rechtschreibstrategie an, die dir bei deiner Entscheidung geholfen hat.

Den *einen* Grund für das Insektensterben **gipt/gibt** es nicht. Es sind viele Faktoren, die alle gleichzeitig auf die Tiere einwirken. Dazu gehören z. B. Insektenvernichtungsmittel, monotone Agrarlandschaften sowie der Klimawandel. Unter diesem **Streß/Stress** brechen die Insekten immer öfter zusammen.

Hilfreiche Rechtschreibstrategie:
- [ ] Ich bilde die Grundform.
- [ ] Ich achte auf das Signalwort.
- [ ] Ich trenne das Wort nach Silben.

Hilfreiche Rechtschreibstrategie:
- [ ] Ich suche ein verwandtes Wort.
- [ ] Ich achte auf die Länge des Vokals.
- [ ] Ich mache die Artikelprobe.

6 P

Teil C: Lesen: Text

Game of Drohnes

¹ Wie zwei verirrte Astronauten stehen Axel Ziegler und Andrea Erhard auf der Lichtung im Münchner Olympiapark. Nun ja, halbe Astronauten: Kopf und ⁵ Oberkörper stecken in raumfahrerartigen Schutzanzügen, darunter schauen Jeans und Turnschuhe hervor. Die beiden sind Imker, ihre Mission ist nicht der Weltraum, sondern die drei verwitterten roten ¹⁰ und gelben Holzkisten, die auf der Wiese stehen. Über eine beugt sich Ziegler jetzt, klopft an die Außenwand. Ein leises Bssssss hebt an, ebbt wieder ab. „Wenn das Volk keine Königin hätte, würde das ¹⁵ andauern", erklärt er. „Also scheint alles gut." Ohne Königin überlebt kein Bienenvolk lange, die Todesangst merkt man den Tieren schon am Summen an. Ziegler und Erhard wissen genau, wie das klingt. Im ²⁰ letzten Winter haben sie drei ihrer vier Völker verloren [...]. „Bienensterben", dieses Wort geistert seit Jahren durch Zeitungsartikel und Berichte von Umweltaktivisten. Bilder, die Massen toter Honig- ²⁵ bienen zeigen, gingen um die Welt. [...]

Axel Ziegler, 52, und Andrea Erhard, 37, sind keine Berufsimker. Er ist Informatiker, sie arbeitet in einer Rechtsanwaltskanzlei. Die beiden sind Teil von ³⁰ „O'pflanzt is!", einem Verein, der sich dem gemeinsamen Gärtnern in der Stadt verschrieben hat. Schnell nach der Gründung 2011 war den Mitgliedern klar: Wo ein Garten ist, müssen auch Bienen sein. ³⁵ Schließlich bestäubt die Honigbiene laut Umweltbundesamt 80 Prozent aller Pflanzen, die auf Fremdbestäubung angewiesen sind. Das macht sie in Deutschland zum drittwichtigsten Nutztier nach ⁴⁰ Rind und Schwein. Ohne Bienen keine Erträge, also keine Nahrung für Mensch und Tier.

Der Garten von „O'pflanzt is!" liegt am Fuß des Olympiabergs im Münchner ⁴⁵ Norden. Zwischen einer Montessorischule und einem Sportplatz trotzen Hochbeete mit Tomaten- und Mangoldpflanzen der Julihitze. Ein paar Meter weiter in einem kleinen Waldstück haben die ⁵⁰ Bienen ihr Zuhause. [...] Als die Vereinsmitglieder vor fünf Jahren mit der Bienenhaltung begannen, fragten sie einen erfahrenen Imker um Rat. Wie unterscheidet man Königin, Arbeiterbienen und Droh- ⁵⁵ nen[1]? Wie ordnet man die Rahmen an, in die die Tiere ihre Waben bauen? Mit Schaudern erinnert sich Erhard daran, wie ein Volk, um das sie sich gekümmert hatte, verendete. Dass es kleiner geworden ⁶⁰ war, hatte sie schon gemerkt. Dann, von einem Tag auf den anderen, war alles vorbei. Fremde Bienen hatten die Schwäche ihrer Artgenossinnen ausgenutzt. [...] Was Erhards Volk so minimiert hatte, war ⁶⁵ die Varroamilbe, ein Parasit, der vor rund 50 Jahren aus Asien nach Europa eingewandert ist. Er schwächt die erwachsenen Bienen und sorgt bei der Brut für Entwicklungsstörungen. [...]

⁷⁰ Im Vergleich zu den Bedingungen, die Bienen auf dem Land vorfinden, geht es den Tieren von „O'pflanzt is!" aber prächtig. [...] Problem der Landbienen sind Pestizide, die von den Äckern der Bauern ins ⁷⁵ Ökosystem eindringen. Hinzu kommt,

---

1 *die Drohne (fachsprachlich: der Drohn): männliche Biene. Ihre einzige Lebensaufgabe besteht darin, eine Bienenkönigin zu befruchten. Schafft sie das, stirbt sie kurz nach der Befruchtung. Findet sie keine Königin zur Begattung, teilt sie 30 bis 40 Tage nach Ende der Paarungszeit das Schicksal aller Drohnen: Sie wird im Zuge der sogenannten Drohnenschlacht aus dem Bienenstock geworfen und stirbt nach kurzer Zeit.*

4 *die Lobby:*
Interessenvertretung

3 *das Biotop:*
Lebensraum einer
einzelnen Art, hier:
Lebensraum der Biene

dass das, was die Tiere auf den Feldern vorfinden, immer eintöniger wird. Deutsche Landwirte haben in den vergangenen Jahrzehnten den Anbau von zwei Pflanzen stark ausgeweitet: Mais, mit dem die Bienen wenig anfangen können, und Raps, der zwar viel Futter bietet, aber das nur kurz. Ist die Rapsblüte vorbei, bricht das Nahrungsangebot ein. Gleichzeitig verschwinden Brachflächen, und die Bauern mähen ihre Wiesen, häufig noch bevor Bienen dort Pollen und Nektar finden können. So kommt es vor, dass mitten im Sommer ganze Völker hungern.

Doch es scheint, als tue sich etwas. Im Februar 2019 standen Menschen in Bayern trotz Kälte vor den Rathäusern Schlange. Sie wollten das Volksbegehren „Artenvielfalt – Rettet die Bienen" unterstützen. Die Initiatoren verlangten unter anderem mehr ökologische Landwirtschaft und den Ausbau von Biotopen[3] und Blühwiesen. [...]

Hobbyimker Ziegler hat sich über die Bienenbegeisterung gefreut, die da aufbrandete. Etwas stört ihn allerdings. „Es ist immer die Rede von den Honigbienen, aber das eigentliche Drama sind die ganzen anderen Insekten." In seinem Rucksack hat er stets ein Schaubild mit Wildbienen dabei, falls er mit Leuten ins Gespräch kommt. „Das sind Bienen?", fragen sie ihn, wenn er es rausholt. „Das sind die Bienen, die wir retten müssen", antwortet er dann, „um meine Honigbienen kümmere ich mich schon."

So wie Ziegler gehen auch viele Experten davon aus, dass die Honigbiene trotz aller Widrigkeiten überleben wird. Die Wildbiene dagegen hat kaum eine Lobby[4]. Dabei ist sie für die Bestäubung mindestens genauso wichtig und viel stärker bedroht. Von den mehr als 560 Wildbienenarten in Deutschland ist die Hälfte in Gefahr. [...]

Noch beherbergen Ziegler und Erhard 150 000 Bienen, doch täglich werden es weniger. „Die Drohnenschlacht steht kurz bevor", sagt Ziegler und schmunzelt. Das nenne man wirklich so, wenn die nach der Begattung überflüssigen männlichen Bienen aus dem Stock geschmissen würden. Ab Dezember können Ziegler und Erhard nur warten und hoffen: dass ihnen im Frühjahr, wenn sie die Kästen öffnen, gesunde Tiere entgegenfliegen. Für den Fall wollen die beiden dieses Jahr noch Krokusse pflanzen. Als kleinen Begrüßungssnack.

Quelle: Luise Checcin, Game of Drohnes, in: fluter,
25.09.2019. Im Internet unter: https://www.fluter.de/
verein-kaempft-gegen-bienensterben; aus didaktischen
Gründen gekürzt und leicht verändert

Teil C und Teil D: Material

M 1

Werde zum Insektenretter!

Du willst die Pflanzen- und Tierwelt erhalten? Dann werde Pate einer Blühwiese ...

Aktion Blühwiese
- Es werden über 30 heimische Blumenarten angesät.
- Übernimm die Patenschaft für eine Blühfläche.
- Eine Blühwiese bietet Nahrung für viele Insekten und Bienen.
- Auf der Blühwiese wird auf Düngung und Pestizide verzichtet.
- Hier entstehen Brut- und Rückzugsräume für die Tiere.

Quelle: eigene Darstellung, Bild: Christian Goergen. Shutterstock

M 2

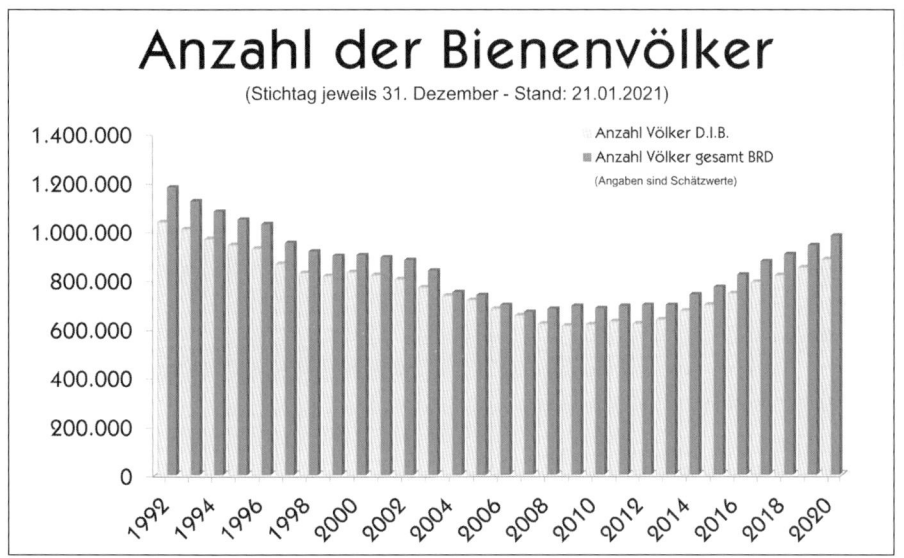

Anzahl der Bienenvölker
(Stichtag jeweils 31. Dezember - Stand: 21.01.2021)

- Anzahl Völker D.I.B.
- Anzahl Völker gesamt BRD

(Angaben sind Schätzwerte)

M 3

Anzahl der Imker
(Stichtag jeweils 31. Dezember - Stand: 21.01.2021)

- Anzahl Imker D.I.B.
- Anzahl Imker gesamt BRD

(Angaben sind Schätzwerte)

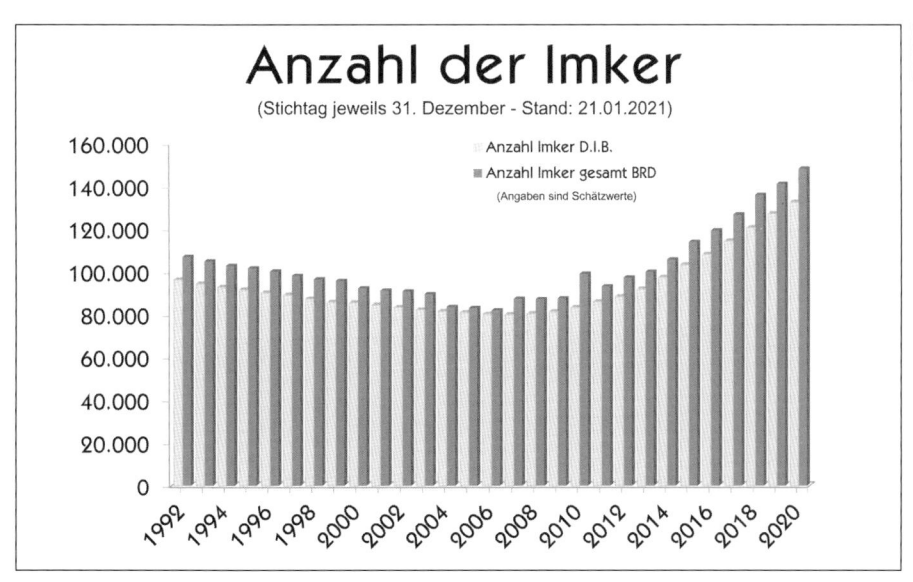

Quelle M 2 und M 3: Imkerei in Deutschland – Zahlen – Daten – Fakten (D.I.B.-Mitgliederstatistik), Deutscher Imkerbund e. V., https://deutscherimkerbund.de/161-Imkerei_in_Deutschland_Zahlen_Daten_Fakten

Teil C: Lesen

___/12 Punkte

Bearbeite die folgenden Aufgaben auf einem gesonderten Blatt.

1 P 1. Im Text heißt es: Die beiden Imker stehen dort „wie zwei verirrte Astronauten" (Z. 1).
Erkläre diesen bildhaften Ausdruck.

1 P 2. Folgende Begriffe kommen im Text als Fremdwörter vor.
Suche sie heraus und ordne sie entsprechend zu.
a) verkleinert, verringert
b) Schädlingsbekämpfungsmittel

2 P 3. Fasse stichpunktartig zusammen, was du im Text über den Verein „O'pflanzt is!" erfährst.

3 P 4. Im Text werden mehrere Gründe für das Sterben von Land- und Stadtbienen genannt.
a) Notiere diese Gründe in einem zusammenhängenden Text.
b) Wenn die Biene stirbt, stirbt auch der Mensch, heißt es.
Erläutere diese Aussage ausführlich im Textzusammenhang.
(Umfang mind. 60 Wörter)

2 P 5. Der Text heißt „Game of Drohnes". Am Ende informiert uns Herr Ziegler darüber, dass bald die „Drohnenschlacht" bevorstehe. Erkläre in eigenen Worten ausführlich, wie diese beiden Ausdrücke zu verstehen sind und mit welcher Absicht die Begriffe so drastisch gewählt sind.

3 P 6. Das Schaubild **M 1** enthält Informationen zur Aktion „Blühwiese".
a) Wie passt das Schaubild zu den Forderungen der Initiative „Artenvielfalt – Rettet die Bienen"? Erkläre in wenigen Sätzen.
b) Sieh dir die beiden Diagramme an (**M 2**). Erkläre, inwieweit sich im Verhalten der Menschen in Bezug auf das Bienensterben eine Trendwende erkennen lässt.

12 P

Teil D: Schreiben

_____ /24 Punkte

> Wähle Aufgabengruppe I **oder** Aufgabengruppe II aus und bearbeite sie anschließend **vollständig** auf einem gesonderten Blatt.

Aufgabengruppe I

1. Der Zeitungsartikel „Game of Drohnes" zeigt die Probleme des Bienensterbens auf.

   Schreibe eine Rede für die nächste Schulversammlung, in der du über die Ursachen und Folgen des Bienensterbens informierst und gleichzeitig deine Mitschüler*innen aufrufst, sich gegen das Bienensterben einzusetzen. Informiere auch darüber, was jeder Einzelne zur Rettung der Bienen tun kann.

   Entwirf zunächst einen Schreibplan.

   16 P

2. Ein Aktionsbündnis zur Bienenrettung fordert mehr Lebensräume und weniger Umweltgifte für Bienen.

   Hältst du diese Forderungen für sinnvoll? Begründe deine Meinung.

   (Umfang mind. 120 Wörter)

   4 P

3. Stell dir vor, du bist eine Honigbiene. Den ganzen Tag bist du auf der Suche nach Nahrung umhergeflogen. Viele Blüten hast du nicht gefunden. Am Abend bist du erschöpft zurück im Bienenstock.

   Schreibe einen Tagebucheintrag über deinen Ausflug.

   (Umfang mind. 120 Wörter)

   4 P

   24 P

ODER

Aufgabengruppe II

16 P 1. Stell dir vor, es ist das Jahr 2030. Seit dem großen Volksbegehren zur Rettung der Bienen im Jahr 2019 ist viel Zeit vergangen. Und in dieser Zeit ist einiges passiert: Die Menschen haben das Problem des Bienensterbens leider nicht ernst genug genommen und zu wenig dafür getan, ein weiteres Sterben zu verhindern ...

Schreibe eine Geschichte, in der die Hauptfigur eine Honigbiene im Jahr 2030 ist. Erzähle aus dem Leben dieser Biene. Du kannst in der Er-Form oder in der Ich-Form schreiben.

Beginne mit einem Schreibplan.

6 P 2. In deiner Gemeinde gibt es die Möglichkeit, eine Bienenpatenschaft zu übernehmen. Dafür wird ein Acker ohne Pestizide mit Bienenfutter bepflanzt.

Schreibe einen Aufruf für die Homepage der Schule. Informiere deine Mitschüler*innen über dieses Projekt und rufe sie dazu auf, mitzumachen.

(Umfang mind. 180 Wörter)

2 P 3. Das Bienensterben ist ein großes Problem für uns Menschen. Doch es ist gar nicht so schwer, etwas dagegen zu tun. Nicht jeder muss deshalb gleich Hobby-Imker*in werden. Es gibt viele andere Möglichkeiten, dem Bienensterben entgegenzuwirken.

Was kannst du tun, um den Bienen zu helfen?

Erläutere anhand von zwei weiteren Beispielen.

(Umfang mind. 60 Wörter)

24 P

▶ **Offizielle Musterprüfungen für den neuen Quali**

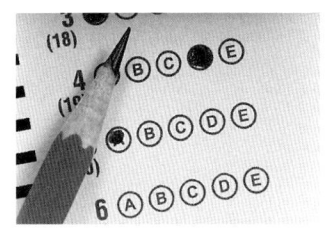

Offizielle Musterprüfungen für den neuen Quali
Musterprüfung 1 – Literarischer Text

Teil A: Zuhören

_____/12 Punkte

Aufgabe zu Hörtext 1

> Ling und Victor sind auf dem Schulhof. Dort findet Ling ein vierblättriges Kleeblatt, das sie für einen Glücksbringer hält. Nun unterhalten sie sich über verschiedene Glückssymbole.

Höre genau zu und beantworte die Fragen mit <u>Kurzantworten</u> (ein bis fünf Wörter oder Zahlen). Eine Frage (0) ist bereits beantwortet.

(0) Welches Glückssymbol hat Ling gefunden?

ein vierblättriges Kleeblatt

(1) An welchen Glücksbringer glaubt Victor? — 1 P

(2) Mit welcher Pfote winken asiatische Katzenfiguren, wenn sie Glück bringen sollen? — 1 P

(3) Welches ist ein besonderes Merkmal russischer Glückskatzen? — 1 P

(4) Wovor soll „Fatimas Auge" schützen? — 1 P

4 P

Aufgabe zu Hörtext 2

Du bereitest ein Referat zum Thema Glück vor und hast bereits eine Gliederung erstellt. Um diese mit weiteren Ideen inhaltlich auszubauen, hörst du dir einen Podcast mit dem Glücksforscher Professor Dr. Eisenhufner an.

Höre genau zu. Ergänze deine Gliederungspunkte (1–4) stichpunktartig mit jeweils zwei weiteren wesentlichen Aussagen des Glücksforschers. Ein Gliederungspunkt ist bereits ergänzt (0).

(0) Ergebnisse aus der Glücksforschung
- viele Glücksmomente = weniger Stress
- weniger Stress = mehr Zufriedenheit
- wer glücklich ist, hält schlechte Momente besser aus

(1) Glück – was ist das?
- Glück ist ein Gefühl
- _____
- _____

(2) UN-Glücksreport: Gründe für das Glücklichsein
- Demokratie
- _____
- _____

(3) Dopamin: ein Glückshormon und seine Wirkung
- Gehirn arbeitet besser
- _____
- _____

(4) Glück und Zufall – wo liegt der Unterschied?
- Glücklichsein kann man selbst in die Hand nehmen
- _____
- _____

Aufgabe zu Hörtext 3

Jasmin und Ivan sind zu Gast in einem Jugendzentrum. Dort interviewen sie die Leiterin, Frau Maier. Sie hat im Jugendzentrum den Workshop „Glücksschmiede" eingeführt.

Höre genau zu und ordne den Behauptungen (1–4) die jeweils richtige Schlussfolgerung (A–G) zu. Trage dazu die Buchstaben in die Tabelle unten entsprechend ein.

Eine Aussage (0) ist bereits zugeordnet. Zwei Schlussfolgerungen bleiben übrig.

	Behauptung		Schlussfolgerung
(0)	**Philosophieren über das Glück wirkt sich positiv auf die Menschen aus.**	A	Fehler können uns helfen, uns zu ändern und glücklicher zu werden.
(1)	Zu seinem Glück kann man selbst beitragen.	B	Mut ist immer eine Garantie für Glück.
(2)	Über sich selbst nachzudenken hilft Stärken und Schwächen zu erkennen.	C	**Die Auseinandersetzung mit sich selbst ist lohnenswert.**
(3)	Wer seine Wünsche kennt, weiß, was er erreichen möchte.	D	Jeder ist für sein Glücklichsein mitverantwortlich.
(4)	Nicht alles im Leben kann einem gelingen.	E	Erfolgreiche Menschen sind häufig glücklicher.
		F	Manche Menschen verlassen sich nur auf ihre Stärken.
		G	Eigenerkenntnis zeigt, wo man sich weiterentwickeln kann.

(0)	(1)	(2)	(3)	(4)
C				

4 P

___ /6 Punkte

Teil B: Sprachgebrauch – Sprachbetrachtung

Alle Prüflinge bearbeiten die Aufgaben aus Teil B Sprachgebrauch – Sprachbetrachtung

1 P

1. a) Trenne im folgenden Satz die einzelnen Satzglieder durch Striche voneinander ab.

   Dein neuester Glücksgriff bereitet allen Anwesenden seit Tagen große Freude.

1 P

   b) Schreibe ein Satzglied aus dem Satz (1. a) vollständig ab und benenne es mit dem lateinischen Fachbegriff.

   Satzglied: _____

   Fachbegriff: _____

2. Ersetze in den folgenden Sätzen das jeweils unterstrichene Fremdwort durch das entsprechende Synonym. Kreuze den passenden Begriff an.

0,5 P

   a) Wissenschaftler beschäftigen sich seit vielen Jahren in zahlreichen <u>Studien</u> mit der Frage, wie Menschen ihre Zeit verbringen.

   ☐ Überlegungen
   ☐ Untersuchungen
   ☐ Befragungen

0,5 P

   b) Am glücklichsten ist demnach, wer <u>relativ</u> genau weiß, was er mit seiner Zeit anfangen wird.

   ☐ sehr
   ☐ nicht
   ☐ ziemlich

3. Verändere die in Klammern angegebenen Wörter so, dass sie grammatikalisch korrekt in den jeweiligen Satz passen.

   In Kursen zum Thema „Glücklichsein" lernt man vor allem, gute und stabile Beziehungen zu _____ (andere Menschen) aufzubauen und sich

0,5 P

0,5 P

   in unterschiedlichen Lebenslagen in andere Personen _____ (hineinversetzen).

4. Welche Form von „das" oder „dass" muss in die jeweiligen Sätze eingesetzt werden? Kreuze die richtige Wortart an.

	Demonstrativpronomen das	Relativpronomen das	Konjunktion dass
a) Wenn man sich nicht abgehetzt vorkommt, bedeutet ____ , ein Gefühl von Kontrolle über sein Leben zu haben.	☐	☐	☐
b) Ein Leben, ____ von Stress und Hektik begleitet ist, wird im Allgemeinen als sehr belastend empfunden.	☐	☐	☐

5. Der folgende Satz wurde nur einmal korrekt in die indirekte Rede gesetzt. Kreuze an.

1 P

☐	Glücksforscher sagen, ein wenig mehr Dankbarkeit macht nicht nur glücklicher, sondern auch tatkräftiger und sogar die Gesundheit profitiert davon.
☐	Glücksforscher sagen, dass ein wenig mehr Dankbarkeit nicht nur glücklicher, sondern auch tatkräftiger mache und sogar die Gesundheit davon profitierte.
☐	Glücksforscher sagen, ein wenig mehr Dankbarkeit mache nicht nur glücklicher, sondern auch tatkräftiger und sogar die Gesundheit profitiere davon.

6 P

Teil B: Sprachgebrauch – Rechtschreiben

> Prüflinge mit anerkannter Rechtschreibstörung,
> die Notenschutz gemäß § 34 Abs. 7 BaySchO beanspruchen,
> bearbeiten die Aufgaben aus Teil B Sprachgebrauch – Rechtschreiben nicht.

1. Im folgenden Text befinden sich zwei fehlerhaft geschriebene Wörter. Schreibe diese richtig auf die Zeilen darunter.

   Es gibt Menschen, die immer zufrieden wirken, egal, was um sie herum geschiet. Selbst schwer kranke oder bitterarme Menschen strahlen manchmal eine große Zufriedenheit aus, die uns schwer beeindruckt. Was genau macht einen Menschen zum Glückspilz und einen anderen nicht? Mit dieser Frage bescheftigt sich die Forschung schon seit einer ganzen Weile. Inzwischen weiß man: Glücksempfinden lässt sich trainieren.

   - _____   - _____

2. Nur einer der folgenden Sätze ist hinsichtlich Rechtschreibung und Zeichensetzung korrekt. Kreuze ihn an.

☐	Glück kommt nicht immer mit einem gewaltigen Paukenschlag daher sondern man kann es in vielen kleinen Momenten finden.
☐	Glückliche Menschen empfinden im Alltag eine tiefe Zufriedenheit und große Dankbarkeit für das, was sie haben und erleben dürfen.
☐	Glückliche Menschen nehmen den Sonnenuntergang war, hören die Vögel zwitschern und suchen in der Wiese vierblättrige Kleeblätter.

3. Nur eine der beiden Schreibweisen ist korrekt. Kreise die jeweils korrekte Schreibung der kursiv gedruckten Wörter bei (a) bzw. (b) ein und begründe deine Entscheidung.

   Ein glücklicher Mensch lebt im Hier und Jetzt und genießt den Augenblick. Denn (a) *bewusstes/Bewusstes* Handeln ist ausschließlich in der Gegenwart möglich – die Vergangenheit lässt sich nicht mehr ändern oder rückgängig machen und die Zukunft liegt noch im (b) *dunkeln/Dunkeln*.

   Begründung für (a):
   _____
   _____

   Begründung für (b):
   _____
   _____

4. Notiere, welche Rechtschreibstrategie du jeweils anwenden kannst, um dich für die richtige Schreibweise der Wörter zu entscheiden. Trage die korrekten Buchstaben in die Lücken ein.

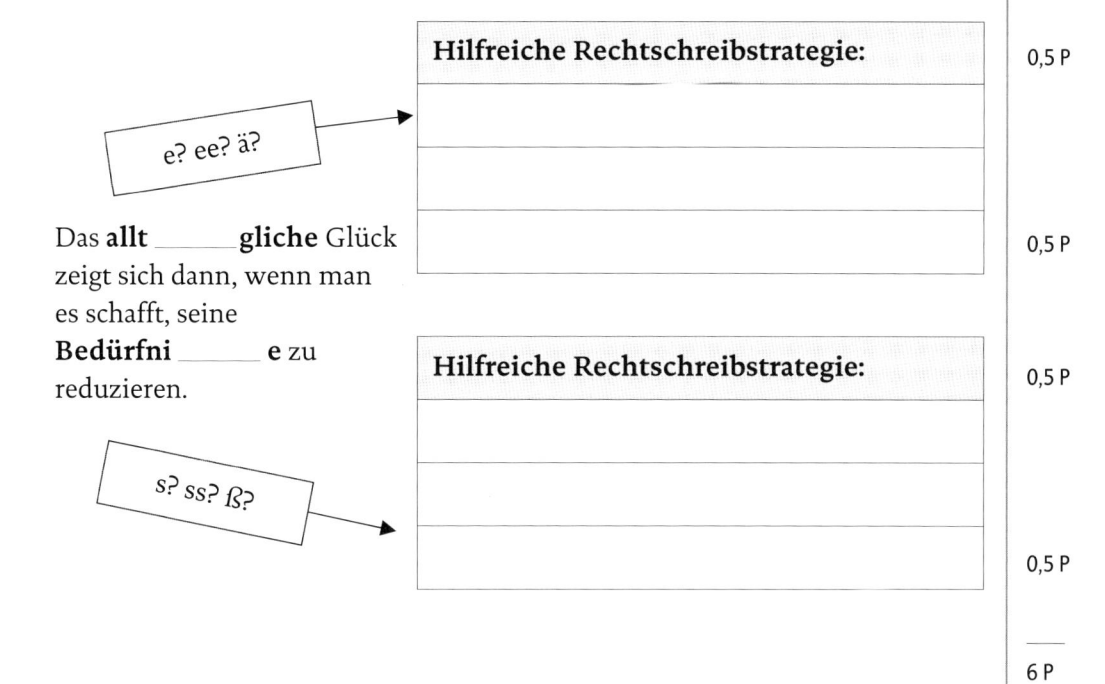

e? ee? ä?

Das **allt____gliche** Glück zeigt sich dann, wenn man es schafft, seine **Bedürfni____e** zu reduzieren.

s? ss? ß?

Hilfreiche Rechtschreibstrategie:

0,5 P

0,5 P

Hilfreiche Rechtschreibstrategie:

0,5 P

0,5 P

6 P

Teil C: Lesen – Text

Das Märchen vom Glück

Siebzig war er gut und gerne, der alte Mann, der mir in der verräucherten Kneipe gegenübersaß. Sein Schopf sah aus, als habe es darauf geschneit, und die Augen blitzten [...]. „Oh, sind die Menschen dumm", sagte er und schüttelte den Kopf, dass ich dachte, gleich müssten Schneeflocken aus seinem Haar aufwirbeln. „Das Glück ist ja schließlich keine Dauerwurst[1], von der man sich täglich seine Scheibe herunterschneiden kann!"
„Stimmt", meinte ich, „das Glück hat ganz und gar nichts Geräuchertes[2] an sich. Obwohl..." „Obwohl?" „Obwohl gerade Sie aussehen, als hinge bei Ihnen zu Hause der Schinken des Glücks im Rauchfang.[3]"
„Ich bin eine Ausnahme", sagte er und trank einen Schluck. „Ich bin die Ausnahme. Ich bin nämlich der Mann, der einen Wunsch frei hat."
Er blickte mir prüfend ins Gesicht, und dann erzählte er seine Geschichte: „Das ist lange her", begann er und stützte den Kopf in beide Hände, „sehr lange. Vierzig Jahre. Ich war noch jung und litt am Leben [...]. Da setzte sich, als ich eines Mittags verbittert auf einer grünen Parkbank hockte, ein alter Mann neben mich und sagte beiläufig: „Also gut, wir haben es uns überlegt. Du hast drei Wünsche frei." Ich starrte in meine Zeitung und tat, als hätte ich nichts gehört. „Wünsch dir, was du willst", fuhr er fort, „die schönste Frau oder das meiste Geld oder den größten Schnurrbart – das ist deine Sache. Aber werde endlich glücklich! Deine Unzufriedenheit geht uns auf die Nerven." Er sah aus wie der Weihnachtsmann in Zivil. Weißer Vollbart, rote Apfelbäckchen, Augenbrauen wie aus Christbaumwatte. Gar nichts Verrücktes. Vielleicht ein bisschen zu gutmütig. Nachdem ich ihn eingehend betrachtet hatte, starrte ich wieder in meine Zeitung. „Obwohl es uns nichts angeht, was du mit deinen drei Wünschen machst", sagte er, „wäre es natürlich kein Fehler, wenn du dir die Angelegenheit vorher genau überlegtest. Denn drei Wünsche sind nicht vier Wünsche oder fünf, sondern drei. Und wenn du hinterher noch immer neidisch und unglücklich wärst, könnten wir dir und uns nicht mehr helfen." „Ich weiß nicht, ob Sie sich in meine Lage versetzen können. Ich saß auf einer Bank und haderte mit Gott und der Welt. In der Ferne klingelten die Straßenbahnen. [...] Und neben mir saß nun dieser alte Quatschkopf!"
„Sie wurden wütend?"
„Ich wurde wütend. [...] Und als er sein weiß wattiertes Großvatermündchen von Neuem aufmachen wollte, stieß ich zornzitternd hervor: „Damit Sie alter Esel mich nicht länger duzen, nehme ich mir die Freiheit, meinen ersten und innigsten Wunsch auszusprechen – scheren Sie sich zum Teufel!" Das war nicht fein und höflich, aber ich konnte einfach nicht anders. Es hätte mich sonst zerrissen."
„Und?"
„Was ,Und'?"
„Ach so! – Natürlich war er weg! Wie fortgeweht. In der gleichen Sekunde. [...] Ich guckte sogar unter die Bank. Aber dort war er auch nicht. Mir wurde ganz übel vor lauter Schreck.
Die Sache mit den Wünschen schien zu stimmen. Und der erste Wunsch hatte sich bereits erfüllt! Du meine Güte! Und wenn er sich erfüllt hatte, dann war der gute, liebe, brave Großpapa, wer er nun auch sein mochte, nicht nur weg, nicht von meiner Bank verschwunden, nein, dann war er beim Teufel! Dann war er in der Hölle. „Sei nicht albern", sagte ich zu mir selber. „Die Hölle gibt es ja gar nicht und den Teufel auch nicht." Aber die drei Wünsche, gab's denn die? Und trotzdem war der alte Mann, kaum hatte ich's gewünscht, verschwunden... Mir wurde heiß und kalt. Mir schlotterten die Knie. Was sollte ich machen? Der alte Mann musste wieder her, ob's nun eine Hölle gab oder nicht. Das war ich ihm schuldig. Ich musste meinen zweiten Wunsch dransetzen, den zweiten von dreien, o ich Ochse! Oder sollte ich ihn lassen, wo er war? [...] Mir blieb keine Wahl.

---

[1] die Dauerwurst: eine Wurst, die sehr lange haltbar ist

[2] das Geräucherte: Nahrungsmittel, das mit Hilfe von Rauch haltbar gemacht wurde; hier: etwas, das lange anhält

[3] „... als hinge bei Ihnen zu Hause der Schinken des Glücks im Rauchfang.": ... als hätten Sie besonders viel Glück.

Ich schloss die Augen und flüsterte ängstlich: „Ich wünsche mir, dass der alte Mann wieder neben mir sitzt!" Wissen Sie, ich habe mir jahrelang, bis in den Traum hinein, die bittersten Vorwürfe gemacht, dass ich den zweiten Wunsch auf diese Weise verschleudert habe, doch ich sah damals keinen Ausweg. Es gab ja keinen …"
„Und?"
„Was ,Und'?"
„War er wieder da?"
„Ach so! – Natürlich war er wieder da! In der nächsten Sekunde. Er saß wieder neben mir, als wäre er nie fortgewünscht gewesen. Das heißt, man sah's ihm schon an, dass er … dass er irgendwo gewesen war, […] wo es sehr heiß sein musste. O ja. Die buschigen, weißen Augenbrauen waren ein bisschen verbrannt. Und der schöne Vollbart hatte auch etwas gelitten. Besonders an den Rändern. […] Er blickte mich vorwurfsvoll an. […] und sagte gekränkt: „Hören Sie, junger Mann – fein war das nicht von Ihnen!" Ich stotterte eine Entschuldigung. Wie leid es mir täte. Ich hätte doch nicht an die drei Wünsche geglaubt. Und außerdem hätte ich immerhin versucht, den Schaden wieder gutzumachen. „Das ist richtig", meinte er. „Es wurde aber auch höchste Zeit." Dann lächelte er. Er lächelte so freundlich, dass mir fast die Tränen kamen. „Nun haben Sie nur noch einen Wunsch frei", sagte er. „Den dritten. Mit ihm gehen Sie hoffentlich ein bisschen vorsichtiger um. Versprechen Sie mir das?" Ich nickte und schluckte. „Ja", antwortete ich dann, „aber nur, wenn Sie mich wieder duzen." Da musste er lachen. „Gut, mein Junge", sagte er und gab mir die Hand. „Leb wohl. Sei nicht allzu unglücklich und gib auf deinen letzten Wunsch Acht." – „Ich verspreche es Ihnen", erwiderte ich feierlich. Doch er war schon weg. […]
„Und?"
„Was ,Und'?"
„Seitdem sind Sie glücklich?"
„Ach so. Glücklich?" Mein Nachbar stand auf, nahm Hut und Mantel […], sah mich mit seinen blitzblanken Augen an und sagte: „Den letzten Wunsch habe ich vierzig Jahre lang nicht angerührt. Manchmal war ich nahe dran. Aber nein. Wünsche sind nur gut, solange man sie noch vor sich hat. Leben Sie wohl."
Ich sah vom Fenster aus, wie er über die Straße ging. Die Schneeflocken umtanzten ihn. Und er hatte ganz vergessen, mir zu sagen, ob wenigstens er glücklich sei. Oder hatte er mir absichtlich nicht geantwortet? Das ist natürlich auch möglich.

Quelle: Erich Kästner: Das Märchen vom Glück, aus: Der tägliche Kram © Atrium Verlag AG, Zürich 1948 und Thomas Kästner, zu Prüfungszwecken bearbeitet.

Teil C und Teil D: Material

Ein Schaubild und zwei Grafiken zum Thema „Glücklichsein"

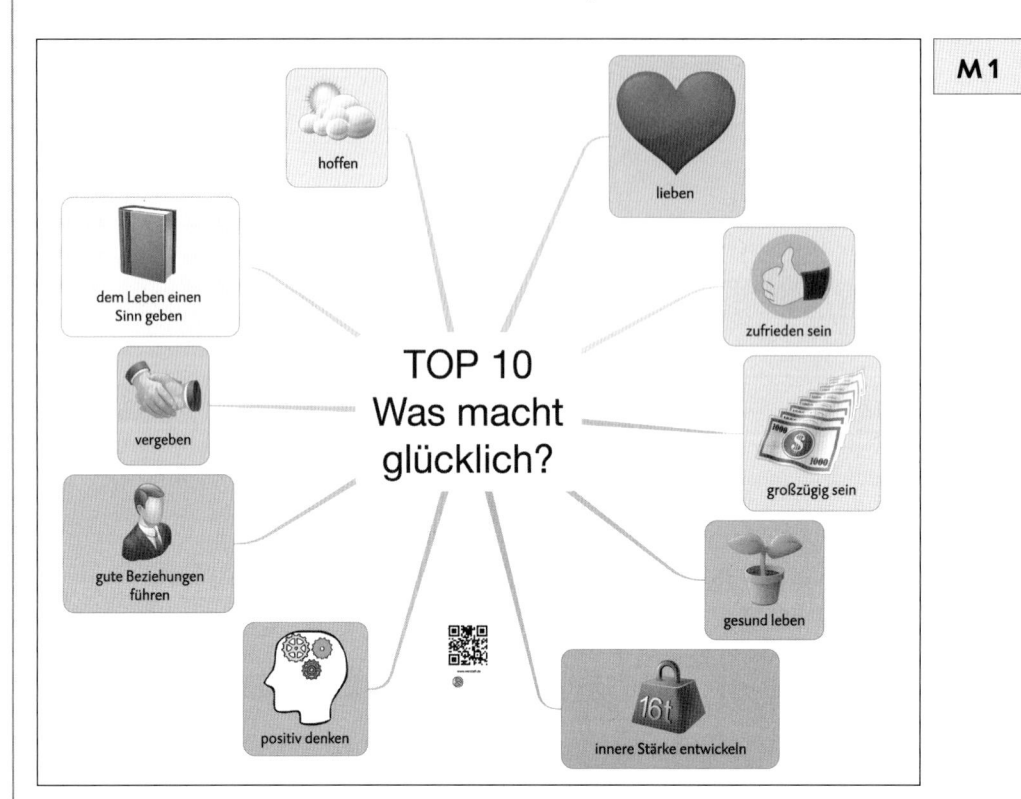

M 1

TOP 10 – Was macht glücklich?
- hoffen
- lieben
- zufrieden sein
- großzügig sein
- gesund leben
- innere Stärke entwickeln
- positiv denken
- gute Beziehungen führen
- vergeben
- dem Leben einen Sinn geben

Quelle: Thomas Wenzlaff – www.kleinhirn.eu. Zu Prüfungszwecken bearbeitet.

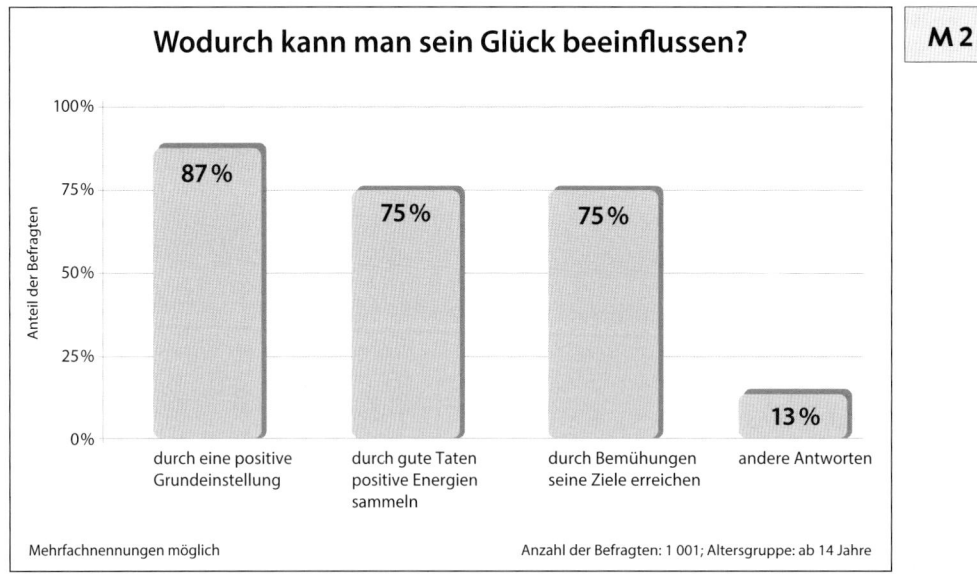

M 2

Wodurch kann man sein Glück beeinflussen?

- durch eine positive Grundeinstellung: 87 %
- durch gute Taten positive Energien sammeln: 75 %
- durch Bemühungen seine Ziele erreichen: 75 %
- andere Antworten: 13 %

Mehrfachnennungen möglich. Anzahl der Befragten: 1 001; Altersgruppe: ab 14 Jahre

Quelle: eigene Darstellung, Daten nach: idee-fuer-mich.de.

M 3

Was es braucht zum Glück
Befragte, für die folgende Faktoren am wichtigsten zum Glücklichsein sind*

- Gesundheit: 51%
- Eine gute Partnerschaft: 32%
- Eine intakte Familie: 31%
- Ausreichend Geld: 25%
- Ein schönes Zuhause: 23%
- Spaß und Freude am Leben: 22%
- Freunde: 15%
- Freiheit: 15%
- Kinder: 13%
- Ein guter Job: 10%

* Mehrfachauswahl von bis zu drei von 20 vorgegebenen Faktoren je Befragtem
Basis: 2.026 Befragte (ab 18 Jahren) in Deutschland; 05.-11.03.2019
Quellen: YouGov, SINUS-Institut

@Statista_com

statista

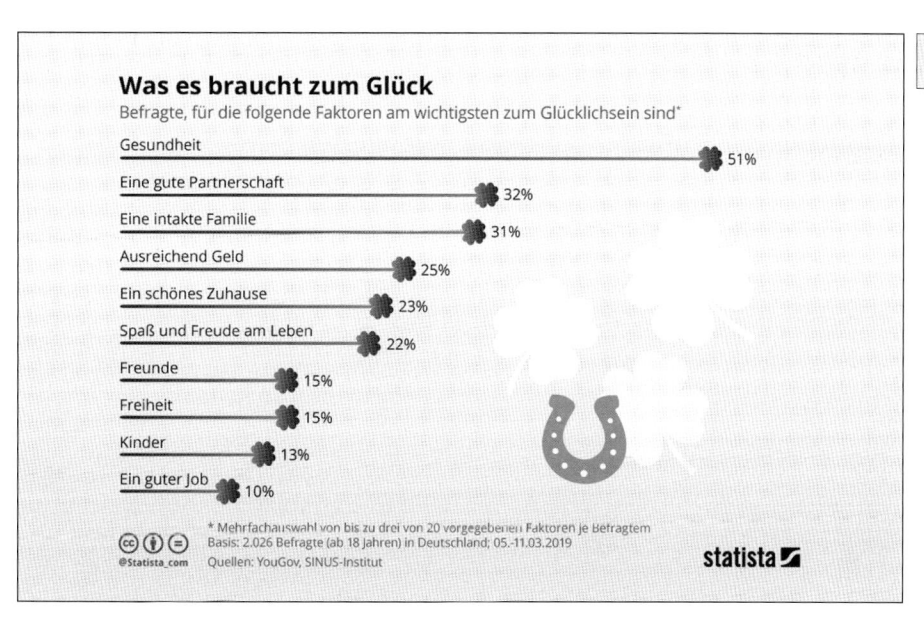

Quelle: Hedda Nier: Was es braucht zum Glück, YouGov/SINUS Institut/Statista.com, CC BY-ND 4.0

___/12 Punkte **Teil C: Lesen**

Bearbeite die folgenden Aufgaben auf einem gesonderten Blatt.

2 P 1. a) Der vorliegende Text enthält zentrale Merkmale einer Kurzgeschichte, z. B.:

Textsortenspezifisches Merkmal	Beleg anhand des Textes
• offener Schluss	• Ich-Erzähler lässt die Frage am Ende unbeantwortet

Notiere zwei weitere Merkmale mit den entsprechenden Textbelegen.

1 P b) Begründe, warum „Das Märchen vom Glück" dennoch als Titel des Textes passend ist.

1 P 2. Der Autor verwendet das Stilmittel der Wiederholung (Zeile 70 ff., 107 ff., 143 ff.).

Erläutere die Wirkung, die damit erzielt wird.

1 P 3. „Wissen Sie, ich habe mir jahrelang […] die bittersten Vorwürfe gemacht, dass ich den zweiten Wunsch auf diese Weise verschleudert habe, doch ich sah damals keinen Ausweg. Es gab ja keinen …" (Zeile 101 ff.)

Versetze dich in die Lage des alten Mannes. Schreibe zwei verschiedene Gedanken auf, die ihm nach seinem zweiten Wunsch durch den Kopf gegangen sein könnten.

2 P 4. „Wünsche sind nur gut, solange man sie noch vor sich hat." (Zeile 151 ff.)

Erläutere ausführlich diese Erkenntnis des alten Mannes. (Umfang mind. 60 Wörter)

2 P 5. Stell dir vor, du bist die Zuhörerin/der Zuhörer, die/der nun das Erlebnis des alten Mannes weitererzählt.

Fasse dazu die Geschichte des alten Mannes (ab Zeile 22) in wenigen Sätzen zusammen.

6. Das Schaubild M 1 und die Grafik M 2 bilden Informationen zum Thema „Glücklichsein" ab.

1 P a) Beide Abbildungen zeigen ähnliche Erkenntnisse auf.
Fasse die gemeinsame Hauptaussage zusammen.

2 P b) Einige Nennungen aus Schaubild M 1 passen zu den Erkenntnissen des alten Mannes aus dem Text.
Wähle zwei davon aus und begründe deine Auswahl.

___
12 P

Teil D: Schreiben

___ /24 Punkte

> Wähle Aufgabengruppe I <u>oder</u> Aufgabengruppe II aus und bearbeite sie anschließend <u>vollständig</u> auf einem gesonderten Blatt.

Aufgabengruppe I

1. Ein Jugendbuchverlag möchte am 20. März, dem Welttag des Glücks, auf seiner Homepage Texte von Jugendlichen zum Thema „Wunschlos glücklich?!" veröffentlichen.

   Schreibe dafür ein Märchen oder eine Kurzgeschichte.

   Entwirf zunächst einen Schreibplan.

   16 P

2. „Den letzten Wunsch habe ich vierzig Jahre lang nicht angerührt. Manchmal war ich nahe dran." (Zeile 149 ff.)

   Schreibe einen Brief an den alten Mann, in welchem du darauf Bezug nimmst, dass er seinen dritten Wunsch nicht eingelöst hat. Versuche ihn mit Argumenten davon zu überzeugen, den Wunsch an dich abzutreten.

   (Umfang mind. 120 Wörter)

   4 P

3. Schreibe einen Artikel für die Schülerzeitung mit dem Titel „2022 – dein Glücksjahr!" (Umfang mind. 120 Wörter)

   Du kannst die Leserinnen und Leser in deinem Artikel über das Glücklichsein informieren oder dazu aufrufen, das Glück in die eigene Hand zu nehmen.

   Verwende dazu Aussagen der Abbildungen **M 1**, **M 2** und **M 3**.

   4 P

   24 P

ODER

Aufgabengruppe II

16 P 1. Am 20. März, dem Welttag des Glücks, erscheinen in einer Tageszeitung mehrere Interviews zum Thema Glück. Herr Müller wird mit der Aussage zitiert: „Jeder ist für sein Glück selbst verantwortlich, jeder ist seines Glückes Schmied."

Bist du der gleichen oder anderer Meinung?

Schreibe einen Leserbrief an die Zeitung, in welchem du deine Meinung ausführlich mit mindestens drei Beispielen aus unterschiedlichen Lebensbereichen begründest. Du kannst dabei auf Informationen aus dem Lesetext oder den Abbildungen **M 1**, **M 2** und **M 3** zurückgreifen.

Entwirf zunächst einen Schreibplan.

4 P 2. Zum Welttag des Glücks möchte die SMV einen eigenen Glücks-Flyer an alle Schülerinnen und Schüler der Schule verteilen. Sie veranstaltet dafür einen Wettbewerb. Der beste Text wird prämiert und auf dem Glücks-Flyer abgedruckt.

Schreibe für den Wettbewerb eine Anleitung zum Glücklichsein. Verwende dazu Informationen aus den Abbildungen **M 1**, **M 2** und **M 3**. (Umfang mind. 120 Wörter)

4 P 3. „Seitdem sind Sie glücklich?" (Zeile 145) – auf diese Frage bekommt der Ich-Erzähler aus der Kurzgeschichte keine Antwort.

Schreibe eine Fortsetzung der Geschichte. (Umfang mind. 120 Wörter)

24 P

Offizielle Musterprüfungen für den neuen Quali
Musterprüfung 2 – Sachtext

Teil A: Zuhören

____ /12 Punkte

Aufgabe zu Hörtext 1

> Frau Steiner möchte ihre Kaffeemaschine reparieren lassen. Im Internet stößt sie auf einen Beitrag über eine Reparaturwerkstatt in der Nähe. Sie liest ihrem Mann daraus vor.

Höre genau zu und beantworte die Fragen mit <u>Kurzantworten</u> (ein bis fünf Wörter oder Zahlen). Eine Frage (0) ist bereits beantwortet.

(0) Viele kaputte Geräte kann man noch reparieren. Wo landen sie trotzdem viel zu schnell?

auf der Müllhalde

(1) Familie Steiner hat an Werktagen nur nachmittags Zeit, in die Werkstatt zu gehen. An welchen Tagen ist das möglich?

_____

1 P

(2) Was ist in der Werkstatt im Preis inbegriffen? Nenne ein Beispiel.

_____

1 P

(3) Welchen besonderen Service bietet die Werkstatt ihren Kunden sonntags?

_____

1 P

(4) Was hat die Werkstatt vorrätig?

_____

1 P

4 P

Aufgabe zu Hörtext 2

Herr Nowak versucht, seinen defekten Drucker zu Hause selbst zu reparieren. Nun kommt seine Tochter Chiara dazu.

Herr Nowak und Chiara haben einige Ideen, wie man das Druckerproblem lösen könnte. Wem lassen sich folgende Vorschläge zuordnen? Höre genau zu. Kreuze an, vom wem welcher Vorschlag stammt. Am Anfang findest du ein Beispiel (0).

	Vorschlag	Vater	Tochter	keinem
(0)	**Den Drucker ein- und ausschalten**	☐	☒	☐
(1)	Die Patrone wechseln	☐	☐	☐
(2)	Den Papierstau entfernen	☐	☐	☐
(3)	Die Bedienungsanleitung zu Rate ziehen	☐	☐	☐
(4)	Die Stromzufuhr kontrollieren	☐	☐	☐

1 P
1 P
1 P
1 P

4 P

Aufgabe zu Hörtext 3

An Adams Schule informiert die Techniklehrerin Frau Berg über eine geplante Projektwoche. Sie möchte ihre Schülerinnen und Schüler für ihre Recycling-Werkstatt begeistern.

Adams Klassenkamerad ist erkrankt. Da er gerne an der Recycling-Werkstatt teilnehmen möchte, fertigt Adam Notizen zu Frau Bergs Vortrag für ihn an. Adam hat bereits einiges aufgeschrieben. Höre genau zu. Ergänze seinen Notizzettel stichpunktartig um **vier** weitere wichtige Informationen.

Vortrag von Frau Berg: Notizen zur Recycling-Werkstatt	
Anlass und Gründe	**Ablauf und Ziel**
• Edelmetalle werden einfach weggeworfen.	• Frau Berg zeigt, was man ausbauen und recyceln kann.
• _____	• _____
• _____	• Eltern werden zur Ausstellung eingeladen.
• Viele Handys landen nicht im Recycling.	• _____

1 P

1 P

1 P

1 P

4 P

Teil B: Sprachgebrauch – Sprachbetrachtung

___/6 Punkte

Alle Prüflinge bearbeiten die Aufgaben aus Teil B Sprachgebrauch – Sprachbetrachtung

2 P 1. Ergänze folgende Sätze. Verwende dazu ein Wort der vorgegebenen Wortart.

Verb	San Francisco, Barcelona, Kiel – weltweit versuchen Städte, weniger Müll zu _____
Nomen	Die Initiative „Zero Waste Helden" verfolgt die Vision einer abfallfreien _____
unbestimmtes Zahlwort (Numerale)	_____ Städte interessieren sich derzeit für dieses Projekt.
Adjektiv	Ziel ist ein _____ Umgang mit den Ressourcen unserer Erde.

1 P 2. Bilde aus allen vorgegebenen Wörtern einen sinnvollen Satz im Präteritum (1. Vergangenheit).

ausführlich / Gemeinden / Umweltschutzprojekte / informieren / in / Zeit / über / sich / und / mögliche / letzter / Städte

_____

_____

_____

1 P 3. Setze die in Klammern angegebenen Wörter so ein, dass der jeweilige Satz grammatikalisch korrekt ist.

Umweltschutz ist aber nicht nur Aufgabe der Politik, sondern liegt in der Verantwortung _____ (jeder Einzelne).

Im Mittelpunkt steht das Ziel, möglichst viel _____ (anfallender Müll) im Mehrwegsystem wiederzuverwerten oder ihn gar nicht erst entstehen zu lassen.

4. Bestimme die unterstrichenen Satzglieder. Schreibe die Lösung in die dafür vorgesehenen Zeilen.

   Auch Schulen beteiligen sich <u>aktuell</u> am „Zero Waste"-Programm. Sie leisten <u>ihren Beitrag</u> zum Beispiel durch einen reduzierten Papierverbrauch.

   a) aktuell: _____

   b) ihren Beitrag: _____

1 P

5. Schreibe neben das Nomen die passende Pluralform.

das Unternehmen	
der Radius	

1 P

6 P

___/6 Punkte

Teil B: Sprachgebrauch – Rechtschreiben

> Prüflinge mit anerkannter Rechtschreibstörung,
> die Notenschutz gemäß § 34 Abs. 7 BaySchO beanspruchen,
> bearbeiten die Aufgaben aus Teil B Sprachgebrauch – Rechtschreiben nicht.

1 P   1. Schreibe die Sätze in der richtigen Schreibweise auf.

Jedereinzelnekannvielbewirken,dennauchalsprivatpersonkannman jedemengemüllvermeiden.

_____
_____
_____
_____
_____
_____

2 P   2. Setze die richtigen s-Laute ein (s – ss – ß).

Wer auf seine Umwelt achten möchte, kann dies im Alltag relativ einfach tun: Müll vermeiden, indem man auf mehrfach abgepackte und verschwei____te Waren verzichtet, insgesamt bewu____ter konsumiert und darauf achtet, da____ man nur da____ einkauft, was auch benötigt wird.

1 P   3. Trenne folgende Wörter so oft wie möglich und schreibe sie mit Trennungszeichen in die vorgegebenen Zeilen.

a) Einwegverpackung:
_____

b) überflüssig:
_____

4. Im folgenden Text müssen zwei Wörter eingesetzt werden.
   a) Kreise in den beiden Kästen jeweils das richtige Wort ein.
   b) Kreuze in der Tabelle jeweils die Rechtschreibstrategie an, die dir bei deiner Entscheidung geholfen hat.

Wir Menschen haben selbst die Wal / Wall / Wahl, ob wir unsere Umwelt schonen oder weiter verschmutzen. In jeder Lebenssituation ist Müllvermeidung möglich, egal ob im Haushalt, im Büro oder Betrieb, in der Schule oder unterwegs. Als oberstes Gebot gilt deshalb: Die Umwelt seubern / säubern / soibern und Abfall vermeiden statt verursachen!

Hilfreiche Rechtschreibstrategie:
☐ Ich achte auf die Wortbedeutung.
☐ Ich bilde den Plural (Mehrzahl).
☐ Ich achte auf den Artikel (Begleiter).

Hilfreiche Rechtschreibstrategie:
☐ Ich trenne das Wort nach Silben.
☐ Ich suche nach einem verwandten Wort.
☐ Ich achte auf den kurz gesprochenen Vokal.

Teil C: Lesen: Text

Müll – Der achte Kontinent

Man stelle sich eine Fläche von der Größe Mitteleuropas vor – ausschließlich bestehend aus Abfall. Fast so groß wie ein ganzer Kontinent ist die Menge an Müll, die wir bis heute im Meer entsorgt haben.
Der „achte Kontinent" wächst täglich. Im windstillen Teil des Pazifischen Ozeans gelegen, ist er in etwa so groß wie Mitteleuropa, vielleicht auch zweimal so groß. So genau weiß das niemand. Was bekannt ist: Er ist hässlich, giftig und gefährlich. Denn der achte Kontinent besteht nur aus Abfall, aus Millionen und Abermillionen Tonnen Wohlstandsmüll, der sich durch die Meeresströmung hier ansammelt. Das ist wie eine wortlose Anklage an die gedankenlose Wegwerfmentalität vor allem in den Industrieländern.
Weltweit verschmutzen mehr als 100 Millionen Tonnen Plastikmüll die Ozeane, schätzt das Umweltprogramm der Vereinten Nationen (UNEP). Mindestens 6,4 Millionen Tonnen Plastikmüll gelangen jedes Jahr neu in die Meere. Betroffen sind alle Regionen, selbst in der bislang gering belasteten arktischen Tiefsee werden steigende Mengen registriert. Rund 20 Prozent stammen von Schiffen, 80 Prozent vom Festland. Einleitungen von Industrie und Landwirtschaft bereiten die größten Probleme. Auch Winde transportieren beträchtliche Abfallmengen, beispielsweise aus offenen Deponien, wie sie in Großbritannien und den Niederlanden noch immer zu finden sind. Auch Hochwasser und Fluten schwemmen Müll und Schadstoffe in großen Mengen in die Ozeane. Nicht zu vergessen ist der Tourismus-Müll, mit dessen fachgerechter Entsorgung viele Urlaubsländer schlichtweg überfordert sind.
Treibende Verpackungen und anderer Plastikmüll sind nicht nur ein optisches Ärgernis oder lösen kurzzeitig Unbehagen aus, wenn sich beim Baden im Mittelmeer wieder eine ausgefranste Plastiktüte um die Beine wickelt. Plastik ist extrem langlebig, bis zur vollständigen Zersetzung können 500 Jahre vergehen. Als besonders problematisch werden Plastiktüten und winzige Plastikkugeln angesehen, die z. B. in Peelingprodukten und Duschgels enthalten sind. Sie seien oft so klein, dass Kläranlagen sie nicht herausfiltern könnten, heißt es. In vielen Kunststofferzeugnissen befinden sich Giftstoffe wie Weichmacher, die in großen Mengen in die Meere gelangen.
Zunächst beeinträchtigt das die Pflanzen- und Tierwelt im Wasser: Die Tiere sehen den Müll nicht, verfangen sich darin oder verletzen sich tödlich. Zudem verwechseln sie den zu Granulat verkleinerten Müll mit Nahrung. Doch der Stoff ist unverdaulich, sodass die Tiere im schlimmsten Fall mit einem Magen voller Plastik verhungern. Letztlich aber schädigt sich der Mensch selbst. „Die im Plastik gebundenen Gifte werden mit jeder Fischmahlzeit aufgenommen", sagt Kim Detloff vom Naturschutzbund (NABU). „Die Gifte landen auf unserem Teller."
Um die Verschmutzung der Meere zu stoppen, startete der NABU in Deutschland die Initiative „Fishing for Litter": Fischer an der Nord- und Ostsee werfen mülligen „Beifang" nicht ins Meer zurück, sondern sammeln diesen an Bord in großen Industriesäcken, die in den Häfen in speziellen Containern abgelegt werden. Mit einem flächendeckenden „Fishing for Litter"-System kann man rund zehn Prozent des Jahreseintrages herausfischen. Bei rund 20 000 Tonnen Müll – nicht nur Plastik –, die jährlich allein in der Nordsee landen, wären das immerhin ca. 2 000 Tonnen. Sollte es gelingen, auch andere Länder an Nord- und Ostsee für die Idee zu gewinnen, käme man einer wirksamen Reinigung beider Meere einen großen Schritt näher.
Allen bereits in den Meeren vorhandenen Müll wieder herauszufischen, halten die meisten Experten für eine Illusion. Ein erster Schritt ist, die Neueinträge drastisch zu senken, indem man zum Beispiel

den Verpackungsmüll reduziert. Denn laut Bundesumweltamt verbraucht jeder Deutsche im Schnitt 71 Plastiktüten im Jahr. Benjamin Bongardt vom NABU meint: „Es kann nicht sein, dass Plastiktüten etwa in Kaufhäusern oder Bekleidungsläden kostenlos abgegeben werden." Auch in der Politik ist diese Diskussion angekommen.

Quelle: Jochen Clemens, 31.07.2013. Text verändert nach: https://www.welt.de/dieweltbewegen/sonderveroeffentlichungen/nachhaltigeverpackungen/article118387922/Der-achte-Kontinent-besteht-aus-Muell.html

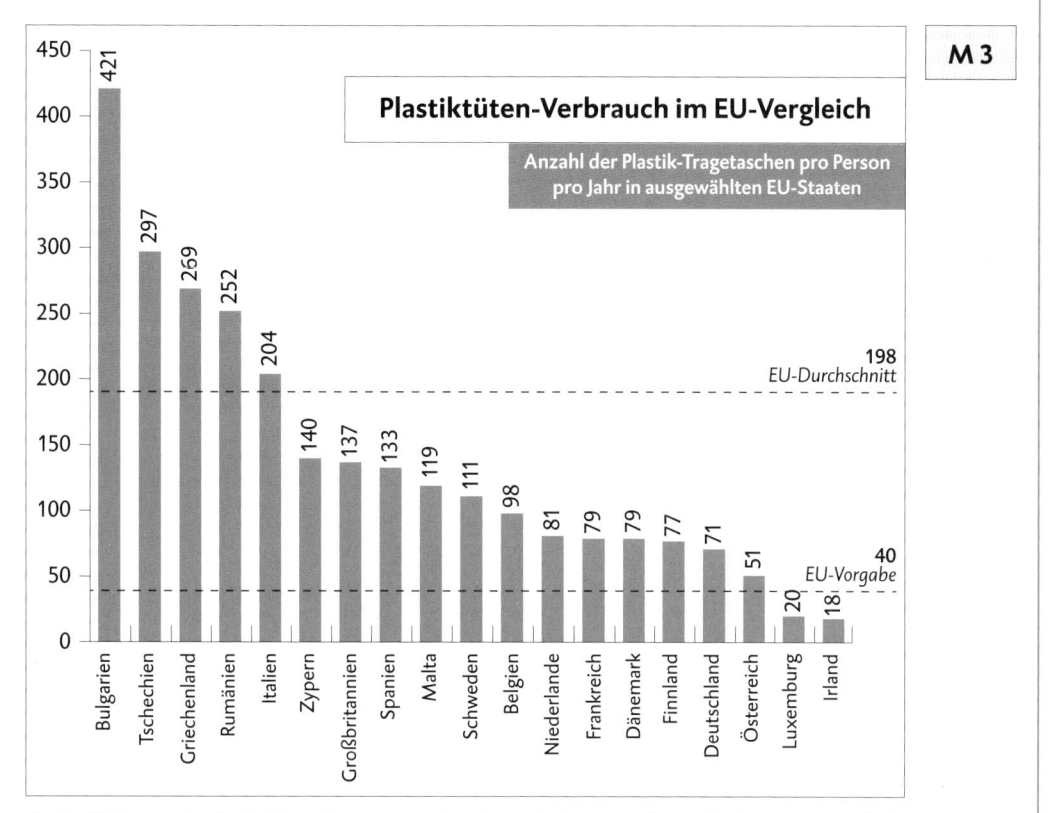

M 3

Plastiktüten-Verbrauch im EU-Vergleich

Anzahl der Plastik-Tragetaschen pro Person pro Jahr in ausgewählten EU-Staaten

Land	Anzahl
Bulgarien	421
Tschechien	297
Griechenland	269
Rumänien	252
Italien	204
Zypern	140
Großbritannien	137
Spanien	133
Malta	119
Schweden	111
Belgien	98
Niederlande	81
Frankreich	79
Dänemark	79
Finnland	77
Deutschland	71
Österreich	51
Luxemburg	20
Irland	18

EU-Durchschnitt: 198
EU-Vorgabe: 40

Quelle: EU-Kommission. © BMUB; im Internet unter: http://www.l-t.de/l-t/neuigkeiten/details/news-title/endlich-weniger-plastik-21

Da die vorliegende Musterprüfung die Veränderungen im Prüfungsformat anhand einer bereits geschriebenen Prüfung aufzeigen soll, wurden Lesetext und Grafik nicht aktualisiert.

___/12 Punkte

Teil C: Lesen

Bearbeite die folgenden Aufgaben auf einem gesonderten Blatt.

2 P 1. In der Überschrift wird der Ausdruck „der achte Kontinent" verwendet. Erkläre diesen bildhaften Ausdruck.

1 P 2. Folgende Begriffe kommen im Text als Fremdwörter vor. Suche sie heraus und ordne sie entsprechend zu.
   a) Müllabladeplätze
   b) vermindert, herabgesetzt

2 P 3. „Treibende Verpackungen und anderer Plastikmüll sind nicht nur ein optisches Ärgernis (…)." (Zeile 42 ff.)
   Arbeite stichpunktartig vier weitere Probleme, die Plastikmüll in den Meeren erzeugt, aus dem Text heraus.

2 P 4. „Letztlich aber schädigt sich der Mensch selbst." (Zeile 67 f.) Erläutere diese Aussage ausführlich im Textzusammenhang. (Umfang mind. 60 Wörter)

1 P 5. Der Autor stellt fest, dass 80 % des Mülls in den Ozeanen vom Festland stammen, und nennt mögliche Wege, wie er ins Meer gelangt.
   Notiere zwei dieser Wege.

1 P 6. Gib an, welches Ziel die Initiative „Fishing for Litter" verfolgt.

1 P 7. Fasse den Inhalt des Textes in wenigen Sätzen zusammen.

2 P 8. „Als besonders problematisch werden Plastiktüten […] angesehen." (Zeile 49 ff.)
   Das Schaubild M 3 gibt hierzu zusätzliche Informationen.
   Formuliere vier wesentliche Aussagen.

12 P

Teil D: Schreiben

____ /24 Punkte

> Wähle Aufgabengruppe I <u>oder</u> Aufgabengruppe II aus und bearbeite sie anschließend <u>vollständig</u> auf einem gesonderten Blatt.

Aufgabengruppe I

1. Der Zeitungsartikel „Müll – der achte Kontinent" zeigt auf, dass das Müll-Problem eines der drängendsten Probleme unserer Zeit ist.

   Schreibe einen Aufruf für die Homepage der Schule. Informiere darin deine Mitschülerinnen und Mitschüler über die Problematik und rufe sie dazu auf, zur Lösung des Müll-Problems beizutragen.

   Entwirf zunächst einen Schreibplan.

   16 P

2. Seit einiger Zeit muss man in vielen Kaufhäusern in Deutschland für Plastiktüten bezahlen.

   Was hältst du von dieser Regelung? Begründe deine Meinung.

   (Umfang mind. 60 Wörter)

   2 P

3. Stell dir vor, du lebst im Jahr 2050.

   Du verbringst deinen Urlaub in einem südeuropäischen Land am Meer.

   Schreibe einen Tagebucheintrag über deine Erlebnisse.

   (Umfang mind. 180 Wörter)

   6 P

   24 P

ODER

Aufgabengruppe II

16 P 1. Schreibe einen in sich abgeschlossenen Science-Fiction-Erzähltext für den Wettbewerb eines Jugendbuchverlags.

Deine Geschichte spielt im Jahr 2050. Für das Müll-Problem wurde noch keine gut funktionierende Lösung gefunden. Die Kommissare der Abteilung „Müllkriminalität" stehen vor einem neuen Fall, der ihnen großes Kopfzerbrechen bereitet.

Entwirf zunächst einen Schreibplan.

4 P 2. Umweltschutz geht uns alle an und bedeutet nicht nur die Vermeidung von Müll. Was kannst du tun, um unsere Umwelt auch für die nachfolgenden Generationen zu schützen?

Erläutere anhand von zwei weiteren Beispielen.

(Umfang mind. 120 Wörter)

4 P 3. Stell dir vor, deine Klasse nimmt an einem gemeinsamen Online-Projekt zum Thema „Müllverwertung" mit eurer Partnerschule im Ausland teil. Du sollst deiner Partnerschülerin/deinem Partnerschüler erklären, wie bei uns Müll getrennt und recycelt wird.

Schreibe ihr/ihm eine informierende E-Mail.

(Umfang mind. 120 Wörter)

24 P

▶ Abschlussprüfungs- aufgaben

Qualifizierender Abschluss der Mittelschule Bayern
Deutsch 2019

2019-1

Teil A: Sprachbetrachtung

1. Setze die in den Klammern angegebenen Verben in das Präteritum.   1 P

   Zu seinem Geburtstag (bekommen) _____ Tim ein neues Smartphone.

   Seine Eltern (verschweigen) _____ ihm diese Überraschung.

2. Finde die <u>vier gesteigerten</u> Adjektive und schreibe die jeweilige Grundform dieser Adjektive auf die Zeilen darunter.   2 P

   Tim gefällt sein nagelneues Smartphone besser als sein altes. Es hat passendere Funktionen und ist leicht in der Handhabung. Die derzeitige Kameraauflösung ist von höchster Qualität und das Display ist schärfer als das seiner zahlreichen Vorgängermodelle.

   _____ _____ _____

   _____ _____

3. Formuliere aus <u>allen</u> Wörtern einen Fragesatz. Die vorgegebenen Wörter dürfen dabei nicht verändert werden.   1 P

   zwölf   Akku   der   deines   Hält   Smartphones   neue   Stunden   länger   als

   _____

   _____ ?

4. Bestimme die jeweilige Wortart der unterstrichenen Wörter und trage sie in die Tabelle ein.   2 P

   Knapp <u>zwei</u> von drei Besitzern <u>eines</u> Smartphones oder Tablet-PCs gaben an, dass sie sich mobil <u>informieren</u> und anschließend online kaufen. Knapp 20 Prozent der Befragten sagten, dass sie sich mobil informieren und anschließend <u>in</u> einem Ladengeschäft kaufen.

Wort	Wortart
zwei	
eines	
informieren	
in	

5. Kreuze die richtige Bedeutung der folgenden Redewendungen an.

wie ein Buch reden	☐ Fachsprache verwenden ☐ ununterbrochen reden ☐ sich sehr gut auskennen ☐ über Gelesenes sprechen
den Faden verlieren	☐ die Umgebung nicht mehr kennen ☐ kaputte Kleidung tragen ☐ den Freundeskreis wechseln ☐ plötzlich nicht mehr weiterwissen
etwas in Kauf nehmen	☐ sehr viel Geld auf einmal ausgeben ☐ Geliehenes nicht zurückgeben ☐ Unangenehmes akzeptieren ☐ keine Schulden machen
hinter dem Mond leben	☐ wirklichkeitsfremd sein ☐ an Aliens glauben ☐ im Dunkeln leben ☐ nachts schlafwandeln

Teil B: Rechtschreiben

Prüflinge mit anerkannter Rechtschreibstörung, die Notenschutz gemäß § 34 Abs. 7 BaySchO beanspruchen, bearbeiten Teil B (Seite 3 und 4) nicht.

1. Im folgenden Text sind <u>vier</u> Wörter falsch geschrieben. Suche sie heraus und schreibe sie fehlerfrei auf.

   Oft mögen es Jugendliche gar nicht, wenn die Eltern sich bei sozialen Netzwerken registriren. Sie sehen dies als Einbruch in ihre persöhnliche Welt, in der Eltern erst einmal keinen platz haben. Jugendliche würden auch nicht mit den Eltern ins Jugendzentrum gehen, behauptet das Institut für Medienpädagogig in München.

   - _____
   - _____
   - _____
   - _____

2. Welche Rechtschreibstrategie hilft dir jeweils, dich für die richtige Schreibung zu entscheiden? Notiere sie.

Beispielwörter	Rechtschreibstrategie
etwas **G**utes, nichts **S**chlimmes	
bi**tt**en, e**ss**en, ko**mm**en	

3. Nur jeweils einer der nachfolgenden Sätze ist vollständig fehlerfrei geschrieben. Kreuze diesen an.

   a)
☐	Zu wenig Schlaf, kaum Bewegung und Ernährungsmangel können folgen des Internetkonsums sein.
☐	Zu wenig Schlaf, kaum Bewegung und Ernehrungsmangel können Folgen des Internetkonsums sein.
☐	Zu wenig Schlaf, kaum Bewegung und Ernährungsmangel können Folgen des Internetkonsums sein.

2 P

2 P

2 P

b)

☐	Fast jeder verbringt täglich Zeit im Internet, um sich zu informieren und Bankgeschäfte abzuwickeln.
☐	Fast täglich verbringt jeder Zeit im Internet, um sich zu informiren und Bankgeschäfte abzuwickeln.
☐	Fast Jeder verbringt täglich Zeit im Internet, um Bankgeschäfte abzuwickeln und sich zu informieren.

4. Schreibe den Satz in der richtigen Groß- und Kleinschreibung auf.

WENNDIEELTERNDENCOMPUTERZUMAUSSPIONIERENNUTZEN, SCHRÄNKTDASDIEJUGENDLICHENSTARKINIHRERPRIVATSPHÄREEIN.

Teil C: Schriftlicher Sprachgebrauch

Text 1

Der Filmstar und die Eisprinzessin

Caro und ihre Mutter schieben sich durch das dichte Gedränge der Reisenden. Die Räder von Caros Koffer holpern über die Unebenheiten der Bahnhofshalle. Sie blickt hinauf zur großen Anzeigetafel und fragt sich, weshalb ihre Mutter so eine Panik macht. Noch sieben Minuten bis zur Abfahrt.

„Hier, Wagen neun. Das ist deiner. Geh auf deinen Platz, bevor ihn ein anderer belegt", drängelt Caros Mutter. „Ich denke, der Platz ist reserviert", sagt Caro.

„Ja, schon, aber man weiß ja nie", meint ihre Mutter, während sie den Zugbegleiter heranwinkt.

„Hallo! Junger Mann!" Freundlich lächelnd kommt er auf sie zu. „Kann ich Ihnen helfen?"

„Das ist meine Tochter Caro", antwortet ihre Mutter. „Sie verreist heute zum ersten Mal allein. Ich war ja dagegen, aber mein Mann meint..."

„Mama, bitte!" Caro würde am liebsten im Boden versinken. Aber ihre Mutter redet unbeirrt weiter. „Caro wird in Berlin von ihrer Großmutter abgeholt. Würden Sie bitte darauf achten, dass sie nicht zu früh aussteigt?"

„Selbstverständlich", verspricht der Zugbegleiter. „Machen Sie sich keine Sorgen." Er tippt sich an die Mütze, nickt Caro und ihrer Mutter zu und geht zur nächsten Eingangstür, wo ihn eine Frau mit einem wesentlich kleineren Kind ebenfalls um Hilfe bittet.

„Dem Zwerg muss man helfen, nicht mir", denkt Caro.

„Tschüss, mein Spatz", sagt ihre Mutter und nimmt sie in die Arme. Mit Tränen in den Augen drückt sie Caro einen Kuss auf die Wange. Caro schnappt sich den schweren Koffer und steigt in den Zug.

Das Abteil ist leer. Nur ein weiterer Platz ist noch reserviert. Caro wuchtet den Koffer auf die Sitzbank. Am Griff baumelt der Anhänger mit der Anschrift ihrer Oma. Sogar die Telefonnummer hat ihre Mutter draufgeschrieben. Endlich schrillt der Pfiff des Schaffners über den Bahnsteig. Der Zug setzt sich in Bewegung. Caros Mutter winkt. Hinter ihrer Mutter geht die Frau mit dem kleinen Jungen zur Rolltreppe. Anscheinend darf er doch noch nicht allein verreisen.

Caro schließt das Fenster, um es sich im Abteil gemütlich zu machen – doch sie ist nicht mehr allein! Auf dem Fensterplatz in Fahrtrichtung sitzt ein Junge. Er ist ungefähr so alt wie Caro.

„Na?", sagt er.

„Was na?"

„Ich bin Benny", stellt er sich vor. „Wohin?"

„Berlin", sagt Caro.

„Ich auch – und?"

„Was und?"

„Hast du keinen Namen?"

„Doch, natürlich. Caro."

„Was machst du in Berlin?", fragt Caro.

„Dreharbeiten", sagt Benny nach kurzem Zögern.

„Für einen Film? Als Schauspieler?"

„Nein, als Szenenklappe", erwidert Benny.

„Sehr witzig", denkt Caro. Aber er sieht nett aus und unsympathisch ist er auch nicht. Wie ein Schauspieler sieht er jedenfalls nicht aus und im Fernsehen hat sie ihn auch noch nie gesehen.

„Und du?", fragt Benny plötzlich.

Caro zögert. Sie kann schlecht damit kommen, dass sie ihre Oma besucht. Das klingt doch stinklangweilig.

„Ich fahre zum Leistungstraining", platzt sie heraus.

Benny macht große Augen. „Leistungstraining? In welcher Sportart?"

„Eiskunstlauf", antwortet Caro.

„Eiskunstlauf? Jetzt, im Sommer?", fragt Benny verwundert.

Mist, daran hätte sie denken müssen. Wer geht schon im Sommer eislaufen?

„Klar", sagt Caro selbstbewusst. „Im Spitzensport gibt's keine Pausen."

95 „Eine Eisprinzessin", murmelt er.

Die Abteiltür wird geöffnet, der Zugbegleiter fragt „Ist bei euch alles in Ordnung? Na, ich seh schon, auf euch beide brauch ich nicht aufzupassen. Das muss 100 euch nicht peinlich sein. Mütter sind immer aufgeregt, wenn ihre Kinder das erste Mal allein reisen."

„Was meint er damit?", fragt Benny, als der Zugbegleiter das Abteil wieder ver- 105 lassen hat.

Caro sieht Benny an. Und plötzlich begreift sie. Die Frau mit dem kleinen Jungen – das war seine Mutter! Benny hat also auch so eine peinliche Abschiedsszene 110 hinter sich.

Doch Caro erzählt ihm nicht, dass sie ihn durchschaut hat. Ohne seine Frage zu beachten, wechselt sie das Thema. Sie reden über alles Mögliche, lachen und kichern 115 die ganze Zeit und stellen fest, dass sie dieselbe Musik und die gleichen Fernsehserien mögen. Als sie in Berlin ankommen, hat Caro das Gefühl, Benny schon sehr lange zu kennen.

120 „Viel Spaß beim nächsten Dreh", sagt Caro, als die beiden auf dem Bahnsteig stehen.

„Danke, und dir viel Erfolg beim Leistungstraining."

125 „Caro!", ruft jemand aus der Menschenmenge. „Hier bin ich!"

Caro sieht sich suchend um und entdeckt ihre Oma.

„Meine Trainerin", raunt sie Benny zu. Im 130 selben Moment tippt ein älterer Herr Benny von hinten auf die Schulter. „Na, eine gute Reise gehabt, mein Junge?"

„Mein Manager", sagt Benny.

„Wer sonst." Caro grinst. „Mach's gut, ich 135 muss los."

Kaum sind sie in Omas Wohnung, klingelt das Telefon. Caro stöhnt. „Das ist bestimmt Mama. Wollen wir wetten?" Nein. Das ist nicht Mama. „Wer ist dort, bitte?"

140 „Benny. Die Szenenklappe."

„Du?" Caro stutzt. „Woher hast du meine Nummer?"

„Na, vom Anhänger am Koffer", erklärt Benny. „Sag mal, Caro, wollen wir hier in 145 Berlin mal was zusammen machen?"

„Ja, gern. Aber – was ist mit deinen Dreharbeiten?"

Benny prustet in den Hörer. „Das hast du doch nicht etwa geglaubt?" Caro grinst. 150 „Na, wir können ja …"

„… eislaufen?", fällt ihr Benny ins Wort. Nun prusten beide in den Hörer.

„Mitten im Sommer?", fragt Caro lachend. „Du hast sie wohl nicht alle."

155 „Na gut, wie wär's mit Kino?"

„Welchen Film?"

„Weiß nicht", sagt Benny. „Muss das Programm durchsehen. Ich ruf dich nachher noch mal an."

160 „Versprochen?"

„Klar", sagt Benny. „Versprochen."

Quelle: Färber, Werner: Der Filmstar und die Eisprinzessin. In: Ulli Schubert (Hrsg.): Seitenweise Ferien. Carlsen Verlag, Hamburg 2002, S. 7–16.

Ab diesem Alter dürfen Kinder allein mit der Bahn reisen   M 1

Prinzipiell dürfen Sie Ihre Kinder ab 6 Jahren allein mit dem Zug auf Reisen schicken.

[…] Bitte beachten Sie: […] Im Gegensatz zum Flugzeug ist die Bahn ein offenes System mit Ein- und Ausstiegen für jedermann entlang der Reisestrecke. Reist ein Kind alleine und ohne Begleitung, liegt die Verantwortung für das Wohlergehen des Kindes nach wie vor bei den Erziehungsberechtigten. Ein Zugbegleiter oder andere Mitarbeiter können diese Verantwortung nicht übernehmen. […]

Allein im Zug: Tipps und Tricks für alleinreisende Kinder   M 2

[…] Vielleicht hilft es Ihnen als Eltern, wenn Sie den Akku des Smartphones Ihres Kindes vor der Reise noch einmal aufladen. So ist es immer erreichbar.

Außerdem ist es zu empfehlen, eine schriftliche Vollmacht in den Rucksack Ihres Nachwuchses zu stecken, in der Sie Ihre Erlaubnis zur alleinigen Reise bekräftigen. Des Weiteren könnte ein Zettel mit Telefonnummern für den Notfall, die Zieladresse sowie die Route hilfreich sein.

Auch möglich: Sprechen Sie beim Start der Reise doch den Sitznachbarn Ihres Kindes an und bitten Sie diesen, ein Auge auf den kleinen Reisenden zu haben. […]

Quelle: Allein im Zug: Tipps & Tricks für alleinreisende Kinder, Deutsche Bahn vom 28.05.2019, https://inside.bahn.de/kind-alleine-reisen

Aufgaben

1. Fasse den Inhalt der Geschichte in wenigen Sätzen zusammen.

2. In Zeile 23/24 würde Caro „am liebsten im Boden versinken".
   Erkläre dieses sprachliche Bild in eigenen Worten aus dem Textzusammenhang.

3. „Filmstar" Benny und „Eisprinzessin" Caro spielen sich am Anfang ihrer Begegnung etwas vor.
   a) Überlege dir zwei Gründe für dieses Verhalten und notiere sie.
   b) „Caro sieht Benny an. Und plötzlich begreift sie." (Zeile 106/107). Erkläre, was Caro in dieser Situation bewusst wird.
   c) Caro und Benny könnten auch beleidigt sein, weil der jeweils andere nicht ehrlich war. Wie stehst du dazu?
   Formuliere und begründe deine Meinung ausführlich.

4. Der Zugbegleiter fragt „Ist bei euch alles in Ordnung? Na, ich seh schon, auf euch beide brauch ich nicht aufzupassen. [...]" (Zeile 97 ff.)
   a) Kann ein Mitarbeiter der Bahn die Verantwortung für ein alleinreisendes Kind übernehmen?
   Beantworte die Frage mithilfe des Materials M 1 und begründe in eigenen Worten.
   b) Eine Eisenbahngesellschaft gibt Eltern alleinreisender Kinder Tipps vor der Abfahrt.
   Stelle einen Zusammenhang zwischen dem Verhalten der Mutter im Text und Material M 2 her.

5. Nach dem Telefonat machen sich Caro und Benny Gedanken über die Geschehnisse des Tages sowie den geplanten Kinobesuch.
   Versetze dich in Caros oder Bennys Lage und verfasse dazu eine E-Mail an eine Freundin bzw. einen Freund. Bringe dabei auch Gefühle und Hoffnungen zum Ausdruck.

6. Jugendliche wollen gern so früh wie möglich selbstständig sein und eigene Entscheidungen treffen. Das ist nicht immer einfach.
   Verdeutliche diese Problematik ausführlich an mindestens zwei selbstgewählten Beispielen und nimm dazu Stellung.

Text 2

Ein Leben im Minus

Berlin. (dpa) Sie sind jung, lässig und blank: Viele Jugendliche machen Mahnungen nicht mehr auf. Irgendwann stapeln sich die Rechnungen aus Frust und Hilflosigkeit. Mit jeder Unterschrift reiten sich etliche Teenager in Deutschland tiefer rein – in ein Leben im Minus. Der Schuldenberg wächst, bis sie als 20-Jährige mit Zehntausenden Euro in der Kreide stehen.

Mehr als 1,77 Millionen junge Leute unter 30 waren im vergangenen Jahr hoch verschuldet. Und die Zahlen steigen. Mittlerweile ist fast ein Drittel aller Schuldner jünger als 30 Jahre. Besonders bei den 18- bis 20-Jährigen, die erstmals Verträge abschließen dürfen, locken Handys, Fitnessstudio-Abos und der schnelle Kauf im Internet. Die so entstandenen Schulden schleppen sie jahrelang mit.

„Viele haben ein völlig verschobenes Verständnis davon, was das Leben eigentlich kostet", sagt die Vizepräsidentin des Bundesverbands Deutscher Inkasso-Unternehmen[1], Marion Kremer. Die meisten Schulden haben die Menschen unter 25 Jahren einer Umfrage zufolge bei Mobilfunkanbietern, Online- und Versandhändlern sowie Fitnessstudios. Später haut der Bankkredit für das erste Auto rein.

„Oft tappen Auszubildende in die Schuldenfalle", sagt Rene Lercher von KriSta, einem Beratungsprojekt für verschuldete Jugendliche. Erst fange es mit teuren Handyverträgen an.

„Da muss es dann gleich das teuerste Smartphone sein." Beim Einkommen eines Azubis können die 50 Euro ganz schön zu Buche schlagen.

Dem Überschuldungsreport des Instituts für Finanzdienstleistungen zufolge stehen verschuldete Jugendliche unter 25 Jahren im Schnitt mit 8 244 Euro in der Kreide. Lercher berät vor allem Härtefälle – darunter war auch ein 22-Jähriger, der mit 60 000 Euro in den Miesen steckte. Doch selbst bei 10 000 Euro Schulden stehe ohne familiären Rückhalt und Ausbildung schon in dem Alter ein Insolvenzverfahren an, sagt der Berater.

Doch die Verlockungen des Teenager-Lebens sind nicht der einzige Grund für die Pleite.

„Leider imitieren die Jugendlichen das Verhalten ihrer Eltern", hat Stephanie Schmid vom Münchner Jugendverschuldungs-Projekt „Schulschwein" beobachtet. „Leben die Eltern den Konsum auf Pump vor, wird Schuldenmachen für die Kinder normal. Mahnungen erscheinen weniger bedrohlich, wenn zu Hause bei Mama und Papa immer mal wieder der Gerichtsvollzieher klingelt." Schon lange bevor sie selbst Verträge abschließen dürften, machten diese Jugendlichen bei Verwandten und Freunden Schulden, betont Schmid. „In diesem Alter haben sich bereits viele Verhaltensweisen eingeschliffen. Prävention muss schon in der Grundschule ansetzen, wo der Gruppenzwang das erste Mal zuschlägt", betont Diana Bartl vom „Schulschwein"-Projekt. „Denn schon im Grundschulalter gilt: Wer cool sein will, braucht das neueste Spielzeug." Wichtig sei, dass Kinder gerade in diesem Alter lernen, auch mal pleite zu sein, wenn sie alles Geld ausgegeben haben. Und dass sie sich dann nichts borgen dürften.

Quelle: dpa. Text nach: Sebastian Pielmeier und Michael Mader: Redaktion Freistunde. Beilage Straubinger Zeitung, 19.07.2013

[1] *Inkasso-Unternehmen = Unternehmen, das Geldforderungen einzieht*

M 3

M 4

Das sagen junge Leute zum Thema Schulden:

Daniela (17) aus S.: „Es ist jedem selbst überlassen, ob er Schulden macht oder nicht. Man sollte zuvor immer bedenken, ob man diese später zurückzahlen kann. Außerdem denke ich, dass man für unwichtige Dinge, wie zum Beispiel Handy oder Kleidung, gar keine Schulden machen sollte. Auf keinen Fall sollte man unter Gruppenzwang ins Minus gehen. Ich selbst spare für später, damit ich nie Schulden machen muss."

Marius (19) aus B.: „Ich mache Schulden seit ich 18 bin, hauptsächlich durch das Bestellen von Filmen und Computerspielen. Ja, klar, es kommen Rechnungen und auch Mahnungen. Ich hole die Briefe aus dem Briefkasten und lege sie in meine Schreibtischschublade zu den anderen Rechnungen und Mahnungen. Meistens öffne oder lese ich die Briefe gar nicht. Ich weiß ja, was da drin steht und dass ich noch nicht bezahlt habe. Wenn ich die Mahnungen nicht sehe, sind sie weg. Aus den Augen, aus dem Sinn!"

Text nach: Sebastian Pielmeier und Michael Mader: Redaktion Freistunde. Beilage Straubinger Zeitung, 19.07.2013.

Aufgaben

	Inhalt/Sprache

1. Fasse den Inhalt des Textes in wenigen Sätzen zusammen. — 2/2 P

2. Für folgende Umschreibungen kommen im Text Fremdwörter vor. Suche sie heraus und ordne sie entsprechend zu. — 1/0 P
   a) nachahmen
   b) Vorbeugung

3. Im Text findest du folgende sprachliche Bilder: — 2/2 P
   – „Schulden schleppen sie jahrelang mit" (Zeile 20)
   – „tappen Auszubildende in die Schuldenfalle" (Zeile 32/33)
   Erkläre die beiden Sprachbilder in eigenen Worten aus dem Textzusammenhang.

4. Neben zu teuren Fitnessstudioverträgen kommen im Text noch weitere mögliche Ursachen für eine Verschuldung junger Menschen vor. — 2/1 P
   Nenne stichpunktartig vier weitere Ursachen aus dem Text.

5. Schülerinnen und Schüler sollten schon sehr früh lernen, sinnvoll mit ihrem Geld umzugehen und sich nicht von anderen zum Schuldenmachen verführen zu lassen. — 1/1 P
   Diese Aussage kommt sinngemäß zweimal im Text vor. Zitiere die entsprechenden Sätze.

6. Auch die Karikatur M 3 befasst sich mit dem Thema „Schulden".
   a) Beschreibe die Karikatur. — 2/2 P
   b) Stelle den Zusammenhang zwischen der Karikatur und dem Text her. — 1/1 P

7. Verschuldung muss nicht sein! — 3/3 P
   Formuliere einen Beitrag für eure Schulhomepage, der vier verständliche Tipps enthält, wie man die Schuldenfalle umgehen kann.

8. Sparen – ja oder nein? — 3/3 P
   Stelle ausführlich dar, wie du zum Thema Sparen stehst und begründe deinen Standpunkt mithilfe von mindestens zwei Argumenten.
   Die Äußerungen aus Material M 4 können dir dabei eine Hilfe sein.

32 P

Qualifizierender Abschluss der Mittelschule Bayern
Deutsch 2020

Teil A: Sprachbetrachtung

1. Im folgenden Wörterbuchauszug findest du das Wort *Kommunikation*. Beantworte damit die unten stehenden Aufgaben. — 2 P

   > **Kom|mu|ni|ka|ti|on**, die; -, -en ([lat. Communicatio = Mitteilung, Unterredung]: Verständigung untereinander; Verbindung; Zusammenhang)
   > **kom|mu|ni|ka|tiv**, (mitteilsam; die Kommunikation betreffend)
   > **Kom|mu|ni|ka|tor**, der; -s, ...oren (jmd. der sich geschickt mit anderen verständigen kann); Kom|mu|ni|ka|to|rin
   > **kom|mu|ni|zie|ren**, (zusammenhängen, in Verbindung stehen; miteinander sprechen, sich verständigen; mitteilen; [...])

   a) Aus welcher Sprache stammt das Wort ursprünglich?

   b) Wie lautet das Wort im Plural?

   c) Nenne das entsprechende Verb in der Grundform.

   d) Setze das aufgeführte Adjektiv sinnvoll und grammatikalisch richtig in folgenden Satz ein. Schreibe ihn auf die Zeilen darunter.
   Ein Mensch hat wenig Probleme auf seine Mitmenschen zuzugehen.

2. Lies dir folgenden Satz durch und bearbeite die Aufgaben. — 2 P
   Die digitale Kommunikation stellt einen wichtigen Bestandteil unseres Lebens dar.
   a) Bestimme die Zeitform: _____
   b) Setze den Satz ins Futur I (Zukunft).

3. Ergänze die beiden Sätze sinnvoll mit der jeweils vorgegebenen adverbialen Bestimmung.

a) Einkaufslisten und Notizen werden heutzutage eher

_____ (Adverbiale des Ortes)

gespeichert, als auf einen Zettel geschrieben.

b) Mit dem Smartphone kann man seinen Alltag

_____ (Adverbiale der Art und Weise)

organisieren.

4. Bestimme, um welche Satzverbindungen es sich bei den folgenden Sätzen handelt. Kreuze an.

	Satzgefüge	Satzreihe	weder noch
Der Austausch unter Gesprächspartnern findet heutzutage durch E-Mails, Chats, Kurznachrichten und Sprachmitteilungen statt.	☐	☐	☐
Die neuen Medien beeinflussen unsere Kommunikation offenbar auch dann, wenn wir gerade nicht online sind.	☐	☐	☐
Die Bedeutung der Körpersprache bei Gesprächen nimmt ab, denn sie ist oftmals nicht mehr Bestandteil der Interaktion.	☐	☐	☐

5. Welches Wort bzw. welche Wortgruppe des folgenden Satzes steht in den vorgegebenen Fällen? Fülle die Tabelle entsprechend aus.

Jugendlichen ermöglicht das neue Smartphone eines bekannten Herstellers eine vielfältige Kommunikation.

Fall	Wort bzw. Wortgruppe
Genitiv (2. Fall)	
Dativ (3. Fall)	
Akkusativ (4. Fall)	

Teil B: Rechtschreiben

> Prüflinge mit anerkannter Rechtschreibstörung, die Notenschutz
> gemäß § 34 Abs. 7 BaySchO beanspruchen,
> bearbeiten Teil B (Seite 3 und 4) nicht.

1. Im folgenden Text sind vier Wörter falsch geschrieben. Suche sie heraus und schreibe sie fehlerfrei auf. — 2 P

   Kommunikation bildet die Basis für das menschliche Zusamenleben. In jeder Bezihung läuft unbewusste oder bewusste Kommunikation ab. Das wirst du aus deiner eigenen Erfahrung kennen. Ein Leben ohne Kontakt mit anderen Menschen ist für dich vermuhtlich nicht Denkbar.

   - _____
   - _____
   - _____
   - _____

2. Welche Rechtschreibstrategie hilft dir, dich für die richtige Schreibung zu entscheiden? Ordne in der Tabelle jedem Rechtschreibfall den jeweils passenden Buchstaben zu. Das Beispiel (0) hilft dir. — 1,5 P

   (0) ko**mm**unizieren   (1) Empf**ä**nger   (2) klu**g**   (3) **R**eaktion

   Rechtschreibstrategien:

   (A) Ich achte auf die Endung.

   (B) Ich suche ein verwandtes Wort.

   (C) Ich trenne das Wort in Silben.

   (D) Ich steigere das Wort.

   (E) Ich bilde den Plural.

   (F) Ich achte auf die Vorsilbe.

(0)	(1)	(2)	(3)
C			

2 P 3. Schreibe den folgenden Satz in der richtigen Groß- und Kleinschreibung auf.

stattmiteinerhandgeschriebenenkartewerdenheutzutageurlaubsgrüßeund
geburtstagsglückwünschehäufigübersozialemedienübermittelt.

_____

_____

_____

_____

1 P 4. Trenne folgende Wörter so oft wie möglich und schreibe sie mit allen Trennungszeichen in die vorgegebenen Zeilen.

  a) Selbstgespräche _____

  b) zwischenmenschlich _____

0,5 P 5. Nur ein Satz ist richtig geschrieben. Kreuze ihn an.

☐	Menschen kommunizieren Ihre Gefühle auch durch Ihre Körperhaltung und Gestik.
☐	Menschen kommunizieren ihre Gefühle auch durch ihre Körperhaltung und Gestik.
☐	Menschen kommunizieren ihre Gefühle auch durch ihre Körperhaltung und Gästik.
☐	Menschen kommunizieren ihre Gefühle auch durch ihre Körper Haltung und Gestik.

1 P 6. Setze die richtigen s-Laute ein (s – ss – ß).

Wir kommunizieren täglich auf die eine oder andere Wei____e.

Es ist wi____enschaftlich erwie____en, dass wir ohne klare Gesprächsregeln schnell an Grenzen der Verständigung sto____en.

8 P

Teil C: Schriftlicher Sprachgebrauch

Text 1

Ein Roboter mit Launen

„Das ist der beste Roboter, den ich je gebaut habe. Er kann einfach alles. Ich kann mit gutem Gewissen sagen: Einen besseren Roboter gibt es nicht für die Menschheit." So sprach der stolze Wissenschaftler zu dem wohlhabenden Herrn N.

„Bitte erlauben Sie, dass ich ihn kaufe", sagte N. „Die Sache ist die: Ich habe vor, mich eine Weile zu erholen, und zwar ganz allein in meiner Villa auf einer abgelegenen Insel. Dort möchte ich den Roboter einsetzen."

Der Wissenschaftler war einverstanden: „Gut, ich verkaufe Ihnen den Roboter. Sie werden zufrieden sein." N. zahlte eine hohe Summe an den Wissenschaftler und erwarb den Roboter. Dann reiste Herr N. zu seiner Villa auf der Insel ab. Erst in einem Monat würde ein Schiff kommen, um ihn wieder abzuholen. „Jetzt kann ich meine Ferien endlich ganz nach meinem Belieben gestalten. Ich muss weder Briefe noch Zeitungen lesen und werde auch keine Telefongespräche führen. Jetzt wäre eine kleine Erfrischung gut."

Als er das so vor sich hinmurmelte, holte der Roboter sofort ein Glas aus der Küche und goss ihm ein Mineralwasser ein. „Das nenne ich aufmerksam", sagte N. „Übrigens, ich werde langsam hungrig." „Sehr wohl, mein Herr!", antwortete der Roboter, bereitete schnell eine Mahlzeit zu und servierte sie. „Schmeckt ausgezeichnet!" sagte N. anerkennend, nachdem er gekostet hatte. „Das ist tatsächlich ein ganz hervorragender Roboter, so wie der Wissenschaftler es behauptet hat."

Der Roboter kochte nicht nur, sondern spülte auch das Geschirr, räumte die Zimmer auf und reparierte sogar eine alte Uhr. Und er erzählte ihm amüsante Geschichten, eine nach der anderen. Wahrlich, ein untadeliger Diener! Der Urlaub fing großartig an. Nach ein paar Tagen gab es allerdings eine Panne. Der Roboter bewegte sich plötzlich nicht mehr. N. brüllte ihm Befehle zu und trommelte sogar mit den Fäusten gegen seinen Kopf – er rührte sich nicht. Er fragte ihn, was denn los sei – keine Antwort. „Verdammt! Sieht aus, als sei er kaputt!" N. musste sich sein Essen selber kochen. Nach einer Weile jedoch arbeitete der Roboter wieder genauso gutwillig wie zuvor.

„Sollte ich ihn ab und zu ausruhen lassen?" Das schien nicht nötig zu sein. Am nächsten Tag putzte der Roboter die Fenster. Plötzlich ließ er alles liegen und stehen und lief davon. N. rannte ihm nach, konnte ihn aber nicht einfangen. Er zerbrach sich den Kopf nach einer Idee und grub schließlich mühselig eine Grube – in die sollte der Roboter hineinfallen. Tatsächlich gelang es N., ihn auf diese Weise zu erwischen. Als er dem Roboter dann einen Befehl gab, arbeitete dieser so fleißig, als sei nichts geschehen.

„Ich verstehe das nicht", sagte N. zu sich selbst, aber er hatte keine Möglichkeit, den Wissenschaftler direkt darüber zu befragen. Der Roboter verursachte jetzt jeden Tag irgendeine Art von Ärger. Einmal wurde er sogar wild: Er rannte hinter N. her und ließ die Arme drohend schwingen. Diesmal musste N. davonlaufen. Er lief um sein Leben und war am Ende schweißgebadet. Er entkam mit knapper Not, indem er auf einen Baum kletterte und sich dort verbarg. Nach einer Weile hatte sich der Roboter wieder beruhigt.

„Wollte er etwa Verstecken spielen? Nein! Irgendwo stimmt da etwas nicht. Was hat der mir nur für einen Roboter angedreht?"

So verstrich der Monat. N. bestieg das Schiff, das ihn abholen kam und kehrte in die Stadt zurück. Als Erstes suchte er den Wissenschaftler auf und beschwerte sich: „Ich habe eine schreckliche Zeit hinter mir. Ihr fantastischer Roboter ging fast jeden Tag kaputt oder drehte durch!"

Der Wissenschaftler jedoch entgegnete ruhig: „Das war eingeplant."

„Eingeplant? Geben Sie mir das Geld zurück, das ich Ihnen gezahlt habe!" „Lassen Sie mich zuerst erklären. Selbstverständlich könnte ich einen Roboter machen, der nicht kaputt geht oder durchdreht. Aber wenn Sie mit einem solchen Roboter einen Monat lang leben, dann würden Sie aus Mangel an Bewegung eine Menge Fett ansetzen und total verblöden. Der Schlamassel wäre da! Glauben Sie mir, dieser Roboter ist für die Menschheit weit besser geeignet."

„Ach ja?", murmelte N. vor sich hin, so, als begreife er, vielleicht aber auch so, als lasse ihn diese Antwort sehr unbefriedigt.

Quelle: Shinichi Hoshi: Ein Roboter mit Launen, Hrsg.: Hans-Joachim Alpers, Werner Fuchs, Roland M. Hahn, Heyne TB München 1988.

Kollege Roboter – aus dem Tagebuch eines Arbeiters — M 1

7.1.2020
Heute mit mulmigem Gefühl zum Job gefahren. Erster Tag mit dem Kollegen Roboter. Er soll mir jetzt die Bauteile vom Auto anreichen, was früher der Heinz gemacht hat. Der ist im Ruhestand. Wie soll ich den Roboter ansprechen – oder hat so einer keinen Namen, nur eine Zahlen- und Buchstabenkombination? Was ist, wenn der mir die falschen Teile gibt oder mir aus Versehen einen Hieb versetzt?

13.1.2020
Stimmung steigt. Nach einer Woche sind Robbi und ich ein Team. Obwohl er ja eher ein riesiger maschineller Arm ist und nicht wirklich ein Roboter, bei dem man an einen Menschen denkt.

16.1.2020
Heute verschlafen. Macht nichts, Robbi hat ja schon mal mit der Arbeit losgelegt. Der ist ja nie müde, wie praktisch! Hab mir überlegt: Wenn ich mal etwas vergesse oder nicht aufpasse, ist er schuld. Der kann ja nicht sprechen oder etwas dagegen sagen. Ich glaub, ich brauche mehr solcher Kollegen.

20.1.2020
Termin beim Chef gehabt und gedacht, dass ich nur von meinen Erfahrungen mit Robbi erzählen soll. Von wegen! Einem Kollegen von Robbi ist doch glatt aufgefallen, dass ein Teil im Auto falsch eingebaut wurde. Und nicht etwa der Robbi soll da schuld gewesen sein, sondern wer? Ich natürlich! Weil nämlich Roboter keine Fehler machen. Robbi und ich haben jetzt eine Beziehungskrise – ich darf mir nichts erlauben, weil er und seine Kumpel mich sofort die Folgen spüren lassen.

Quelle: Kollege Roboter – aus dem Tagebuch eines Arbeiters, Bundesarbeitsgemeinschaft für Sicherheit und Gesundheit bei der Arbeit, 06.01.2020, https://www.basi.de/kollege-roboter-aus-dem-tagebuch-eines-arbeiters/

Aufgaben

	Inhalt/Sprache
1. Fasse den Inhalt des Textes in wenigen Sätzen zusammen.	2/2 P
2. Zähle stichpunktartig vier Tätigkeiten auf, die der Roboter für Herrn N. erledigt.	2/1 P
3. Kurzgeschichten haben bestimmte Merkmale. Nenne zwei Merkmale einer Kurzgeschichte und belege sie jeweils anhand eines Beispiels aus dem Text.	2/2 P
4. Herr N. beschwerte sich: „Ich habe eine schreckliche Zeit hinter mir." Der Wissenschaftler jedoch entgegnete ruhig: „Das war eingeplant." (Zeilen 90–94) Welche Pannen hat der Wissenschaftler beim Roboter eingeplant und welche Folgen haben diese für Herrn N.? Stelle diesen Zusammenhang anhand von drei Beispielen aus dem Text nachvollziehbar dar.	1,5/1,5 P
5. „‚Ach ja?', murmelte N. vor sich hin, so, als begreife er, vielleicht aber auch so, als lasse ihn diese Antwort sehr unbefriedigt." (Zeilen 107–109) Versetze dich in die Lage des Herrn N. und schildere seine Gedanken und Zweifel nach dem Gespräch mit dem Wissenschaftler ausführlich in der Ich-Form.	2/2 P
6. Material M 1 ist ein Auszug aus einem Tagebuch. Vergleiche die Roboter aus dem Text und Material M 1 und arbeite je eine Gemeinsamkeit und einen Unterschied heraus.	2/2 P
7. Der Roboter – dein persönlicher Helfer. Wie stellst du ihn dir vor? Beschreibe und begründe deine Ideen ausführlich.	2/2 P
8. Der persönliche Kontakt zu einem Menschen kann durch einen Roboter nicht ersetzt werden. Nimm zu dieser Aussage ausführlich Stellung und begründe deine Meinung anhand von zwei Beispielen aus <u>deinem</u> Lebensbereich.	3/3 P
	32 P

Text 2

Smart Clothing – Was kann „intelligente Kleidung"?

Kleidung ist längst nicht mehr bloß zum Anziehen da: Der Trend geht zum „smarten" Textil mit Zusatzfunktionen. Shirts, Hosen und Co. fungieren heute bereits als Bedienoberfläche für Smartphones, Aktivitätstracker oder gar als Medizinprodukt. Was kann diese mit Elektronik aufgerüstete Kleidung schon – und was noch nicht?

„Die Zukunft des Computers liegt in seinem Verschwinden", sagte der Informatik-Professor Donald Normann 1998 in seinem Buch „The Invisible Computer" vorher. Dieser Prognose kommen wir zwei Jahrzehnte später immer näher. Die Hardware, die uns durch den digitalen Alltag begleitet, wird zunehmend kleiner und unsichtbarer: Sie steckt inzwischen in Armbanduhren, Brillen und sogar in unserer Kleidung.

Solche „intelligenten Textilien" haben alle eines gemeinsam: Hier trifft Mode auf Technik. Diese Fusion ermöglicht eine Vielzahl neuer Funktionalitäten – sei es in der Freizeit, beim Sport oder im Bereich der Medizin. Wissenschaftler und Ingenieure feilen bereits seit Jahren an Lösungen, die Kleidung „smart" machen. Mittlerweile erobern mit Elektronik aufgerüstete Jacken, Hosen und Co. allmählich auch den kommerziellen Markt. Traditionell auf Technik fokussierte Unternehmen [...] mischen bei diesem Trend ebenso mit wie zahlreiche Start-Up-Firmen[1].

Die Entwickler machen Klamotten zu echten Hinguckern, indem sie diese durch Dioden zum Leuchten bringen oder mithilfe von elektrisch leitendem Garn zur Bedienoberfläche für Smartphones werden lassen. Doch ihre intelligenten Kleidungsstücke können noch viel mehr: Sie reinigen sich selbst, sind beheizbar oder reagieren auf Temperaturwechsel, um für das optimale Klima zu sorgen – Funktionen, die insbesondere für Outdoor-Fans und Sportler interessant sein dürften.

Ohnehin hat sich der Sport zur beliebten Spielwiese für die Macher von Smart Wear entwickelt. So gibt es inzwischen beispielsweise Yoga-Hosen, die den Träger durch Vibrationen zur richtigen Körperhaltung verhelfen und Laufshirts, die die zurückgelegte Strecke und den Puls beim Joggen messen. Diese Daten können dann via Bluetooth ans Handy gesendet und ausgewertet werden.

Textilien, die Vitalfunktionen wie den Puls, die Atmung und den Blutdruck überwachen, sind natürlich auch für medizinische Zwecke interessant. Ob bei chronisch Kranken, alten Menschen – oder den Allerkleinsten: Ein US-Unternehmen hat zum Beispiel eine smarte Socke für Babys entwickelt, die den Herzschlag und den Sauerstoffgehalt im Blut misst, während die Kinder schlafen. Stimmt etwas nicht, werden die Eltern sofort über das Smartphone informiert.

Die Aufzeichnung von Vitalwerten ist allerdings nicht die einzige Anwendungsmöglichkeit für intelligente Kleidung in der Medizin. Von Socken für Diabetiker, die sich anbahnende Fußentzündungen registrieren, bis hin zum smarten Pflaster, das über die Fortschritte der Wundheilung informiert, sind bereits eine Vielzahl unterschiedlicher Produkte erhältlich oder stehen kurz vor der Marktreife.

Noch sind die Entwickler allerdings nicht so weit, dass sie die Technik wirklich vollständig in ihren Textilien verschwinden lassen können. Zwar gibt es Möglichkeiten, einzelne Elektronikkomponenten in spezielle Kunstfasern zu integrieren. Doch das klappt nicht bei allen nötigen Bestandteilen. Die Herausforderung dabei: Die Kleidung soll trotz Elektronik robust und dehnbar sein und Waschgänge unversehrt überleben. Außerdem muss sie irgendwie mit Energie versorgt werden.

Alle derzeit verfügbaren smarten Klamotten brauchen deshalb noch kleine Zusatzgeräte, die per Magnet, Druckknopf, Klett- oder Reißverschluss an- und abgesteckt werden. In diesen Geräten werden die von der Kleidung gemessenen Daten verarbeitet und an das Smartphone gesen-

---

1 Start-Up-Firmen = Unternehmensgründungen mit neuartigen Geschäftsideen und hoher Wachstumsmöglichkeit

det, zudem sind sie für die Stromversorgung verantwortlich.

Wissenschaftler arbeiten auch für diese Probleme bereits an Lösungen. In Sachen Stromversorgung haben sie unter anderem wasserfeste und flexible Solarzellen als möglichen Ansatz im Visier. Diese ultradünnen, organischen Module² könnten künftig auf Textilien aufgedruckt werden und so die Energie für Sensoren und andere kleine Elektronikanwendungen liefern. Bis es so weit ist, kommen intelligente Kleidungsstücke allerdings mit „Anhängseln" daher, die regelmäßig aufgeladen werden müssen.

Quelle: Smart Clothing – Was kann „intelligente Kleidung"? In: https://www.wissen.delsmart-clothing-was-kann-intelligente-kleidung

2 organische Module = biologische Bauteile

M 2

Jetzt mal Klartext! Wer von euch hat gerade die 20 Pizzen bestellt?

Eigene Darstellung nach ISB

Aufgaben

Inhalt/Sprache

2/1 P 1. Formuliere vier Kernaussagen des Textes.

2/0 P 2. Für die folgenden Umschreibungen kommen im Text Fremdwörter vor. Suche sie heraus und ordne sie entsprechend zu.
   a) dienen, wirksam sein
   b) Vereinigung, Verschmelzung
   c) eingliedern, einbeziehen
   d) beweglich, biegsam, anpassungsfähig

1/1 P 3. „Die Zukunft des Computers liegt in seinem Verschwinden." (Zeile 10/11)
   Erkläre die Bedeutung dieser Aussage in eigenen Worten.

2/1 P 4. Die Entwickler von Smart Clothes stehen noch vor Herausforderungen.
   Zitiere zwei Sätze aus dem Text, die dies belegen.

2/1 P 5. „Intelligente Textilien" werden in den Bereichen Freizeit oder Medizin eingesetzt.
   Nenne zu jedem Bereich stichpunktartig jeweils zwei Funktionen von intelligenten Textilien, die im Text genannt werden.

6. Der Begriff „gläserner Mensch" bezeichnet eine Person, über die mithilfe digitaler Technik vieles im Internet zu erfahren ist.

1/1 P a) Stelle einen Zusammenhang zwischen dieser Bezeichnung und dem Text her.

2/2 P b) Beschreibe je zwei Vor- und Nachteile des „gläsernen Menschen".

2/2 P 7. Auch die Karikatur M 2 befasst sich mit dem Thema „intelligente Technik".
   Beschreibe die Karikatur und erkläre die Problematik, die hier angesprochen wird.

2/1 P 8. Wir können selbst einiges dafür tun, dass wir nicht zum „gläsernen Menschen" werden.
   Verfasse vier Tipps, wie man seine Privatsphäre im Internet schützen kann.

3/3 P 9. Die moderne Technik hat unser Leben aufregender und leichter gemacht.
   Was hältst du von dieser Aussage? Nimm dazu ausführlich mit passenden Beispielen Stellung.

32 P

Bildnachweis

S. 5: © javier brosch/Fotolia.com
S. 6: © Tap10/Shutterstock.com
S. 9: © Quang Ho. Shutterstock
S. 13: © tavi/Fotolia.com
S. 14: © lipowski/Fotolia.com
S. 16: © Simon Krzic/Dreamstime.com (links), © Alarich/Dreamstime.com (Mitte), © Cristina Fumi/Fotolia.com (rechts)
S. 18: © bierchen/Fotolia.com (oben), © jivanshreela/Fotolia.com (unten)
S. 19: © Volker Stöckmann
S. 20: © Steve Young/Fotolia.com
S. 22: © Richard Villalon/Fotolia.com
S. 24: © Yvonne Wierink/Dreamstime.com
S. 26: © Dreamstime.com
S. 29: © maumau-design/Fotolia.com
S. 30: © Palaine/Dreamstime.com
S. 32: © Dan Race/Fotolia.com
S. 34: © Robert Kneschke/Fotolia.com
S. 35: © Rafa Irusta/Dreamstime.com
S. 36: © Alexander Yakovlev/Dreamstime.com (oben), Romangorielov/Dreamstime.com
S. 37: © jagodka/Fotolia.com
S. 38: © Ociacia/Shutterstock.com
S. 39: © Real Illusion/Fotolia.com
S. 41: © Photomak/Dreamstime.com
S. 44: © Photocase.com
S. 48: © Belkin & Co/Fotolia.com
S. 49: © Creative images/Fotolia.com (links), © Pachangas/Fotolia.com (rechts)
S. 52: © EtiAmmos/Fotolia.com
S. 55: © EpicStockMedia/Fotolia.com
S. 56: © svetlana 67/Fotolia.com
S. 57: © Azaliya/Fotolia.com
S. 58: © Ingo Bartussek/Fotolia.com
S. 59: © javier brosch/Fotolia.com
S. 60: © lightpoet/Fotolia.com (links), © bloomua/Fotolia.com (rechts)
S. 62: © Stark Verlag
S. 64: © DoraZett/Fotolia.com
S. 65: © Fotolia (oben), © Bahlsen GmbH (unten)
S. 67: © by-studio/Fotolia.com
S. 68: © Luc Viatour / www.Lucnix.be
S. 70: © shutter_o/Shutterstock.com
S. 71: © Shutterstock.com
S. 76: © Mikael Damkier/Shutterstock.com
S. 78: © michelmond/Shutterstock.com
S. 81: © rdnzl/Fotolia.com
S. 82: © Volodymyrkrasyuk/Dreamstime.com
S. 83: © picsxl/Fotolia.com
S. 85: © sharpner/shutterstock.com
S. 87: © victoria p./Fotolia.com
S. 92: © tiero/Fotolia.com
S. 94: © F. Großekettler
S. 98: © Max Topchii/Fotolia.com
S. 99: © Monkey Business/Fotolia.com
S. 101: © Thomas Wizany
S. 103: © fotodesign – jegg/Fotolia.com

S. 105: © Vladimir Voronin/Fotolia.com
S. 107: © Ewa Walicka/Dreamstime.com
S. 111: © contrastwerkstatt/Fotolia.com
S. 114: © jogyx/Fotolia.com
S. 115: © Aktion Tagwerk e.V.; www.action-tagwerk.de
S. 116: © aroonroj.kul/Shutterstock.com
S. 117: © erichon/Fotolia.com
S. 118: © Dmitry Rukhlenko/Fotolia.com
S. 119: © Alexander Raths/Fotolia.com
S. 120: © oliman1st/Fotolia.com
S. 123: © Coprid/Shutterstock.com (oben), © Peter Zijlstra/123rf.com (Mitte), © Eric Isselee/Shutterstock.com (unten)
S. 125: © allstars/Shutterstock.com
S. 127: © Helmut Niklas/Fotolia.com
S. 128: © Karola Warsinsky/Fotolia.com
S. 132: © shootingankauf/Fotolia.com
S. 140: © Martin Novak/Shutterstock.com
S. 153: © auremar/123rf.com
S. 155: © Christian Goergen/Shutterstock.com

DB „Training Grundwissen"
© Alexander Raths/Fotolia.com (oben), © EpicStockMedia/Fotolia.com (Mitte),© Ingo Bartussek/Fotolia.com (unten)

DB „Übungsaufgaben im Stil des neuen Quali"
© Christian Schwier/Fotolia.com (oben), © Bilderbox.com (Mitte), © Zoonar/Polylooks (unten)

DB „Musterprüfungen für den neuen Quali"
© Michael Flippo/Fotolia.com (oben), © Dreamstime.com (Mitte), © Yuri Arcurs/Fotolia.com (unten)

DB „Abschlussprüfungsaufgaben"
© olly/Fotolia.com (oben), © lightpoet/Fotolia.com (Mitte), © Yuri Arcurs/Fotolia.com (unten)

Nachweis Audiodateien

Track 1, 2, 3, 4: Redaktion; Sprecher*innen: Eva Adelseck, Katharina Löffler, Markus Stahmann, Stefan Waas
Track 5, 6: © ISB Bayern